国家自然科学基金项目（42071226、41671176）
辽宁省“兴辽英才计划”青年拔尖人才项目（XLYC1807060）
辽宁省经济社会发展研究课题（2022lslybkt-026）　资助
中央高校基本科研业务费项目（N2114006）
东北大学文法学院“阳光人才”培养计划

耕地利用的可持续集约化

理论探索与多尺度实证

吕　晓　彭文龙　牛善栋　等　著

科学出版社
北　京

内 容 简 介

本书探索性地提出并界定耕地利用的可持续集约化概念内涵，基于农户、市县、省域等多尺度构建理论分析框架，综合运用农户调查数据、统计数据等测度不同尺度下的耕地利用可持续集约化水平，集成基于物质流分析、能值分析和超效率 SBM 等定量方法构建混合研究方法体系，剖析不同尺度下耕地利用可持续集约化的时空特征及其主控因素，并结合区域资源利用和经济社会发展的阶段性特征，以协同推进生态文明建设、保障粮食安全为目标提出优化调控措施。本书系统构建了耕地利用可持续集约化的理论与方法体系，有助于丰富耕地利用转型的研究视角，可为转变耕地利用方式、推动农业高质量发展提供科学依据。

本书可供土地资源管理、农业资源与环境、地理学及相关学科的研究人员、高校师生，以及政府有关部门的决策人员参考使用。

审图号：GS 京（2022）0408 号

图书在版编目(CIP)数据

耕地利用的可持续集约化：理论探索与多尺度实证 / 吕晓等著. —北京：科学出版社，2022. 7

ISBN 978-7-03-072743-5

Ⅰ. ①耕…　Ⅱ. ①吕…　Ⅲ. ①耕地利用-研究-中国　Ⅳ. ①F323. 211

中国版本图书馆 CIP 数据核字（2022）第 123642 号

责任编辑：林　剑 / 责任校对：王晓茜

责任印制：吴兆东 / 封面设计：无极书装

科学出版社 出版

北京东黄城根北街 16 号

邮政编码：100717

http://www.sciencep.com

北京中科印刷有限公司 印刷

科学出版社发行　各地新华书店经销

*

2022 年 7 月第　一　版　开本：720×1000　1/16

2022 年 7 月第一次印刷　印张：13

字数：280 000

定价：168. 00 元

（如有印装质量问题，我社负责调换）

序

耕地是人类赖以生存、发展的物质基础和生态文明建设的重要载体。中国用约占世界8%的耕地养活了世界近20%人口，而且百姓餐桌越来越丰富，牢牢端稳了中国人的饭碗。这虽然说明了耕地利用集约化在保障我国粮食安全方面的积极意义，但人多地少、优质耕地少、耕地后备资源不足的基本国情仍未改变，粮食供求中长期仍将处于紧平衡态势；长时期、持续性地高强度、高负荷利用，也不可避免地出现了较为严重的生态问题，一定程度上制约了耕地的永续利用。气候变化、科技变革、经济社会转型发展时代背景下，协调日益增长的粮食需求与资源环境约束之间的矛盾日益成为社会各界关注的热点议题。亟待通过创新耕地利用模式、转变农业发展方式，形成与国土空间主体功能相匹配，兼具绿色高效、低碳集约、循环生态的耕地利用新特征。

国际上可持续集约化的思想来源已久，已发展成为农业、生态环境、可持续发展等相关学科的前沿议题，这也成为我国耕地利用转型的重要方向。耕地利用与保护问题在我国土地利用研究中具有极其特殊的地位，是土地资源管理领域长期关注的核心议题之一。关于耕地集约利用、可持续利用等成果已十分深入且丰富，过度集约化引致的负面环境效应受到了广泛关注。20世纪80年代，英国政府就开始加强农地环境的保护，尤为关注农地的环境价值和乡村景观。但国际上可持续集约化思想在我国耕地利用领域仍未得到足够重视或找到合适的实践路径。如何借鉴国际上可持续集约化的思想理念，推进我国耕地利用和保护问题实现可持续集约化转型成为践行生态文明战略、保障粮食安全的重要科学问题。

基于此，该著作主要从理论和实证两个方面对耕地利用可持续集约化进行了较为深入的分析，是研究团队对耕地利用可持续集约化长期关注和多年探索的系统性成果。

理论探索上，该著作系统梳理国内外可持续集约化相关研究成果、厘清思想缘起、研判研究进展；借鉴国际上先进的可持续集约化思想理念，结合我国耕地利用和保护的基本国情，在文献研究的基础上进行归纳演绎，在国内率先提出并界定了耕地利用可持续集约化的概念内涵；基于学科交叉视角对其主旨要义进行理论分析，探索性构建了耕地利用可持续集约化的研究框架；更重要的是，这些研究工作也激发了国内学术界对于耕地利用可持续集约化的新思考。

实证方面，研究团队基于多个空间尺度，综合运用物质流分析、能值分析、超效率 SBM 模型等方法，基于统计年鉴和农户调查问卷等多源数据，分别从省域、市域、农户多个尺度探究耕地利用可持续集约化的时空分异与影响机制。在省域和市域层面，全面刻画了辽宁省、山东省两个粮食主产区和省会城市沈阳市耕地利用可持续集约化的时空格局和演进趋势，在一定程度上揭示了粮食主产区优化耕地利用模式的内在规律。在农户层面，基于近年来在山东省多个地区开展实地调研和问卷调查获得的农户数据，聚焦水平测度、规模经营、影响机理、农户生计转型等多个方面进行了深入分析，并探索具有可行性的调控路径，为引导各类经营主体优化耕地利用模式、转变农业发展方式等提供参考。

总体来看，该著作呼应了我国耕地保护这一基本国策，尤其是保障粮食安全、推进生态文明建设等重大战略需求，响应了耕地利用和保护向数量、质量、生态“三位一体”转型的战略目标，丰富和深化了土地利用转型，尤其是耕地利用隐性转型的研究内容；为优化耕地利用模式、转变农业发展方式、更为科学地践行耕地进出平衡制度提供了科学依据，为从多维尺度、复合视角理解耕地利用转型的过程规律及响应机制提供了支持和参考。

当然，纵观国内外相关研究形势，耕地利用可持续集约化的研究还是探索性的，不同学科对它的认识还存在较大差异，在内涵的进一步清晰、技术措施的实践和政策调控的优化上还存在很大的提升空间，尤其是从全面小康到基本现代化的建设与发展阶段，我国耕地要素作为粮食安全、美好生活乃至生态文明的重要保障，其制度建设的内涵也将进一步丰富和发展。因此，相信该著作成果是一次具有一定引领作用的有益探索，也期待作者团队更深、更新的思考面世。

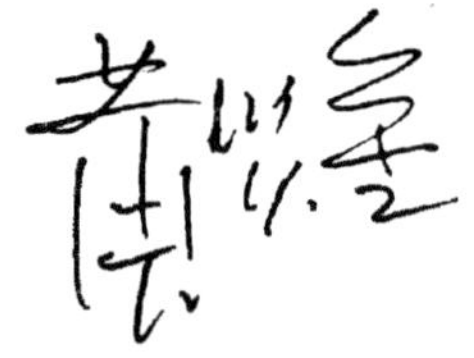

南京大学地理与海洋科学学院　教授、博士生导师

中国土地学会副理事长

2022 年 5 月

前　言

保障国家粮食安全，核心任务是解决好种子和耕地问题，关键在于耕地资源保护与可持续利用，从而深入实施"藏粮于地、藏粮于技"战略，将"饭碗牢牢端在自己手中"，而且"要装自己生产的粮食"。如何在守住耕地安全底线的基础上，通过转变耕地利用方式、优化种植结构、创新经营模式及技术、完善政策体系和管理制度，提升耕地综合生产能力并全面实现耕地利用绿色转型和促进农业现代化发展，是我国当前耕地资源保护利用亟待解决的问题。据联合国粮食及农业组织预测，至2050年全球人口将突破97亿，粮食需求将增长60%以上，但全球耕地面积却一直波动变化，并在2012年以来呈净减少趋势。如何因地制宜优化耕地利用模式、协调日益增长的粮食需求与资源环境约束之间的矛盾成为社会各界关注的热点议题。

农业规模扩张的潜力十分有限，未来更高的粮食需求往往要通过集约化生产来实现。然而，耕地利用的过度集约化也给生态环境带来严重威胁。我国作为传统的农业大国，仅依靠世界上约6%的淡水资源、8%的耕地资源，养活了世界上约20%的人口。与此同时，城镇化快速发展带来了优质耕地的大量流失，我国人均耕地面积已不足世界平均水平的1/2。长时间高强度、高负荷的利用，我国耕地已出现了严重的生态问题，制约了耕地永续利用。如何全面评估和充分认识我国耕地利用面临的新形势与新挑战，对于推动"藏粮于地、藏粮于技"战略落实，切实提高粮食安全保障水平具有重大意义。

耕地利用与保护问题在我国土地利用和管理研究中具有极其特殊的地位。如何借鉴吸收国际上可持续集约化的思想理念，推进我国耕地利用和保护问题实现可持续集约化转型成为践行生态文明战略及保障粮食安全的重要科学问题？如何科学测度耕地利用可持续集约化并解析其在不同尺度上的差异，并在此基础上进一步摸清时空分异规律？如何剖析不同尺度下各类因素对耕地利用可持续集约化的影响方向、作用途径与具体形式，并选择科学的研究方法验证理论推理？最终这些理解和认知又如何落实到优化调控路径中？这些问题亟待社会各界人员深入研究并解决。鉴于此，本书探索性提出并界定耕地利用的可持续集约化概念内涵，以山东、辽宁等粮食主产区为案例，基于省域、市县、农户等多尺度构建理论分析框架，综合运用农户调查数据、统计数据等测度不同尺度下的耕地利用可持续集约化水平，集成基于物质流分析、能值分析和超效率 SBM 等定量方法构建混合研究方法体系，剖析不同尺度下耕地利用可持续集约化转型的时空特征及其主控因素，并结合区域资源利用和经济社会发展的阶段性特征，以协同推进生态文明建设、保障粮食安全为目标的优化调控措施。这是明晰耕地利用可持续集约化转型机理的基础问题。

本书共分 7 章，各章的主要内容如下：

第 1 章首先探讨了耕地利用可持续集约化的国内外研究形势，然后系统梳理耕地利用集约化、耕地可持续利用和可持续集约化等相关概念，辨析了耕地利用可持续集约化的基础理论，具体包括土地集约利用理论、人地关系理论、可持续发展理论、系统科学理论和土地利用转型理论；从演进趋势与研究变迁、研究方法与评价指标、研究区域与分析尺度、影响因素与调控路径及国际经验与地区实践等方面阐释了国际可持续集约化研究态势；从耕地利用集约化的生态环境效应、耕地可持续利用研究、农业可持续发展研究和耕地利用转型研究阐释了国内耕地利用可持续集约化研究态势。第 2 章探索性界定耕地利用可持续集约化的概念内涵，并从目标设定、理论假设和实现形式三个方面对耕地利用可持续集约化进行理论推演。第 3 章解析了“厘清逻辑本源—关注结构功能—理解过程规律”的研究思路，具体介绍了综合评价法和指数模型评价，同时重点介绍了物质流分析法、能值分析法和超效率 SBM 模型。第 4 章探讨了省域层面耕地利用可持续集约化水平。首先介绍了山东省和辽宁省区域概况；其次分别运用物质流和能值方法对山东省耕地利用可持续集约化水平进行评价；再次基于超效率 SBM 模型对辽宁省耕地利用可持续集约化水平进行评价。第 5 章主要侧重于中观尺度的研究，以沈阳市为典型案例区，从能值输入-输出的总体变化特征及能值指标的时空分布，评价了市域层面的耕地利用可持续集约化水平。第 6 章重点开展微观尺度的研究，探析耕地利用可持续集约化水平差异及其影响因素，并进一步从规模经营决策、农户生计转型等方面综合交叉探索耕地利用可持续集约化的内在机理，进而提出促进资源利用效率、提升农户福祉、实现经济社会高质量发展的韧性调控措施。第 7 章从科学问题、长效机制、政策集成、动态响应等方面，提出面向耕地保护与可持续利用的综合应对措施。

本书在理论上有助于丰富耕地利用转型的研究视角，深化耕地利用隐性形态转变研究，并推进具有中国特色的可持续集约化理论探讨；在实践上可为我国耕地利用与保护的政策融合提供新思路，也能为引导各类经营主体转变耕地利用方式、推动农业高质量发展提供科学依据。

目　　录

1 绪论

国际上可持续集约化的思想来源已久，并在近十年实现蓬勃发展。随着可持续集约化得到越来越多的支持和推广，国际学术界开展了大量理论和实证研究，但基于土地利用视角开展的研究尚比较有限，有待进一步丰富和深化。国内关于耕地集约利用、耕地可持续利用等研究成果广泛且深入，但可持续集约化思想在我国耕地利用领域仍未得到足够重视。本章在阐明当前国内外新形势、新挑战的基础上，对耕地利用可持续集约化相关概念和理论基础进行了系统梳理，运用文献资料法、归纳演绎法、文献计量分析等方法厘清国外可持续集约化和国内耕地利用可持续集约化相关研究态势，为耕地利用可持续集约化的理论探讨和实证分析提供支撑。

1.1 背景与意义

1.1.1 国际形势

粮食安全在全球安全体系中居于重要地位，是国家治理的优先议题，也是联合国从“千年发展目标”（Millennium Development Goals，MDGs）到“可持续发展目标”（Sustainable Development Goals，SDGs）的核心关切问题[①]。人口增长、供需失衡、饥饿与贫困一直以来都是粮食安全治理面临的长期挑战；现阶段还受到全球经济衰退、极端天气频发、战争与冲突不断、新型冠状病毒肺炎疫情持续蔓延等诸多困扰，全球粮食安全形势更加严峻[②]。据联合国 2019 年《世界人口展望》预测，到 2030 年和 2050 年，全球人口将从 2019 年的 77 亿分别增加至 85

① 张帅．探寻全球粮食安全治理的有效模式［N］．中国社会科学报，2021-09-16，(003)．

② 联合国粮食及农业组织，国际农业发展基金，联合国儿童基金会，等．世界粮食安全和营养状况：实现粮食体系转型，保障粮食安全，改善营养，确保人人可负担健康膳食：概要［R］．罗马：联合国粮食及农业组织，2021．

亿和97亿，到21世纪末，全球人口还将缓慢增长至109亿①。人口增长直接导致粮食需求的增加，2050年全球粮食需求预计将增加近70%②。尽管粮食生产能力普遍提高，但世界粮食安全问题依然严峻。此外，伴随世界经济迅速发展，收入提高带动膳食结构升级，使得间接粮食消费激增。2019年世界人均谷物消费量达350kg，较2009年增长7.7%③。全球粮食生产与人口分布不均衡、饥饿与营养不良等形势同样严峻。发达国家与发展中国家人口分别约占全球人口的1/4和3/4，但粮食生产却各占世界粮食总产量的1/2，撒哈拉以南非洲国家缺粮问题十分严重④。自2014年以来，全球饥饿人口呈现持续增加趋势⑤。2020年全世界有7.2亿~8.11亿人处于饥饿状况，与2019年相比大约增加了1.18亿（18%）；全球有9.9%人口处于营养不良状态，系2005年以来的最高值⑥。

气候变化是当前国际社会和人类可持续发展面临的最严峻的环境问题，威胁世界粮食生产和供给稳定性。全球变暖背景下，极端天气频发，严重干旱、洪涝等自然灾害对传统农业的影响更加突出，使农业结构、农业病虫害发生规律和农业气象灾害发生规律产生变化，威胁到世界诸多地区的农业生产。2006年和2007年澳大利亚小麦连续减产，2010年俄罗斯小麦大幅减产，2010~2012年美国玉米连续减产，2018年阿根廷大豆大幅减产，均造成世界粮食供求失衡和粮价大幅波动⑦。城市化和工业化的同步快速推进，世界耕地资源数量不断减少，后备耕地资源有限，耕地质量也受到严重退化的威胁。尤其是，粮食需求的现实背景和农业现代化驱动下，全球范围土地利用趋于集约化，虽然这有助于提高粮食产量，但往往伴随大量农药、肥料和其他农用化学品的使用和浪费；同时，农业用水量随着灌溉面积扩大而迅速增加，给生态系统造成严重威胁并引发了潜在的人类健康问题。2018年全球矿物肥料的使用量比1960年增长了十多倍；全球

---

① United Nations, Department of Economic and Social Affairs, Population Division. World Population Prospects 2019: Highlights [R]. New York: United Nations, Department of Economic and Social Affairs, 2019.

② Alexandratos N, Bruinsma J. World Agriculture Towards 2030/2050: The 2012 Revision [R]. Rome: Food and Agriculture Organization, 2012.

③ 李喜贵，程敏，李云峰. 世界粮食安全状况分析及建议 [J]. 中国粮食经济，2021，(3)：53-55.

④ 同③。

⑤ 联合国粮食及农业组织，国际农业发展基金，联合国儿童基金会，等. 世界粮食安全和营养状况：实现粮食体系转型，保障粮食安全，改善营养，确保人人可负担健康膳食：概要 [R]. 罗马：联合国粮食及农业组织，2021.

⑥ 同⑤。

⑦ 同③。

农药销售额从 1970 年 10 亿美元上升到 2018 年的 350 亿美元[①]。以量计算，农业是最大的废水生产部门，全球范围内地下水含水层中最常见的化学污染物是农业生产过程中产生的硝酸盐[②]。

当今世界处于百年未有之大变局，国际政治、经济环境发生了深刻变化，金融危机、地区冲突、新型冠状病毒肺炎疫情等复杂因素叠加都给全球农业带来挑战，增加了粮食安全的不确定性。经济全球化背景下，世界农业的发展受到国际市场的深刻影响，全球粮食贸易自 1995 年以来增长了不止一倍，约三分之一的全球农业及粮食出口都是在全球价值链内进行流动[③]。这在一定程度上改变了世界农业发展不平衡的局面，但也造成世界粮食出口市场的高度集中，主要出口国主导了全球粮食生产和贸易格局。随着新型冠状病毒肺炎疫情在全球持续加重，冲击全球粮食安全，世界各国均加强了粮食贸易管控，增加了世界粮食贸易的不确定性，深刻影响着世界粮食供应格局。

1.1.2　国内形势

耕地是农业发展的基础条件、粮食安全的重要保障和农村改革发展的基石，在未来很长时期维持一定数量高质量、健康的耕地极为重要。我国耕地资源总量多，但人均耕地面积和优质耕地数量少，耕地后备资源不足[④⑤]，我国坚持实行世界上最严格的耕地保护制度，并将其上升为一项国家战略。但在耕地利用过程中也面临资源环境压力持续增大、农业结构无序调整、生态退化问题日益突出等挑战[⑥]，耕地保护面临低效粗放经营和过度集约利用并存、农业面源污染加剧和耕地质量退化等矛盾[⑦]，耕地生态保护形势不容乐观，隐性产能损失不容忽视。

---

① Mateo-Sagasta J, Marjani S, Turral H. More People, More Food, Worse Water? A Global Review of Water Pollution from Agriculture [M]. Rome: Food and Agriculture Organization of the United Nations (FAO) and International Water Management Institute, 2018.

② 同①。

③ 联合国粮食及农业组织. 2020 年农产品市场状况：农产品市场和可持续发展：全球价值链、小农和数字创新 [R]. 罗马：联合国粮食及农业组织，2020.

④ 刘毅华. 我国耕地数量变化研究的回顾——进展及问题 [J]. 土壤，2003，(3)：193-197，215.

⑤ 吴宇哲，许智钇. 休养生息制度背景下的耕地保护转型研究 [J]. 资源科学，2019，41 (1)：9-22.

⑥ 尹昌斌，程磊磊，杨晓梅，等. 生态文明型的农业可持续发展路径选择 [J]. 中国农业资源与区划，2015，36 (1)：15-21.

⑦ 漆信贤，张志宏，黄贤金. 面向新时代的耕地保护矛盾与创新应对 [J]. 中国土地科学，2018，32 (8)：9-15.

数据显示，我国每公顷化肥用量约是世界平均水平的4倍[①]，但利用率仅为35%左右[②]；每年的农药使用量超过180万t，但有效利用率不足30%[③]；耕地基础地力对粮食生产的贡献率仅为52%左右[④]。面对国家粮食安全战略需求、生态安全基本约束，以及经营主体的多元化格局，农业发展模式转型持续推进，高强度的集约利用与自然生态环境保护间的矛盾愈加突出。而一定条件下的轮作、休耕并不能完全解决耕地过度集约利用的生态环境问题。耕地利用和保护在强化耕地数量管控的同时，质量管理和生态管护亟待同步加强，推动耕地利用的可持续集约化转型已成为优化耕地利用模式、转变农业发展方式、推动现代农业发展和生态文明建设的必然要求。

"仓廪实，天下安"。改革开放以来，我国粮食总产量翻番，截至2021年，连续7年稳定在1.3万亿斤[⑤]以上，用约占世界8%的耕地，养活了全世界近20%的人口[⑥]，不仅解决了百姓吃饱饭的问题，并实现从"吃饱饭"向"吃好饭"转变，百姓餐桌日益丰富，国家粮食安全形势持续向好。但长远来看，我国农业物质基础总体依然薄弱，农业科技贡献率仍低于农业发达国家，粮食供求仍将长期处于"紧平衡"态势，粮食安全仍面临消费刚性增长、资源环境约束增强、进口来源高度集中等多重挑战。据预测，2030年我国人口数量将达到14.5亿，未来粮食需求峰值约为6.5亿t，东中部尤其是东部地区土地供需矛盾将更加突出[⑦⑧]。气候变化、科技创新、社会转型的时代背景下，生态文明建设、乡村振兴战略、生态退耕与占补平衡制度等持续深入实施。加快转变农业发展方式，推动农村生态文明建设和农业绿色发展成为时代发展的必然要求。2015年，农业部发布实施《到2020年化肥使用量零增长行动方案》和《到2020年农药使用量零增长行动方案》；2019年，中央一号文件《中共中央 国务院关于坚持农业农村优先发

---

① 栾江，仇焕广，井月，等．我国化肥施用量持续增长的原因分解及趋势预测［J］．自然资源学报，2013，28（11）：1869-1878.

② 高祥照，杜森，钟永红，等．水肥一体化发展现状与展望［J］．中国农业信息，2015，（4）：14-19，63.

③ 陈锡文．中国农业发展形势及面临的挑战［J］．农村经济，2015，（1）：3-7.

④ 沈仁芳，颜晓元，张甘霖，等．新时期中国土壤科学发展现状与战略思考［J］．土壤学报，2020，57（5）：1051-1059.

⑤ 1斤=500g。

⑥ 中华人民共和国国家发展和改革委员会．回顾新中国七十二年彪炳史册的人间奇迹［EB/OL］．（2021-04-06）．

⑦ 尹昌斌，程磊磊，杨晓梅，等．生态文明型的农业可持续发展路径选择［J］．中国农业资源与区划，2015，36（1）：15-21.

⑧ 向晶，钟甫宁．人口结构变动对未来粮食需求的影响：2010—2050［J］．中国人口·资源与环境，2013，23（6）：117-121.

展做好“三农”工作的若干意见》要求“统筹推进山水林田湖草系统治理，推动农业农村绿色发展”，继续提倡鼓励节肥、节药行动，强调绿色发展是农业现代化的关键；2020年，中央一号文件《中共中央 国务院关于抓好“三农”领域重点工作确保如期实现全面小康的意见》强调持续抓好农业稳产保供和农民增收，推进农业高质量发展。

经济全球化背景下，面对世界百年未有之大变局，中国的粮食市场已深度融入世界市场，并受到全球粮食供求形势的影响。保障粮食安全必须要把“中国人的饭碗牢牢端在自己手上”，立足国内，放眼全球，加快融入以国内大循环为主体、国内国际双循环相互促进的新发展格局，在更高层次上实现保障国家粮食安全和粮食产业高质量发展目标，继续坚定不移地走中国特色粮食安全和耕地保护之路，共同保障全球粮食供给，维护全球粮食安全。

1.1.3　研究意义

深入理解耕地利用的可持续集约化是追求人类福祉和资源永续利用的关键。作为地球上最基本、最重要的资源，推动耕地利用的可持续集约化成为确保粮食等重要农产品有效供给、实现绿色发展和资源永续利用的重要抓手。国际上可持续集约化的思想由来已久，并在近十年来实现蓬勃发展。随着可持续集约化的推广，国际学术界围绕其概念内涵、实证评价、案例分析、成效评估等开展了大量理论和实证研究。然而，目前对于可持续集约化的定义尚未达成统一认识，研究视角和方法也多种多样，研究尺度差异显著；尤其是基于土地利用视角对可持续集约化的多尺度评价、影响机理与调控研究尚比较有限，有待进一步丰富和深化。进一步厘清区域耕地利用转型规律，多维度推动耕地利用的可持续集约化转型成为亟待深入探索的科学问题。如何耦合耕地利用的集约化和可持续化形成对耕地利用可持续集约化的科学认识？耕地利用可持续集约化的概念内涵如何界定？研究框架如何构建？如何定量分析和评价？能为我国耕地利用与保护的转型带来哪些启示？这些都是有待深入探索的科学问题。基于此，本书的意义体现在：

1）从理论上来看，本书结合国际可持续集约化研究前沿，在探索性提出耕地利用可持续集约化概念框架的基础上，构建水平测度的技术方法体系，揭示不同尺度下耕地利用可持续集约化的时空分异格局，为从多维尺度、复合视角理解耕地利用可持续集约化的过程规律及影响机制提供理论支持，有助于丰富土地利用变化尤其是土地集约利用的研究视角，深化耕地利用隐性形态转变研究，更加深入地揭示多尺度耕地利用转型过程机制。

2）从我国经济社会发展实践来看，耕地资源的科学利用与严格保护不仅是保障粮食安全的基础手段，更是践行生态文明建设的有效途径。剖析耕地利用可持续集约化概念内涵，深入探究耕地利用可持续集约化的影响机制与调控路径，在实践上可为耕地利用与保护的政策融合提供新思路，有助于提高资源利用效率、优化耕地利用模式、转变农业发展方式，为筑牢粮食安全基石、加强生态文明建设提供科学依据。

3）从实证研究区域来看，粮食主产区是保障国家粮食安全的核心区域，同时也是面临着极大的资源环境压力，亟待进一步优化耕地利用模式，实现高质量发展的区域。本书以我国重要的粮食主产区、经济发展具有明显梯度差异的山东、辽宁两省为研究区域，基于统计年鉴、村庄和农户调查等多源数据，剖析不同尺度下耕地利用的可持续集约化时空分异规律及影响机制，进而提出具有现实意义与推广价值的调控路径，有助于更加全面、系统地探究优化粮食主产区耕地利用模式的内在规律，协同推进粮食安全保障与生态文明建设。

1.2 相关概念

1.2.1 耕地利用集约化

土地集约利用概念最早由 David Ricardo 等古典经济学家在地租理论中提出："在一定土地上投入较多生产资料、劳动及先进技术和管理方法，从而获得较高产出和收入的一种农业经营方式"。① 伊利·理查德·T 和莫尔豪斯·爱德华·W 认为："对现在已利用的土地增加劳力和资本，这个方法叫作土地利用的集约。"② 马克思从经济学视角丰富了集约化内涵，认为集约化就是集资本于同一块土地，而不能分散在若干毗连的土地上③。耕地集约利用实质上是耕地利用主体增加单位面积的劳动投入和资本投入以期获得更多经济产出的过程④。在"增长即发展"的错误思想指导下，片面追求高投入、高产出的集约化土地利用方式已

① Ricardo D. Principles of Political Economy and Taxation [M]. New York: Prometheus Books, 1891.

② 伊利·理查德·T，莫尔豪斯·爱德华·W. 土地经济学原理 [M]. 滕维藻，译. 北京：商务印书馆，1982.

③ 辛宗斐，吕晓，彭文龙，等. 中国耕地利用集约化研究的热点与趋势——基于 CiteSpace 的知识图谱分析 [J]. 土壤通报，2020，51 (4)：986-995.

④ 柯新利，马才学. 城镇化对耕地集约利用影响的典型相关分析及其政策启示 [J]. 中国土地科学，2013，27 (11)：4-10.

经或正在实际生产中产生一系列生态经济问题[①]。因此，集约利用不能被简单地视为增加生产要素投入。投入的有效性被视为耕地集约利用的重要内涵之一[②]。这就要求在不影响耕地生态安全和农产品质量安全的前提下，适度增加现代农业生产要素的投入，保护性地提高耕地利用程度[③]。综合已有研究，耕地集约利用内涵可概括为：① 微观尺度上，关注耕地利用主体的劳动、资本、技术等生产要素投入的数量、结构及其有效性，同时强调不同耕作制度、作物种类及耕地质量本底背景下的耕地利用强度；② 中观与宏观尺度上，注重耕地资源配置效率提升背景下的集约利用模式优化；③ 时间尺度上，体现阶段性、可持续性，对生态文明建设、农村土地制度改革、新型城镇化等经济社会发展形势变化具有适应性，是一个动态的过程[④]。

1.2.2　耕地可持续利用[⑤]

耕地可持续利用是指在特定的时空条件下对土地资源进行开发、使用、保护与治理，并通过一定的组织机构，协调人口、资源与环境的关系，其核心内容是协同和公平[⑥]。根据耕地可持续利用方式的差异性，大致有两种类型：一种是外延式耕地可持续利用，即耕地的数量平衡，保持耕地总数的稳定；另一种则是内涵式耕地可持续利用，即耕地的质量稳定或提高，包括耕地对农业生产适宜性、物质生产力、耕地利用经济效益和耕地环境等多个方面。保证耕地资源的永存性和生产能力的永续性，是耕地可持续利用的基础。耕地可持续利用的内涵主要包括生态效益可持续性、经济效益可持续性和社会效益可持续性三个方面。生态可持续与自然环境中的物质和能量循环相关，是耕地利用可持续的基础要求。经济效益可持续性要求耕地在保证数量与质量的可持续利用的同时，确保生态环境的可持续发展。社会效益可持续性重点关注社会效益，耕地利用的合理与否关系到粮食安全与社会的安定，要合理利用耕地资源，兼顾公平与效率，在保证耕地利

---

① 刘新卫，张丽君．中国土地资源集约利用研究［M］．北京：地质出版社，2006.

② 李莹．耕地集约利用时空演变规律研究——以湖北省为例［D］．武汉：华中农业大学硕士学位论文，2011.

③ 邓楚雄，谢炳庚，李晓青，等．基于投影寻踪法的长株潭城市群地区耕地集约利用评价［J］．地理研究，2013，32（11）：2000-2008.

④ 吕晓，牛善栋，李振波，等．中国耕地集约利用研究现状及趋势分析［J］．农业工程学报，2015，31（18）：212-224.

⑤ 牛善栋．农户尺度耕地可持续集约利用机理研究［D］．日照：曲阜师范大学硕士学位论文，2018.

⑥ 尹昌斌，程磊磊，杨晓梅，等．生态文明型的农业可持续发展路径选择［J］．中国农业资源与区划，2015，36（1）：15-21.

用社会效益的前提下，协调城镇化发展与耕地资源短缺的矛盾。

1.2.3 可持续集约化

可持续集约化（Sustainable Intensification，SI）相关研究最早可以追溯至1983年[①]。目前学界普遍认同的可持续集约化概念正式提出时间是在20世纪90年代，源于非洲撒哈拉以南地区研究者和农民共同参与的一个合作项目，目的在于建立适应性强的农业体系，提高粮食产量，在支持农村贫困人口生计的同时，关注环境、社会和生态的可持续性[②③]。Pretty等首次将可持续集约化定义为“当前未改善或退化地区产量的大幅增长，同时保护甚至再生自然资源”[④⑤]。在此基础上，研究者多将其界定为一个没有额外土地使用和不利环境影响，也不会转化额外非农作物，同时增加作物产量的过程或生产系统[⑥⑦]。目前被广泛应用的定义来自联合国粮食及农业组织（FAO）的界定：“在可持续的基础上，更有效地利用所有投入，获得更多产出，同时减少环境破坏，建立恢复能力、自然资本和环境服务流动”。[⑧] 笔者认为，可持续集约化是指在集约利用土地、注重投入有效性、增大经济产出的基础上，减少不利的环境影响，增加自然资本流动和生态系统服务，维持或提高生态系统抵御和自我修复的能力，恢复并增强土地的生态服务功能，实现对土地的永续利用和长久保护。

---

① Kelompok Penelitian Agro-ekosistem-Research Group on Agroecosystems. Tidal swamp agroecosystems of southern Kalimantan [R]. Jakarta, Indonesia: Workshop report on Sustainable intensification of tidal swamplands in Indonesia held at Banjarmasin, 1983: 146.

② Hunt M L, Blackburn G A, Rowland C S. Monitoring the sustainable intensification of arable agriculture: The potential role of earth observation [J]. International Journal of Applied Earth Observation and Geoinformation, 2019, 81: 125-136.

③ Smith A, Snapp S, Chikowo R, et al. Measuring sustainable intensification in smallholder agroecosystems: A review [J]. Global Food Security-agriculture Policy Economics and Environment, 2017, 12: 127-138.

④ Pretty J N, Thompson J, Hinchcliffe F. Sustainable agriculture: Impacts on food production and challenges for food security [R]. Gatekeeper Series-Sustainable Agriculture Programme, International Institute for Environment and Development (United Kingdom), 1996.

⑤ Pretty J N. The sustainable intensification of agriculture [J]. Natural Resources Forum, 1997, 21 (4): 247-256.

⑥ Garnett T, Appleby M C, Balmford A, et al. Sustainable intensification in agriculture: Premises and policies [J]. Science, 2013, 341 (6141): 33-34.

⑦ Pretty J, Bharucha Z P. Sustainable intensification in agricultural systems [J]. Annals of Botany, 2014, 114 (8): 1571-1596.

⑧ Weltin M, Zasada I, Piorr A, et al. Conceptualising fields of action for sustainable intensification: A systematic literature review and application to regional case studies [J]. Agriculture, Ecosystems & Environment, 2018, 257: 68-80.

从内涵上来看，一方面，在不增加额外土地使用，集约利用存量土地的基础上，优化经营模式和种植结构、科学增加有效投入、减少资源浪费，提高生产效率的同时，减少负面环境影响，并提升生态服务功能，破解环境可持续与经济集约化之间的矛盾，强化人与自然之间的依存关系①②。另一方面，农地作为重要的生态系统，具有显著的生态和景观功能，可持续集约化侧重于依托自然资源本底及生态过程在实际设计中发挥的作用，以强化对农业生态系统中生物和生态过程及功能的理解，并充分考虑外部环境和人类行为对田间生物、土壤微生物等带来的影响，以减少不必要的人为干预，提高生态系统的活性和生物多样性，恢复并提升农田景观和生态服务功能③④。另外，随着研究的持续深入，可持续集约化还被认为在社会效益、人类福祉、文化景观等方面涉及更广泛的内涵，需要综合考虑社会公平、代际公平、农民权益、农田景观等社会和文化层面的要求，并注重决策过程中的分配公平和程序正义，以及个人赋权等问题⑤~⑦。

1.3 理论基础

1.3.1 土地集约利用理论

城镇化和工业化的快速推进增强了对土地数量和质量的双重需求，有限的土地资源与日益增长的物质需求矛盾日益突出，集约化成为农业发展的必然选择和

① Vanlauwe B, Coyne D, Gockowski J, et al. Sustainable intensification and the African smallholder farmer [J]. Current Opinion in Environmental Sustainability, 2014, 8: 15-22.

② Himmelstein J, Ares A, van Houweling E. Sustainable intensification: A multifaceted, systemic approach to international development [J]. Journal of the Science of Food and Agriculture, 2016, 96 (15): 4833-4839.

③ Mockshell J, Kamanda J. Beyond the agroecological and sustainable agricultural intensification debate: Is blended sustainability the way forward? [J]. International Journal of Agricultural Sustainability, 2018, 16 (2): 127-149.

④ Pretty J. Agricultural sustainability: Concepts, principles and evidence [J]. Philosophical Transactions of the Royal Society B: Biological Sciences, 2008, 363: 447-465.

⑤ Loos J, Abson D J, Chappell M J, et al. Putting meaning back into "sustainable intensification" [J]. Frontiers in Ecology and the Environment, 2014, 12 (6): 356-361.

⑥ Weltin M, Zasada I, Piorr A, et al. Conceptualising fields of action for sustainable intensification: A systematic literature review and application to regional case studies [J]. Agriculture, Ecosystems & Environment, 2018, 257: 68-80.

⑦ Godfray H C J. The debate over sustainable intensification [J]. Food Security, 2015, 7 (2): 199-208.

耕地利用的目标[①]。根据边际报酬递减规律，土地集约利用是有限度的，在土地面积一定的条件下，不断增加资本、劳动与技术等要素，实现边际收益等于边际成本时，达到集约边际的临界点时，即为土地利用集约化。当前我国正处于供给侧结构性改革的深水区和生态文明建设的关键期，以质量、效率和动力变革为表征的改革内涵和以和谐共生、良性循环、全面发展、持续繁荣为宗旨的生态文明内涵，必然更加关注耕地的生态安全，注重形成绿色高效、低碳集约、循环生态的耕地集约利用新特征。

1.3.2 人地关系理论

人地关系理论是人文地理学的基础理论和研究的中心课题。人地关系可以直观理解为人类社会与自然环境之间的关系，是自人类起源就客观存在的关系[②]。一方面，人来源于自然又依存于自然，自然为人类提供生存和发展的条件。另一方面，人会根据自身的需要利用和适应自然，并影响自然环境，在对自然的改造活动中不断发展自己。人地关系协调的本质是协调物质、能量、信息的输入和输出关系，使它们保持动态平衡，谋求人与自然的和谐与统一。耕地是农业生产的载体，农户依存于耕地得以维持基本生计，同时又在耕地利用的过程中改变耕地利用的方向和程度。具有社会性的生产劳动是农户与耕地相互关系之间的中介，表现为具体的耕地利用行为和决策。农户在这一人地交互过程中结成并拓展了自己的社会关系，受经济环境和社会环境的双向影响，在发展和演进的过程中不同程度地改变生计方式和生产生活的资料来源，在反馈人地关系的同时，并叠加更复杂的人与人之间的关系，表现为对耕地依赖程度和利用形式的变化，以及不同农户间的交换或交易行为。因此，人地关系也反映了人与人之间的社会经济关系，人地关系的协调也是人与人关系的协调。需要正确认识并理解人地之间依存关系以及人与人之间的社会关系，科学把握耕地利用主体行为对于耕地的利用和改造活动，在集约利用耕地的过程中，强化耕地数量、质量、生态三位一体保护，是农户生计和农村经济持续、健康发展的重要条件。

1.3.3 可持续发展理论

1987 年世界环境与发展委员会发表的《我们共同的未来》报告中，首次明

① 龙禹桥，吴文斌，余强毅，等．耕地集约化利用研究进展评述［J］．自然资源学报，2018，33（2）：337-350.

② 吴传钧．人地关系与经济布局［M］．北京：学苑出版社，2008.

确了可持续发展的定义，即不仅能满足当代人的需要，又不损害后代人发展的需要，以公平性、持续性、共同性为三大基本原则①。2015 年 9 月，联合国可持续发展峰会通过了《改变我们的世界：2030 年可持续发展议程》，其中“可持续发展目标”（SDGs）包含 17 个目标，充分反映了衡量可持续发展的三个方面：经济发展、社会进步和生态保护②。目前，中国已进入生态文明建设的新时期，耕地保护政策体系和保护机制日益完善，耕地保护正在从数量、质量并重向数量、质量、生态三位一体保护格局转型，耕地利用从集约化到更可持续的集约化转型。从目标内涵上来看，耕地利用可持续集约化通过寻求经济、社会、生态相协调的最优解，以生态环境为约束，倒逼资源节约利用，促进农业经济高质量和社会的可持续发展，带有明显的可持续发展内涵，符合“可持续发展目标”。与传统的集约化相比，耕地利用可持续集约化更注重人地关系的协调、农业生产和自然保护的关系及资源的永续利用；能够优化耕地资源配置，增加投入的有效性，提高区域耕地生产能力的同时，节约自然资源，减小环境压力，破解土地利用行为短期化和长期可持续利用之间的矛盾，进而助推耕地三位一体保护，确保资源利用的代际公平③。

1.3.4　系统科学理论

系统科学是研究一切系统的模式、原理及规律的科学，是在系统论、信息论和控制论的基础上形成的，广泛应用于各领域和学科。系统科学是“三论”（系统论、信息论和控制论）和“新三论”（耗散结构理论、协同论和突变论）的总称，既是现代自然科学、社会科学、思维科学发展综合的结果，又是现代科学研究共同的一般方法论④。从系统论的角度出发，耕地利用系统是土地利用系统的重要组成部分，是由土壤、地形地貌、气候等自然要素和社会实践活动等社会经

① 世界环境与发展委员会. 我们共同的未来［M］. 王之佳，柯金良，译. 长春：吉林人民出版社，1997.

② 张正峰. 面向 SDGs 的土地可持续利用目标、挑战与应对策略［J］. 中国土地科学，2019，33（10）：48-55.

③ 彭文龙. 农户生计转型背景下的耕地利用可持续集约化研究［D］. 日照：曲阜师范大学硕士学位论文，2021.

④ 徐磊. 基于“三生”功能的长江中游城市群国土空间格局优化研究［D］. 武汉：华中农业大学博士学位论文，2017.

济要素复合而组成的立体空间①，以土地资源本底为运行基础，以人类为主体和实施者②，具有整体性、复杂性、自组织性和动态平衡性等特点。受资源利用、经营行为、作物产量、生态环境的综合作用，耕地利用系统内部、系统和外界环境之间的物质循环、能量流动和信息传递过程更加频繁且复杂，系统内部时刻处于动态变化过程中③，耕地利用系统组织链或将发生多元性演进，同时面临耕地利用系统生态关系蜕变、空间格局失衡引发的诸多挑战，亟须通过系统要素的整合、结构的重组和功能的优化，在提升经济价值的同时，不超过资源环境上限，实现耕地利用的可持续集约化。

1.3.5 土地利用转型理论

土地利用转型一词在 1987 年由美国地理学家 Walker 首次提出，从经济学角度构建土地利用转型模型以分析森林采伐地被农民遗弃的原因。此时的土地利用转型是指采伐地被遗弃后经农民开垦为农地的过程④，与土地用途转换统一⑤。土地利用转型的概念则是 1995 年由英国地理学家 Grainger 首次给出⑥，其在论文中提出了土地利用形态概念，彼时的土地利用形态主要是指土地利用空间形态。21 世纪初，作为土地利用/覆被变化研究的新途径，土地利用转型经龙花楼研究员引入中国⑦，并将土地利用转型的概念拓展为一段时期内与经济社会发展阶段转型相对应的区域土地利用由一种形态转变为另一种形态的过程⑧。土地利用形态也被拓展为显性形态和隐性形态两种形式。区域土地利用转型的实质是土地利用类型或功能在空间上产生冲突，并在时间上通过转变形态来缓解冲突的过程⑨。从目标内涵来看，可持续集约化以较低的环境成本，集约利用存量土地生

① 宋戈，王越，雷国平．松嫩高平原黑土区耕地利用系统安全影响因子作用机理研究——以黑龙江省巴彦县为例［J］．自然资源学报，2014，29（1）：13-26.

② 刘彦随．区域土地利用系统优化调控的机理与模式［J］．资源科学，1999，21（4）：63-68.

③ 路欣怡，杨智慧，张璐，等．基于系统协调的集约化农区县域耕地健康评价——以河北省曲周县为例［J/OL］．中国农业资源与区划．https：//kns.cnki.net/kcms/detail/11.3513.S.20220107.1035.017.html［2022-02-01］.

④ Walker R T. Land use transition and deforestation in developing countries［J］. Geographical Analysis, 1987, 19（1）: 18-30.

⑤ 宋小青．论土地利用转型的研究框架［J］．地理学报，2017，72（3）：471-487.

⑥ Grainger A. National land use morphology: Patterns and possibilities［J］. Geography, 1995, 80（3）: 235-245.

⑦ 龙花楼．土地利用转型：土地利用/覆被变化综合研究的新途径［J］．地理与地理信息科学，2003，19（1）：87-90.

⑧ 龙花楼．论土地利用转型与乡村转型发展［J］．地理科学进展，2012，31（2）：131-138.

⑨ 龙花楼．论土地利用转型与土地资源管理［J］．地理研究，2015，34（9）：1607-1608.

产更多、更可持续的产品为目标，以正向调节土地投入/产出关系、减轻环境响应压力为过程，突破资源约束背景下集约利用可能对环境产生的负面影响，倒逼有限的土地可持续地提供物质生产与服务功能。因此，耕地利用的可持续集约化不仅是耕地隐性形态的重要体现，更应成为耕地利用转型的核心目标。

1.4 国际可持续集约化研究态势

国外基于土地利用视角开展"耕地利用可持续集约化"的直接研究相对较少，主要是针对种植业、畜牧业、养殖业、林业等开展的"可持续集约化"研究，近5年来研究热度持续升温，研究主题多集中在概念界定、内涵辨析、水平测度、影响机理、成效评估等方面，表现出学科交叉性、尺度差异性、方法多样性、视角创新性、实践形式因地制宜、理论和实证分析相结合等特征。

1.4.1 演进趋势与研究变迁

可持续集约化相关研究最早可以追溯至1983年[①]，目前学界普遍认同的可持续集约化正式提出于20世纪90年代。尽管目前尚无一个统一明确的定义，但可持续集约化已成为国际农业研究热点前沿广泛使用的术语之一。作为一个相对开放的概念，可持续集约化不需要预先决定技术、组合或设计，不局限于特定的开发路径或方法，强调过程、目标而非手段[②]，目的就是改善生态环境并增加经济产出和社会效益，创造比传统集约化农业具有明显更好的环境性能的资源高效农业或新兴农业模式[③]。目前，可持续集约化已受到联合国粮食及农业组织（FAO）、国际农业研究咨询组（CGIAR）等国际组织的广泛关注，并被用来制定相关政策和项目计划。例如，美国的"养活未来"计划（Feed the Future）、英国政府创立的SI研究平台（SIP）等。但同时，因为具有较强的开放性，导致其研究目标的设定、研究目的落实的精准性和针对性相对较弱，具体内涵仍有待细化，尤其是如何进一步结合区域实际，理论联系实践地构建因地制宜的实施目

① Kelompok Penelitian Agro-ekosistem-Research Group on Agroecosystems. Tidal swamp agroecosystems of southern Kalimantan [R]. Jakarta, Indonesia: Workshop report on Sustainable intensification of tidal swamplands in Indonesia held at Banjarmasin, 1983: 146.

② Nath T K, Jashimuddin M, Hasan M K, et al. The sustainable intensification of agroforestry in shifting cultivation areas of Bangladesh [J]. Agroforestry Systems, 2016, 90 (3): 405-416.

③ Himmelstein J, Ares A, van Houweling E. Sustainable intensification: A multifaceted, systemic approach to international development [J]. Journal of the Science of Food and Agriculture, 2016, 96 (15): 4833-4839.

标、方向和框架，成为值得深入探索的方向①。

根据对已有相关研究文献的梳理总结，国际上可持续集约化研究演进可分为初步发展、稳步发展和快速发展三个阶段，研究趋势同粮食安全、环境保护等国际形势表现出较明显的协同特征（图 1-1）。

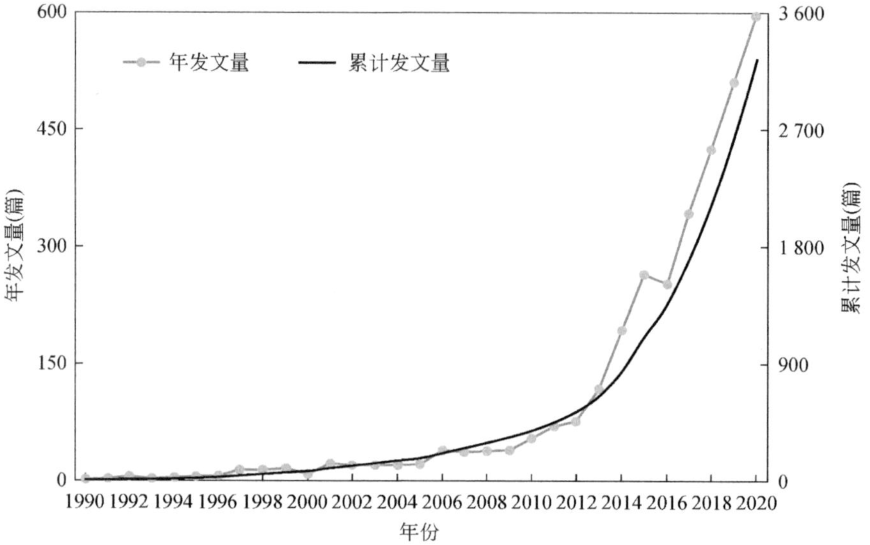

图 1-1　Web of Science 以“SI”为主题的学术文献发文趋势

（1）初步发展阶段（1990～2000 年）

该阶段全球农业发展水平较低，世界范围粮食安全面临较严峻的形势：发达国家和地区粮食产量下降，发展中国家粮食产量增长速度远低于人口增长速度，非洲地区成为饥饿的重灾区，全球粮食需求需要动用大量库存才能满足②③。面对如何改进农业生产，提高粮食产量，解决饥饿和贫穷问题的现实困境，农业集约化被广泛讨论，与之密切相关的可持续集约化领域相关研究萌芽并逐渐起步④。此时的研究主题多关注农业、畜牧业生产和自然系统之间的关系，探讨生

① Struik P C, Kuyper T W, Brussaard L, et al. Deconstructing and unpacking scientific controversies in intensification and sustainability: Why the tensions in concepts and values? [J]. Current Opinion in Environmental Sustainability, 2014, 8: 80-88.

② Pretty J N, Thompson J, Hinchcliffe F. Sustainable agriculture: Impacts on food production and challenges for food security [R]. Gatekeeper Series-Sustainable Agriculture Programme, International Institute for Environment and Development (United Kingdom), 1996.

③ Vlek P L G. The role of fertilizers in sustaining agriculture in Sub- Saharan Africa [J]. Fertilizer Research, 1990, 26 (1-3): 327-339.

④ 同②。

产过程中投入、管理、决策等提高产出的科学做法和经验，并尝试在理论层面认识和理解可持续集约化的概念及其内涵①。

（2）稳步发展阶段（2001～2012 年）

气候变化和粮食需求增加成为全球农业系统面临的重要挑战，随着农业扩张加剧，传统的集约化生产对粮食增产的有效性减弱，并对生态环境带来负面影响②③。该阶段的研究主题更为多样，除关注全球环境变化背景下的农业发展，对可持续土地利用的探讨也进一步加强。重点关注可持续集约化的现实目标及其评价标准，在明确可持续集约化基本内涵的基础上，选取系列指标，构建评价体系，尤其是以非洲典型地区为例加以实践论证，或对欧洲某些已经取得效果的地区进行评估，总结典型模式及经验④。

（3）快速发展阶段（2013 年至今）

2013 年以来，尽管干旱气候的影响逐步弱化，粮食供求形势逐步宽松；但全球宏观经济仍未复苏，发展中国家经济增长缓慢，这些都会对全球农产品需求和市场信心产生抑制性影响；生态保护的形势依然严峻，促使对可持续集约化的关注持续升温⑤⑥。该阶段生态环境保护和社会公平成为新的关注热点，侧重可持续集约化对提升生物多样性和优化生态系统服务的作用、可持续集约化系统中组成要素发挥的机会效应和功能效应等⑦。依托典型地区开展的实证研究和案例分析仍占主要比例，基于社会科学视角的探讨进一步增加，丰富了其人文内涵⑧。

---

① Gibon A, Sibbald A R, Flamant J C, et al. Livestock farming systems research in Europe and its potential contribution for managing towards sustainability in livestock farming [J]. Livestock Production Science, 1999, 61 (2-3): 121-137.

② Pandey R K, Crawford T W, Maranville J W. Agriculture intensification and ecologically sustainable land use in Niger: A case study of evolution of intensive systems with supplementary irrigation [J]. Journal of Sustainable Agriculture, 2002, 20 (3): 33-55.

③ McCune N M, Gonzalez Y R, Alcantara E A, et al. Global questions, local answers: Soil management and sustainable intensification in diverse socioeconomic contexts of Cuba [J]. Journal of Sustainable Agriculture, 2011, 35 (6): 650-670.

④ Benton T, Hartel T, Settele J, et al. Food security: A role for Europe [J]. Nature, 2011, 480 (7375): 39.

⑤ Petersen B, Snapp S. What is sustainable intensification? Views from experts [J]. Land Use Policy, 2015, 46: 1-10.

⑥ Godfray H C J, Garnett T. Food security and sustainable intensification [J]. Philosophical Transactions of the Royal Society B-Biological Sciences, 2014, 369 (1639): 20120273.

⑦ Sapkota T B, Shankar V, Rai M, et al. Reducing global warming potential through sustainable intensification of Basmati Rice-Wheat Systems in India [J]. Sustainability, 2017, 9 (6): 1044.

⑧ Liao C, Brown D G. Assessments of synergistic outcomes from sustainable intensification of agriculture need to include smallholder livelihoods with food production and ecosystem services [J]. Current Opinion in Environmental Sustainability, 2018, 32: 53-59.

从文章共被引次数和发文机构层次两方面综合，笔者汇总梳理可持续集约化研究主题下的全球重要科研成果的研究进展，具体如图 1-2 所示。自 Pretty 首次定义了可持续集约化概念，揭开了可持续集约化研究的序幕；Reardon 等探索性地提出了 6 种可持续集约化技术措施①，对后续可持续集约化项目试验研究影响深远。随着学界对于可持续集约化的逐渐关注，围绕可持续集约化的内涵与实现路径的相关研究进一步推动了可持续集约化领域的发展，Pretty 等从非洲农业合作项目中凝练出非洲地区可持续集约化的实现路径，以求进一步推动可持续集约化在发展中国家的应用②。更有学者从概念、内涵等方面将可持续集约化与生态集约化（EI）或农业集约化（AI）等进行辨析，以分析可持续集约化在定义、

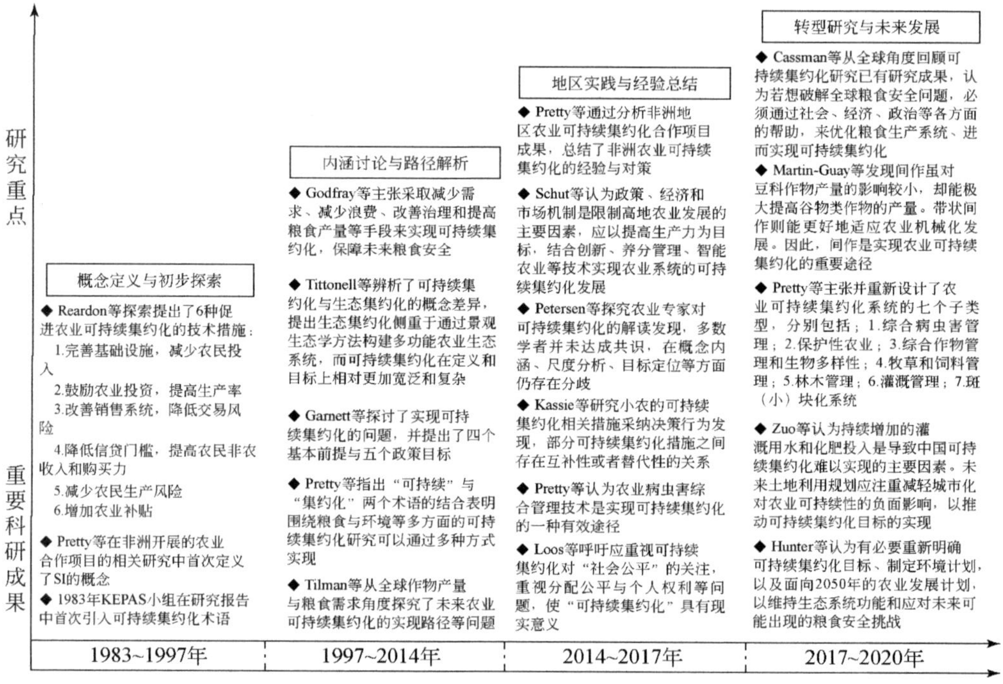

图 1-2　可持续集约化领域重要科研成果研究进展

---

① Reardon T, Kelly V, Crawford E, et al. Promoting sustainable intensification and productivity growth in Sahel agriculture after macroeconomic policy reform [J]. Food Policy, 1997, 22 (4): 317-327.

② Pretty J, Toulmin C, Williams S. Sustainable intensification in African agriculture [J]. International Journal of Agricultural Sustainability, 2011, 9 (1): 5-24.

目标等方面的独特性①。Garnett 等创新性地提出了实现可持续集约化的四大基本前提和五个政策目标，以解析可持续集约化的实现路径②。然而，随着研究的深入，有学者认为部分可持续集约化研究存在概念模糊、内涵空洞等问题。Loos 等提出，当前的可持续集约化研究过于关注粮食产量、环境安全等问题，而忽视了人类、社会等要素的重要性，从而导致可持续集约化研究重心的偏离和语义的缺失③。对此，一些学者呼吁重视可持续集约化对“社会公平”的关注、重视分配公平与个人权利等问题，使“可持续集约化”更具现实意义④。随着可持续集约化研究成果逐渐增多，Pretty 等认为经济环境等外界要素的改变正推动着可持续集约化研究转型，对此应重新设计农业可持续集约化的子类型，以形成多样的科学研究形式⑤。

1.4.2　研究方法与评价指标

可持续集约化研究方法多样，涉及多个学科门类，应用条件各有不同。理论研究多借助总结归纳法、比较分析法、荟萃分析（Meta-analysis）、例证法等进行文献综述、概念界定、内涵辨析、案例解读等描述性分析。实证研究多基于试验、调查、统计等手段获取数据进行水平测度，综合评价其经济、生态和社会效益。具体方法涉及物质流分析、能值分析、数据包络分析（DEA）、主成分-层次聚类（PCA-HC）分析、生命周期评估等（图 1-3）。

评价指标的选取方面，相关研究多基于农学、生态学、环境科学等学科范畴，以微观实验指标和统计数据指标为主，可概括为生产力水平、经济产出价值、生态环境服务、社会可持续发展和人类福祉健康等方面。其中，生产力水平能够反映单位面积土地投入-产出的有效性和潜在生产能力，多借助生产要素的使用效率进行测度，投入效率（物质、劳力等）与产出效率（产量、质量等）

---

① Tittonell P. Ecological intensification of agriculture- sustainable by nature [J]. Current Opinion in Environmental Sustainability, 2014, 8: 53-61.

② Garnett T, Appleby M C, Balmford A, et al. Sustainable intensification in agriculture: Premises and policies [J]. Science, 2013, 341 (6141): 33-34.

③ Loos J, Abson D J, Chappell M J, et al. Putting meaning back into “sustainable intensification” [J]. Frontiers in Ecology and the Environment, 2014, 12 (6): 356-361.

④ Petersen B, Snapp S. What is sustainable intensification? Views from experts [J]. Land Use Policy, 2015, 46: 1-10.

⑤ Pretty J, Benton T G, Bharucha Z P, et al. Global assessment of agricultural system redesign for sustainable intensification [J]. Nature Sustainability, 2018, 1 (8): 441-446.

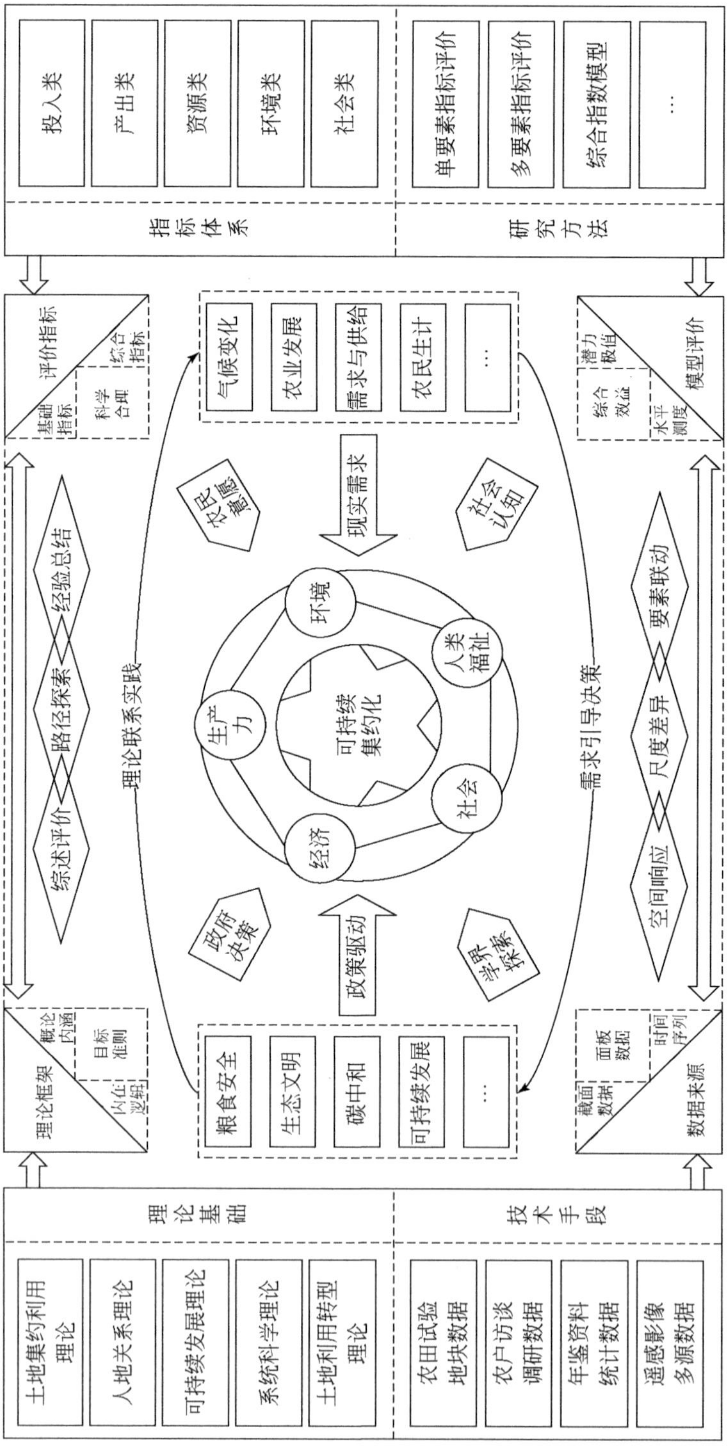

图1-3　可持续集约化评价的研究框架

是常用指标[①②]。此外，生产过程中不同设计或组合对于光照、土壤、水等自然资源的利用效率也常被考虑[③]。经济产出价值能够反映耕地利用过程中物质投入和农业产出之间的客观经济关系，有效衡量经济市场化和商品化背景下区域可持续集约化的经济效益和盈利能力[④]。主要包括市场价格、净产值、利润、土地盈利率、劳动盈利率、效益成本比等[⑤⑥]。生态环境服务能够衡量可持续集约化对于生态系统服务功能的提升和促进作用，主要包括生物多样性、碳封存指标、土壤生物活动及土壤质量、土壤侵蚀指数等[⑦⑧]。社会可持续发展用于反映可持续集约化在应对粮食供求失衡、消费需求增加、饮食习惯转变及食品价格波动等方面发挥的作用，以确保粮食安全，维护社会稳定，主要包括人均粮食产量、营养效率、人均 GDP 等[⑨]。人类福祉健康是基于可持续集约化社会效益对于农业经营主体和社会群体的进一步考量，主要包括经营者的受教育情况、接受农业培训情况、小额信贷的便捷程度、人均粮食需求及膳食均衡等指标[⑩⑪]。

---

① Valet S, Ozier Lafontaine H. Ecosystem services of multi specific and multi stratified cropping systems [J]. Sustainable Agriculture Reviews, 2014, 14: 185-268.

② Menale Kassie, Hailemariam Teklewold, Moti Jaleta, et al. Understanding the adoption of a portfolio of sustainable intensification practices in eastern and southern Africa [J]. Land Use Policy, 2015, 42: 400-411.

③ Lal R. Promoting "4 Per Thousand" and "Adapting African Agriculture" by south-south cooperation: Conservation agriculture and sustainable intensification [J]. Soil & Tillage Research, 2019, 188: 27-34.

④ Dawson N, Martin A, Camfield L. Can agricultural intensification help attain sustainable development goals? Evidence from Africa and Asia [J]. Third World Quarterly, 2019, 40 (5): 926-946.

⑤ Snapp S S, Blackie M J, Gilbert R A, et al. Biodiversity can support a greener revolution in Africa [J]. Proceedings of the National Academy of Sciences, 2010, 107 (48): 20840-20845.

⑥ Smith A, Snapp S, Chikowo R, et al. Measuring sustainable intensification in smallholder agroecosystems: A review [J]. Global Food Security, 2017, 12: 127-138.

⑦ Crous-Duran J, Graves A R, Garcia-de-Jalon, et al. Assessing food sustainable intensification potential of agroforestry using a carbon balance method [J]. Iforest: Biogeosciences and Forestry, 2019, 12 (1): 85-91.

⑧ Kiwia A, Kimani D, Harawa R, et al. Sustainable Intensification with Cereal-Legume Intercropping in Eastern and Southern Africa [J]. Sustainability, 2019, 11 (10): 1-18.

⑨ Kim J, Mason N M, Snapp S, et al. Does sustainable intensification of maize production enhance child nutrition? Evidence from rural Tanzania [J]. Agricultural Economics, 2019, 50 (6): 723-734.

⑩ Moore A, Dormody T, Vanleeuwen D, et al. Agricultural sustainability of small-scale farms in Lacluta, Timor Leste [J]. International Journal of Agricultural Sustainability, 2014, 12 (2): 130-145.

⑪ Mockshell J, Kamanda J. Beyond the agroecological and sustainable agricultural intensification debate: Is blended sustainability the way forward? [J]. International Journal of Agricultural Sustainability, 2018, 16 (2): 127-149.

1.4.3 研究区域与分析尺度

全球可持续集约化研究联系密切，其中北美、西欧、东非、东亚各国家和地区之间合作广泛，尽管在分布上表现出较明显的非均衡性，但已初步形成了以美国、西欧诸国、澳大利亚等发达国家为主导，中国、印度、肯尼亚等广大发展中国家共同参与的覆盖全球绝大部分国家和地区的合作网络。目前的研究多为基于典型研究区域开展的实证研究和案例探讨，研究区域涉及全球绝大多数国家和地区。其中，欧洲主要涉及英国及欧洲西北部低地农业发展优势国家；亚洲较多集中在孟加拉国、印度恒河平原等地区；非洲则集中在撒哈拉沙漠以南的肯尼亚、乌干达等国家的贫困地区；美洲的相关研究多分布在巴西热带地区①。

确定合理的评价和分析的时空尺度是开展可持续集约化研究与实践的前提。从空间尺度来看，已有研究可大致分为宏观、中观和微观三类。宏观尺度多基于全球、大陆、国家的视角，关注粮食安全、气候变化、经济发展、科技变革、社会转型等新形势下，农业生产格局和生态环境保护面临的挑战，解析经济市场全球化背景下农业发展现状和供求形势之间的系统规律和耦合关系，预测未来发展趋势和粮食安全需求，探讨破解资源刚性约束和经济发展需求之间矛盾的调控举措。例如，可持续集约化在解决全球粮食需求中发挥的作用②、东非地区可持续集约化的政策支持③、欧盟可持续集约化的环境影响④等。中观尺度多基于流域、省域、市县等地区层面，以成效评估、模式探究、案例分析等实证研究为主，进行可持续集约化水平测度和效应评价，识别主控影响因素，进而明晰作用机理，发现困境及阻碍，总结易复制、可推广的地区经验和典型模式。例如，孟加拉国吉大港山区轮作种植区农林复合经营的推广情况⑤、乌干达东部可持续集约化的

① 彭文龙，吕晓，辛宗斐，等．国际可持续集约化发展经验及其对中国耕地保护的启示［J］．中国土地科学，2020，34（4）：18-25.

② Tilman D, Balzer C, Hill J, et al. Global food demand and the sustainable intensification of agriculture [J]. Proceedings of the National Academy of Sciences of the United States of America, 2011, 108 (50): 20260-20264.

③ Yami M, van Asten P. Policy support for sustainable crop intensification in Eastern Africa [J]. Journal of Rural Studies, 2017, 55: 216-226.

④ Bais-Moleman A L, Schulp C J E, Verburg P H. Assessing the environmental impacts of production and consumption-side measures in sustainable agriculture intensification in the European Union [J]. Geoderma, 2019, 338: 555-567.

⑤ Nath T K, Jashimuddin M, Hasan M K, et al. The sustainable intensification of agroforestry in shifting cultivation areas of Bangladesh [J]. Agroforestry Systems, 2016, 90 (3): 405-416.

技术和政策选择①、加纳西北部可持续集约化实践对家庭粮食安全状况的影响②等。微观尺度多从土地利用行为主体或客体出发，基于农户、农场主等经营主体或地块、农田、农场等作用客体进行实证研究，关注外部政策环境、经济社会转型、市场驱动机制综合影响下，经营主体的个体特征、家庭情况、种植模式、经营形式等对于可持续集约化的意愿与行为响应，探究其在经营规模、教育水平、农村信贷、交易市场等方面的机会差异③；地块、农场尺度下的实证研究多基于农田实验，借助数据测量指标解析人类行为对于土壤肥力、田间生物、物质循环的影响，强化对于整个农田生态系统的养护、修复、提质等生态作用和景观作用。

从时间尺度来看，相关数据主要分为截面数据、时间序列数据和面板数据。其中，截面数据常用于衡量特定时间节点的可持续集约化水平分异情况，量化不同指标间的关联程度。时间序列数据和面板数据多用于展现可持续集约化的时空分异格局，刻画演进态势及传导规律，多用于对中观尺度区域层面的统计数据进行分析。例如，对 1950 年以来英格兰可持续集约化过程的系统分析④。基于农户、农场等微观尺度的研究易受限于实证数据的获取，因此多运用短时间序列数据进行评价分析，如对 2015 ~ 2017 年恒河平原东部农户作物生产潜力和用水效率的分析⑤。

1.4.4　影响因素与调控路径

影响可持续集约化水平及其时空演变的主控因素主要可分为自然环境、社会经济、经营主体三类。海拔、坡度、坡向、水热条件、土壤肥力等都是影响可持续集约化实践的重要因素，也是评估区域可持续集约化潜力的重要指标⑥。社会

---

① Woelcke J. Technological and policy options for sustainable agricultural intensification in eastern Uganda [J]. Agricultural Economics, 2006, 34 (2): 129-139.

② Yahaya I, Pokharel K P, Alidu A F, et al. Sustainable agricultural intensification practices and rural food security: The case of Northwestern Ghana [J]. British Food Journal, 2018, 120 (2): 468-482.

③ Keil A, D'Souza A, McDonald A. Zero-tillage is a proven technology for sustainable wheat intensification in the Eastern Indo-Gangetic Plains: What determines farmer awareness and adoption? [J]. Food Security, 2017, 9 (4): 723-743.

④ McKay D I A, Dearing J A, Dyke J G, et al. To what extent has sustainable intensification in England been achieved [J]. Science of the Total Environment, 2019, 648: 1560-1569.

⑤ Islam S, Gathala M K, Tiwari T P, et al. Conservation agriculture based sustainable intensification: Increasing yields and water productivity for smallholders of the Eastern Gangetic Plains [J]. Field Crops Research, 2019, 238: 1-17.

⑥ Schiefer J, Lair G J, Blum W E H. Potential and limits of land and soil for sustainable intensification of European agriculture [J]. Agriculture Ecosystems & Environment, 2016, 230: 283-293.

经济因素多与区域发展和社会经济形势联系密切，不同地域间差异明显，既影响可持续集约化的方向和目标，同时又受到可持续集约化的反馈①。一方面，持续的人口增长、快速变化的消费模式及紧张的人地矛盾催生了对可持续集约化需求的同时，科学技术水平的提高、管理经营方式的进步、积极的政策引导和技术指导、完备的交易市场和经验共享等都会促进可持续集约化的推广②。另一方面，劳动力短缺、人口老龄化、配套基础设施不完善、农村信贷门槛高、知识宣传和普及不够及突发公共事件可能引致的粮食危机会在一定程度上阻碍可持续集约化的推广③。农民、农场主等微观主体的生计保障和参与程度与可持续集约化的推广及实践同样密切相关，年龄、性别、收入水平、家庭结构、兼业情况、文化程度等个体特征和家庭特征都会通过影响经营主体的意愿、态度和行为，进而影响可持续集约化的参与程度④。

科学有效的调控路径是推动传统集约化生产向可持续集约化转型的关键，多个国家和地区的实践经验表明可持续集约化的推广与农业政策和农村经济的支持密切相关，实现高效、增产、低碳、绿色、集约和可持续的复合目标需要农业生产政策和生态环境保护政策双重保障和支持，并加以科学指导⑤⑥。科技创新、信息传导、知识普及等同样在很大程度上推动了可持续集约化的推广。政府公共部门的支持、中介组织的参与、市场机制的完善、稳定的交易渠道和信贷服务等有助于经营主体更快地获益，促进经营群体更普遍接受新的政策和生产技术⑦。尤其是，对于农民、农场主等微观主体认知、接受程度的科学引导及对行为响应的保障和福利等，会进一步促进可持续集约化的推广和自发的实施。综合来看，

---

① Kassie M, Jaleta M, Shiferaw B, et al. Adoption of interrelated sustainable agricultural practices in smallholder systems: Evidence from rural Tanzania [J]. Technological Forecasting and Social Change, 2013, 80 (3): 525-540.

② Bai H Z, Tao F L. Sustainable intensification options to improve yield potential and ecoefficiency for rice-wheat rotation system in China [J]. Field Crops Research, 2017, 211: 89-105.

③ Elliott J, Firbank L. Sustainable intensification: A case for innovation in science and policy [J]. Outlook on Agriculture, 2013, 42 (2): 77-80.

④ Keil A, D'Souza A, McDonald A. Zero-tillage is a proven technology for sustainable wheat intensification in the Eastern Indo-Gangetic Plains: What determines farmer awareness and adoption? [J]. Food Security, 2017, 9 (4): 723-743.

⑤ Palm C, Neill C, Lefebvre P, et al. Targeting sustainable intensification of maize-based agriculture in East Africa [J]. Tropical Conservation Science, 2017, 10 (8): 194008291772067.

⑥ Ahmadi B V, Moran D, Barnes A P, et al. Comparing decision-support systems in adopting sustainable intensification criteria [J]. Frontiers in Genetics, 2015, 6: 23.

⑦ Pandey R K, Maranville J W, Crawford T W. Agriculture intensification and ecologically sustainable land use systems in Niger: Transition from traditional to technologically sound practices [J]. Journal of Sustainable Agriculture, 2001, 19 (2): 5-24.

政策支持是可持续集约化常规的调控手段，技术推广和信息共享等会进一步促进可持续集约化的普及，但尚没有一项单独的政策或调控路径可以全面解决问题，因此从整体角度全面分析问题并进行跨学科的合作、交流显得非常必要。

1.4.5 国际经验与地区实践

在未来很长时期内，维持一定数量的高质量的健康耕地极为重要①。尽管目前发达国家的农地利用和保护已经发展到较成熟的阶段，但在确保粮食安全的基础上，如何更好发挥耕地的生态、社会和景观效应，增加农民财产收入和幸福感，并带来行为响应等方面仍存在问题和挑战。除进一步强化制度和法规建设，借助经济手段、技术手段、教育手段等加强耕地保护外，可持续集约化已成为国际上广泛推广的举措之一②。

美国中东部地形平坦，气候适宜，地多人少，农业生产以家庭农场为主，具有生产专业化和产品商业化的特征，但也面临病虫害和生物入侵、土壤污染和退化、农业耗水量大及气候变化等问题。美国较早就围绕可持续集约化相关主题开展了大量研究，并且可持续集约化相关实践也较为广泛。20 世纪 80 年代初，美国就在有机农业和生态农业的基础上提出了可持续农业的概念，实行农牧混合、休闲轮作、覆盖作物轮作及水土保持耕作等。农业生产中鼓励用绿肥秸秆代替化肥或用于饲料和生物能源，用天敌、轮作代替农药和杀虫剂，用少耕免耕、残渣还田代替翻耕等；同时将循环经济应用于农业，并进一步强化科技支持，将可持续集约化的重点放在再生农业、节水农业、精确农业和数字农业上，加强作物育种、生物技术、预测建模等方面的研究和应用③。

欧洲是世界上人口最密集的地区之一，农业发达，但人地矛盾较为突出④。英国的可持续集约化无论是在研究方面还是在实践方面都居于世界前列。20 世纪 80 年代，英国政府就开始加强农地环境的保护，尤为关注农地的环境价值和乡村景观，还专门成立未来农业与食品政策委员会，鼓励农民在生产的同时注重环境保护；同时由政府资助补助金，鼓励农户将指定地区（多为劣质地）转为草地和林地。2016 年后英国重新调整了混合农场、高地农场等实施可持续集约

---

① 吴宇哲，许智钇．休养生息制度背景下的耕地保护转型研究［J］．资源科学，2019，41（1）：9-22.

② 彭文龙，吕晓，辛宗斐，等．国际可持续集约化发展经验及其对中国耕地保护的启示［J］．中国土地科学，2020，34（4）：18-25.

③ 同②。

④ Benton T, Hartel T, Settele J, et al. Food security: A role for Europe [J]. Nature, 2011, 480 (7375): 39.

化的具体方法①，不仅涉及生产和环境，还包括人类未来福祉和社会发展的可持续性。欧洲北部和西部地区的农业目前也朝着可持续集约化方向发展，数据显示，法国、意大利、丹麦等地可持续集约化的潜力值较大②。考虑到农民特征、消费行为、环境压力等情况，欧洲地区的可持续集约化仍有许多的机遇和挑战，不同措施结合产生的影响也各不相同。

非洲地区的土壤有机碳含量低，植物的有效水分和养分储存较低，土壤结构脆弱，易退化③。非洲的可持续集约化相关实践主要从有机质输入和矿物肥料投入等方面开展。相关举措包括：运用常规技术和现代技术进行作物改良，发挥农林业的土壤养护作用，实行保护性耕作，加强病虫害综合管理，将园艺、牲畜、饲料作物及水产养殖进行有机结合，鼓励在生产和销售中建立合作伙伴等④。这些项目极大地带动了农业可持续发展。2013 年蒙彼利埃（Montpellier）小组报告指出，可持续集约化已成为“非洲农业的新范式”，尽管在依赖外部化学输入方面存在差异，有机农业和保护性农业已被认为是实现可持续集约化的有效手段。诸多非洲案例表明，耕地质量的提高和产量的增加与可持续集约化改善环境的结果有关。目前，非洲可持续集约化实践面临的挑战是如何将有效的操作方式和经验传授给整个非洲大陆上数百万的小农场主和农牧民。

1.5 国内耕地利用可持续集约化相关研究态势

国内以“耕地利用可持续集约化”为主题的直接研究较少。已有研究围绕中国土地利用在可持续集约化方面的挑战⑤、农业集约化与可持续化的关系辨

---

① Irbank L G, Elliott J, Field R H, et al. Assessing the performance of commercial farms in England and Wales: Lessons for supporting the sustainable intensification of agriculture [J]. Food and Energy Security, 2018, 7 (4): e00150.

② Lal R. Promoting “4 Per Thousand” and “Adapting African Agriculture” by south-south cooperation: Conservation agriculture and sustainable intensification [J]. Soil & Tillage Research, 2019, 188: 27-34.

③ Scherer L, Verburg P H, Schulp C J E. Opportunities for sustainable intensification in European agriculture [J]. Global Environmental Change, 2018, 48 (10): 43-55.

④ Mafongoya P, Bationo A, Kihara J, et al. Appropriate technologies to replenish soil fertility in southern Africa [J]. Nutrient Cycling in Agroecosystems, 2006, 76 (2): 137-151.

⑤ Zuo Lijun, Zhang Zengxiang, Carlson K M, et al. Progress towards sustainable intensification in China challenged by land-use change [J]. Nature Sustainability, 2018, 1 (6): 304-313.

析[①]、农地利用可持续集约化的时空格局[②]、集约化农田生态系统可持续性评价[③]等方面进行了有益探索，但总体仍处于起步阶段，尚未形成规模，有待进一步扩展。随着国际土地利用/土地覆盖变化（LUCC）研究计划和全球土地计划（GLP）两大科学计划的推动，我国在耕地利用集约化、耕地利用转型、耕地可持续利用等方面进行了大量理论和实证研究，为耕地利用可持续集约化研究奠定了扎实的理论基础和参考范本。

1.5.1 耕地利用集约化的生态环境效应

国内耕地利用集约化相关研究丰度较高，成果丰硕，呈现出视角多元化、尺度差异化、方法多样化等特点；在利用现状、时空格局、演进规律、作用机制等方面均得到了深入探讨。但现有研究多关注于耕地利用集约化的经济效应，对生态效应和社会效应的探究相对薄弱[④]。耕地利用集约化可以理解为耕地利用主体增加单位面积的劳动和资本投入以期获得更多经济产出的过程[⑤]。已有研究多从投入-产出关系出发，基于不同研究尺度和评价方法，关注劳动、资本、技术等生产要素投入的数量、结构、强度及其有效性和产出的数量、质量、效率、潜力及其市场价值等[⑥]。实践证明，耕地利用集约化能够有效提高农产品的产量和质量，对保障我国粮食安全发挥着巨大的作用[⑦]；但生产过程中付出的环境和生态代价普遍被忽视[⑧]。

---

① 吴大付，高旺盛，陈红卫，等．黄淮海平原农业集约化与可持续化的对立统一［J］．农业现代化研究，2000，(3)：134-137

② 牛善栋，吕晓，史洋洋．山东省农地利用可持续集约化的时空格局［J］．应用生态学报，2018，29（2）：607-616.

③ 赵桂慎，王一超，唐晓伟，等．基于能值生态足迹法的集约化农田生态系统可持续性评价［J］．农业工程学报，2014，30（18）：159-167.

④ 龙禹桥，吴文斌，余强毅，等．耕地集约化利用研究进展评述［J］．自然资源学报，2018，33（2）：337-350.

⑤ 柯新利，马才学．城镇化对耕地集约利用影响的典型相关分析及其政策启示［J］．中国土地科学，2013，27（11）：4-10.

⑥ 吕晓，牛善栋，李振波，等．中国耕地集约利用研究现状及趋势分析［J］．农业工程学报，2015，31（18）：212-224.

⑦ 邹健，龙花楼．改革开放以来中国耕地利用与粮食生产安全格局变动研究［J］．自然资源学报，2009，24（8）：1366-1377.

⑧ 龙禹桥，吴文斌，余强毅，等．耕地集约化利用研究进展评述［J］．自然资源学报，2018，33（2）：337-350.

耕地利用集约化的生态效应及社会可持续性逐渐受到关注。朱会义和孙明慧[①]指出了耕地利用集约化的环境影响，并较早提出推进土地利用向可持续集约化方向发展。龙禹桥等[②]提出促进可持续的耕地集约化利用。罗华艳[③]从生态环境保护约束视角出发，提出了“生态集约型”的耕地利用模式。王千等[④]以江苏沿海地区为例，发现耕地集约利用水平与生态系统服务价值呈负相关。张新焕等[⑤]通过测算耕地投入结构对环境压力的影响，发现不可更新工业能值投入超过可更新能值投入时会进一步增强耕地的环境负荷。石淑芹等[⑥]提出耕地利用集约化评价指标除投入-产出的基本指标外，还需要涉及影响农业可持续、生态保护和粮食安全的指标构建复合评价体系。综合来看，耕地利用集约化的生态环境效应已经得到重视，不再局限于生产效率或经济效益的视角，耕地利用过程中产生的资源环境效应开始受到关注，但其变化过程、作用机理及其转型路径等仍有待深入探讨。

1.5.2　耕地可持续利用研究

1990 年，国际土地可持续利用系统研讨会首次提出了土地可持续利用的思想[⑦]，后渐成体系，逐步发展成为土地科学研究的热点和重点[⑧]，并围绕耕地可

---

① 朱会义，孙明慧．土地利用集约化研究的回顾与未来工作重点［J］．地理学报，2014，69（9）：1346-1357.

② 龙禹桥，吴文斌，余强毅，等．耕地集约化利用研究进展评述［J］．自然资源学报，2018，33（2）：337-350.

③ 罗华艳．生态集约型耕地利用评价研究以钦州市和合浦县为例［J］．中国农业资源与区划，2016，37（11）：15-19，28.

④ 王千，李哲，范洁，等．沿海地区耕地集约利用与生态服务价值动态变化及相关性分析［J］．中国农学通报，2012，28（35）：186-191.

⑤ 张新焕，杨德刚，王昌燕，等．基于地块尺度的耕地集约利用与环境压力关系——以塔里木河流域 780 个地块为例［J］．中国生态农业学报，2012，20（5）：635-642.

⑥ 石淑芹，曹玉青，吴文斌，等．耕地集约化评价指标体系与评价方法研究进展［J］．中国农业科学，2017，50（7）：1210-1222.

⑦ 张凤荣．持续土地利用管理的理论与实践［M］．北京：北京大学出版社，1996.

⑧ 刘庆，陈利根．长株潭地区土地可持续利用综合评价及空间分区［J］．农业工程学报，2013，29（6）：245-253.

持续利用理论研究[①]、评价体系[②]、影响因素[③]与调控路径[④]等方面取得较多成果，主要表现在经济、社会和生态三个方面。生态可持续与自然环境中的物质和能量循环相关，是耕地利用可持续的基础要求；经济可持续反映土地利用获得的经济产出的高效性和优质性；社会可持续则反映土地利用与社会发展的互馈关系[⑤]。相关研究也多从这三个方面构建评价体系[⑥]。赵小敏和张军[⑦]新增“资源”指标，从耕地资源利用、经济效益、社会效益和生态效益评价鄱阳湖的耕地可持续利用水平。赵兴国等[⑧]提出可持续利用是破解山区耕地资源持续减少和产出消费快速增加矛盾的现实路径。倪广亚和刘学录[⑨]基于能值分析，发现提高耕地质量等级，改善耕地外部环境，有助于耕地可持续利用。黄飞萍[⑩]研究表明，传统农业与现代农业的有机结合是可持续利用的必然选择。综合来看，目前耕地可持续利用研究已形成较完备的研究范式，耕地利用可持续集约化理念和思路可实现对耕地可持续利用研究的进一步深化。

1.5.3　农业可持续发展研究

目前，我国农业可持续发展的研究也已取得较多成果，研究内容主要集中在

---

① 陈百明，张凤荣．中国土地可持续利用指标体系的理论与方法［J］．自然资源学报，2001，16（3）：197-203.

② 徐梦洁，葛向东，张永勤，等．耕地可持续利用评价指标体系及评价［J］．土壤学报，2001，38（3）：275-284.

③ 徐小黎，史培军，杨明川．我国土地政策对耕地可持续利用的影响［J］．北京师范大学学报（社会科学版），2003，（2）：115-123.

④ 王书华．耕地可持续利用的调控机制设计与对策［J］．中国人口·资源与环境，2001，11（52）：94-96.

⑤ 傅伯杰，陈利顶，马诚．土地可持续利用评价的指标体系与方法［J］．自然资源学报，1997，12（2）：112-118.

⑥ 赵凯，牛刚．对耕地可持续利用评价指标体系的探讨［J］．经济问题，2001，（6）：45-47.

⑦ 赵小敏，张军．GIS 支持下的鄱阳湖生态经济区耕地资源可持续利用评价［J］．土壤学报，2012，49（1）：1-8.

⑧ 赵兴国，潘玉君，王爽，等．云南省耕地资源利用的可持续性及其动态预测——基于“国家公顷”的生态足迹新方法［J］．资源科学，2011，33（3）：542-548.

⑨ 倪广亚，刘学录．基于能值分析的甘肃省耕地可持续利用时空分异研究［J］．西北农林科技大学学报（自然科学版），2015，43（2）：149-158.

⑩ 黄飞萍．基于能值分析的福建省农用地可持续利用态势研究［J］．中国农学通报，2013，29（26）：61-66.

评价体系[①]、影响因素[②]、调控路径[③]等方面。农业可持续发展本质上是多重目标的平衡[④⑤]，相关研究构建了涵盖社会、经济、资源、环境等主要方面的指标体系，并进行了全国、省、市县、流域等多尺度的实证研究[⑥⑦]。张桃林[⑧]指出人类对农业资源开发利用的过程，具有巨大的生态环境效应。罗锡文等[⑨]研究表明应从多方面实施机械化精准作业技术，提高资源利用率。张利国等[⑩]采用农业生产面板数据分析，发现部分地区追求农业产量，过度使用农业化学投入等，导致土壤肥力降低、水体富营养化、破坏微生物群落环境等，从而抑制了农业的可持续发展。综合来看，作为耕地利用可持续集约化的高级目标，农业可持续发展问题的研究已较为成熟，总结凝练出了一批因地制宜的典型模式和经验做法，拓展了耕地利用可持续集约化的内涵和外延。然而，农业可持续发展作为一种指导农业发展的战略思想，多聚焦于农业作为一个产业发展的视角探索。在城乡融合视角下，将农业发展路径与乡村地域系统相结合探索综合性的可持续发展路径值得进一步关注[⑪]。耕地作为农业发展的核心基础资源，探索耕地利用的可持续集约化可为更好地促进农业乃至乡村可持续发展提供支撑，理应成为进一步拓展的方向。

---

① 曹院平．基于生态足迹模型的广西农业可持续发展评价［J］．中国农业资源与区划，2020，41（5）：35-42.

② 严湘琦，宋明星，向辉，等．基于农业可持续发展的湖南省乡村规划影响因素分析［J］．中国农业资源与区划，2020，41（1）：304-311.

③ 白蕴芳，陈安存．中国农业可持续发展的现实路径［J］．中国人口·资源与环境，2010，20（4）：117-122.

④ 黄飞萍，黄民生，李新蕾，等．基于能值分析的福建省农用地可持续利用态势研究［J］．中国农学通报，2013，29（26）：61-66.

⑤ 吴国庆．区域农业可持续发展的生态安全及其评价研究［J］．自然资源学报，2001，16（3）：227-233.

⑥ 同④。

⑦ 高鹏，刘燕妮．中国农业可持续发展能力区域评［J］．中国软科学，2011，（S1）：163-169.

⑧ 张桃林．加强农业生态文明建设促进农产品质量安全和农业可持续发展［J］．土壤，2015，47（2）：193-196.

⑨ 罗锡文，廖娟，胡炼，等．提高农业机械化水平促进农业可持续发展［J］．农业工程学报，2016，32（1）：1-11.

⑩ 张利国，鲍丙飞，杨胜苏．我国农业可持续发展空间探索性分析［J］．经济地理，2019，39（11）：159-164.

⑪ 曹智，李裕瑞，陈玉福．城乡融合背景下乡村转型与可持续发展路径探析［J］．地理学报，2019，74（12）：2560-2571.

1.5.4 耕地利用转型研究

随着对耕地利用转型的广泛关注，相关研究从对数量和空间结构上的显性形态变化，演变为对质量、产权、经营方式、投入、产出和功能等隐性形态的探讨性演变[①②]。龙花楼[③④]从粮食安全与土地污染退化两个方面认识乡村转型发展进程中耕地利用转型发挥的重要作用。宋小青[⑤]诠释了土地利用转型的社会效应、经济效应和环境效应，并借鉴法国耕地利用转型经验，进一步探讨了耕地空间转型、耕地功能形态转型和耕地多功能管理在耕地利用转型过程中的作用机制。曲艺和龙花楼[⑥]基于地理学、管理学和经济学等多学科综合研究，构建了耕地利用隐性形态转型研究框架，并对理论思路进行了具体阐述。孙英敏[⑦]探讨了陕西省耕地利用隐性变化与产量的耦合关系。综合来看，诸多学者基于多维尺度做出了有益探索，并在耕地利用转型领域取得了重要进展，从目标内涵来看，耕地利用的可持续集约化不仅是耕地隐性形态的重要体现，更应成为耕地利用转型的核心目标。

---

① 曲艺，龙花楼．中国耕地利用隐性形态转型的多学科综合研究框架［J］．地理学报，2018，73（7）：1226-1241.

② 龙花楼，屠爽爽．土地利用转型与乡村振兴［J］．中国土地科学，2018，32（7）：1-6.

③ 龙花楼．论土地利用转型与乡村转型发展［J］．地理科学进展，2012，31（2）：131-138.

④ 龙花楼，戈大专，王介勇．土地利用转型与乡村转型发展耦合研究进展及展望［J］．地理学报，2019，74（12）：2547-2559.

⑤ 宋小青．论土地利用转型的研究框架［J］．地理学报，2017，72（3）：471-487.

⑥ 曲艺，龙花楼．中国耕地利用隐性形态转型的多学科综合研究框架［J］．地理学报，2018，73（7）：1226-1241.

⑦ 孙英敏．陕西省耕地利用转型与粮食产量耦合关系研究［J］．中国农业资源与区划，2018，39（7）：14-20.

2 耕地利用可持续集约化的理论初探

新时代生态文明建设背景下，耕地利用可持续集约化成为协调日益增长的粮食需求与资源环境约束之间矛盾、因地制宜实现区域耕地保护和耕地利用转型的必然要求。如何耦合集约化和可持续化形成对耕地利用可持续集约化的科学认识？耕地利用可持续集约化的概念内涵如何界定？这些都是有待深入探索的科学问题。本章借鉴国际可持续集约化思想理念，结合中国耕地利用与保护的国情，探索性地界定了耕地利用可持续集约化的基本概念和科学内涵；并从目标设定、理论假设和实现形式三个方面进行了初步的理论探索，可为耕地利用可持续集约化的多尺度实证探究提供理论支撑。

2.1 概念内涵

2.1.1 基本概念

耕地资源是人类赖以生存和发展的物质基础和生态文明的重要载体，具有食物供给、环境调节、生态服务、文化景观等多种功能①。耕地利用作为环境变化和可持续发展的主要驱动，事关农业发展、社会稳定、乡村振兴和生态繁荣，直接影响全球环境变化和区域社会经济的可持续发展②。耕地利用可持续集约化被视作一项由静态条件（土地、资本、劳动、技术等排列式投入）发展演化成为一种动态平衡集成系统（农产品、粮食、饲料、燃料等组合式产出）的土地利用优化活动和系统工程，在此过程中承受了气候变化与人类活动共同作用的瞬间冲击和累积压力，强化提升了生态系统的韧性与自我恢复能力③。它要求科学有效利用现有耕地，在获得更高的产出的同时，减少不利的环境影响，增加自然资

① 宋小青，欧阳竹．耕地多功能内涵及其对耕地保护的启示［J］．地理科学进展，2012，31（7）：859-868.

② 刘彦随，乔陆印．中国新型城镇化背景下耕地保护制度与政策创新［J］．经济地理，2014，34（4）：1-6.

③ 吕晓，牛善栋，谷国政，等．“新三农”视域下中国耕地利用的可持续集约化：概念认知与研究框架［J］．自然资源学报，2020，35（9）：2029-2043.

本流动和生态系统服务，并提高或维持土地系统的韧性，带有明显的可持续发展内涵，具有构成层级化、内容多元化、运行政策化及时空分异化等特征。其理念内涵与发展绿色农业、农业可持续发展及落实化肥农药“双减”政策，实现产量与生态“双增”等在本质上具有一定的共性，能够有效助推粮食安全和耕地保护“双赢”①。

2.1.2 科学内涵

耕地利用可持续集约化的内涵可概括为经营集约化、产出高效化、资源节约化、生态环境不退化和社会可持续五个方面：①经营集约化，即强调投入的集约性和有效性，通过改进管理方式和技术，避免不良做法，科学增加有效投入，转变经营方式，优化管理模式，合理确定经营规模和区域布局，强化农业生产全过程管理。②产出高效化，即强调产出的高效性和优质性，通过协调投入产出时空配置，优化作物品种和种植结构，强化配套基础设施建设，改进农业生产环节，引进先进生产技术，提高土地生产率和劳动生产率，实现既有经营面积上综合生产效率的最大化。③资源节约化，即强调资源利用的合理性和科学性，通过减少无效投入和不必要外部输入，统筹资源利用比例，科学调配投施结构，合理高效地利用各种资源，提高资源利用效率，避免资源浪费，可以视为基于经营集约化和产出高效化的进一步提升。④生态环境不退化，即强调生态的优先性和保护性，通过坚持生态优先原则和源头治理思维，将对环境的负面影响降至最低，并进一步考虑提升土壤生态系统的环境承载力和自我修复能力，增强生态服务功能，保护生物多样性。⑤社会可持续，即强调社会的公平性和可持续性，通过协调人地关系，保障粮食安全，减少资源浪费，强化市场机制，保证代际公平和分配公平，普及农业技术培训，增强小额信贷，保障农民权益，提高农民福利。

2.2 理论推演

按照“一个整体、两个维度、三个目标、五方面内涵”的思路（图 2-1），笔者尝试厘清耕地利用可持续集约化的科学问题，即耕地利用可持续集约化作为一个整体，可以从集约化和可持续两个维度来进行诠释，需要满足生态、经济和社会三方面的目标要求，通过经营集约化、产出高效化、资源节约化、生态环境

---

① 彭文龙，吕晓，辛宗斐，等. 国际可持续集约化发展经验及其对中国耕地保护的启示［J］. 中国土地科学，2020，34（4）：18-25.

不退化和社会可持续五方面内涵进行具体落实。

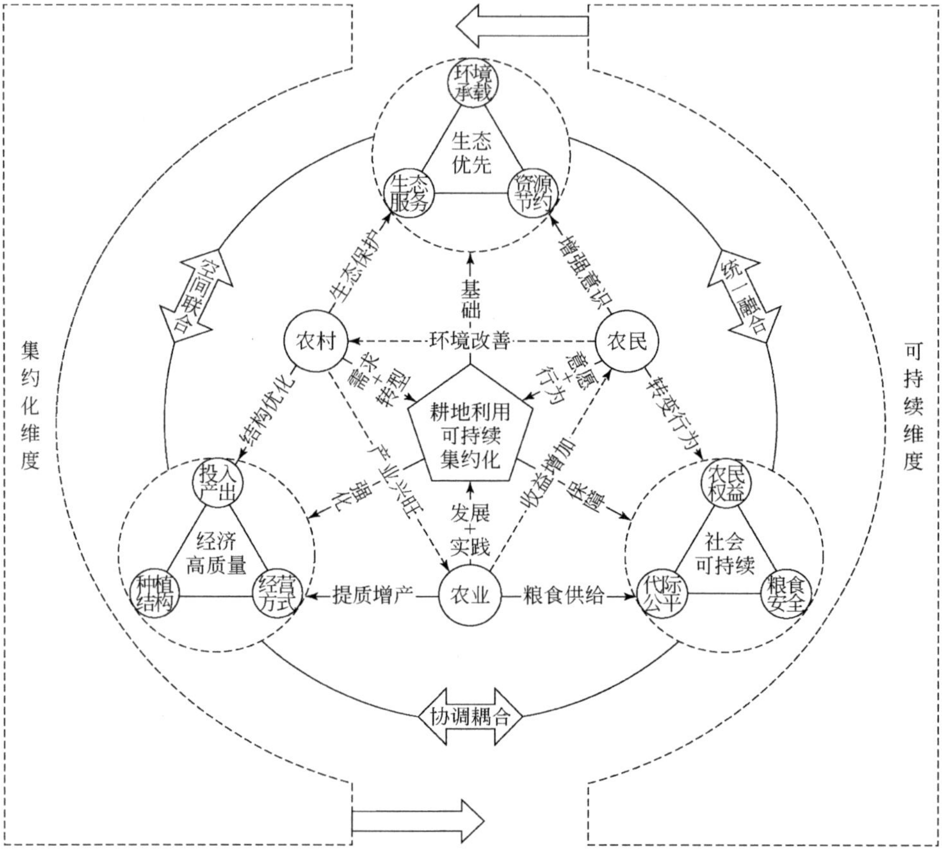

图 2-1　耕地利用可持续集约化机理探究

2.2.1　目标设定

耕地利用可持续集约化紧密联系生态文明、经济转型和社会发展，从目标内涵上来看，符合联合国可持续发展目标（SDGs），包含生态效益、经济效益和社会效益三个现实目标。

首先，坚持生态优先绿色发展是耕地利用可持续集约化的必要前提。它要求强化耕地作为生态系统抵御外界干扰和自我调节恢复的能力，在保障并提高粮食综合生产能力的同时，修复并提升耕地的生态服务功能，保障耕地质量的长期稳定和有效提高。在此基础上，减少不必要的人为干预，提高土壤生态系统的活性和生物多样性，增强耕地抵御外界破坏的韧性和自我调节修复的缓冲性，恢复并提升农田景观生态系统服务功能，显化耕地利用的多功能性，充分发挥耕地作为生态系统的粮食生产、生态环境、生物群落、人文景观、文化传承等复合功能。

其次，促进农业经济高质量发展是耕地利用可持续集约化的必然要求。它要求在保证耕地数量充足和质量优良，确保粮食安全的基础上，构建“用养结合”相协调的平衡体系，创新耕地利用与农业经营模式，加强耕地养护和生态养育，加强对水、土、种、肥、药、电等各要素的统筹调配和系统开发，科学提高土地生产率和劳动生产率，确保粮食生产能力得到长期稳定的提升，强化应对全球气候变化不确定性的资源本底，提升粮食安全的稳定性和长期性。

最后，协调社会可持续发展是耕地利用可持续集约化的关键。在经济全球化背景下，我国的粮食市场已深度融入世界市场，并受到全球粮食供需形势的影响。因此，必须要把中国人的饭碗牢牢端在自己手上，实现“藏粮于地、藏粮于技”，并充分保证代际公平。此外，它要求关注饮食需求、减少浪费、市场交易、分配公平等社会问题和人类福祉。尤其是对于耕地利用主体的关注，强化行为指引和利益维护，并从微观经营者（农户、农场主等）的主体特征、认知、意愿与行为响应等方面综合考虑农民生计转型和耕地利用间的耦合协同作用，强调积极发挥市场作用，构建交易信息平台，关注小额信贷和农业技术等方面的需要，加强政策宣传和监督引导，形成节约、集约用地的约束机制和自觉保护生态环境的鼓励机制；进而让农民真正成为耕地利用可持续集约化的参与者和受益者，推动耕地保护“三位一体”的行为响应。

2.2.2 理论假设

第一，耕地作为人类对于自然土地长期开发和利用的产物，由于叠加了大量人类劳动，耕地生态系统发展成为耕地生态经济系统，在保障粮食安全、生产资料等方面具有正向的社会效益并逐渐演变成为耕地生态–经济–社会复合系统(耕地利用系统)。耕地利用可持续集约化本质上是人类活动对耕地施加影响的结果，目的在于实现经济、生态、社会综合效益的权衡和优化，从而寻求三者之间的最优解，并维持一个长期稳定的动态平衡。耦合耕地利用的集约化和可持续化形成对耕地利用可持续集约化的科学认识，并不是耕地利用集约化与可持续的简单相加，而是一个结合社会、经济与生态环境，具有多维目标和多元路径，涉及农业、农村、农民，包含生产、生活、生态的耕地生态经济复合系统下的最优安排和组合；宏观上关注耕地利用格局的演变，微观上重视耕地隐性形态的转变，大到区域、省域、市县，小至乡镇、村、地块不同时空尺度的错配关系下都可以测度其耕地利用可持续集约化水平。

第二，耕地利用可持续集约化并非是一个静态的点或固定的水平线，而是一个动态区间。鉴于社会效益与经济效益和生态效益之间存在显著的正向关系，暂时主要从物质产出和环境影响两个方面探究耕地利用可持续集约化在集约化和可持续两个维度上的理论认识（图 2-2）。

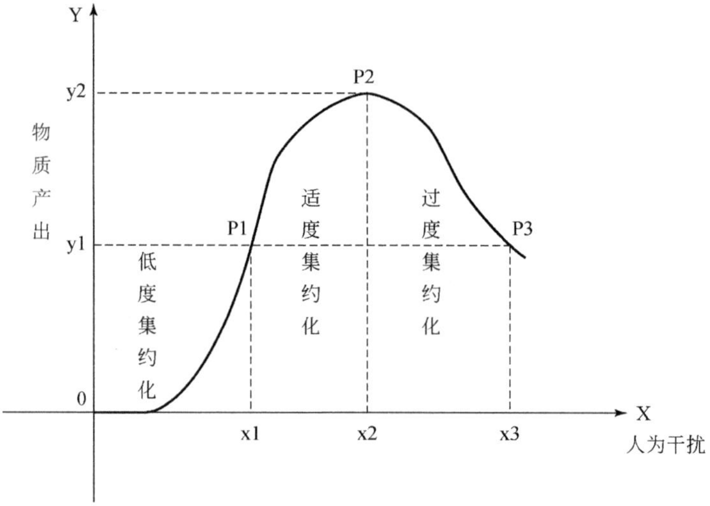

(a)

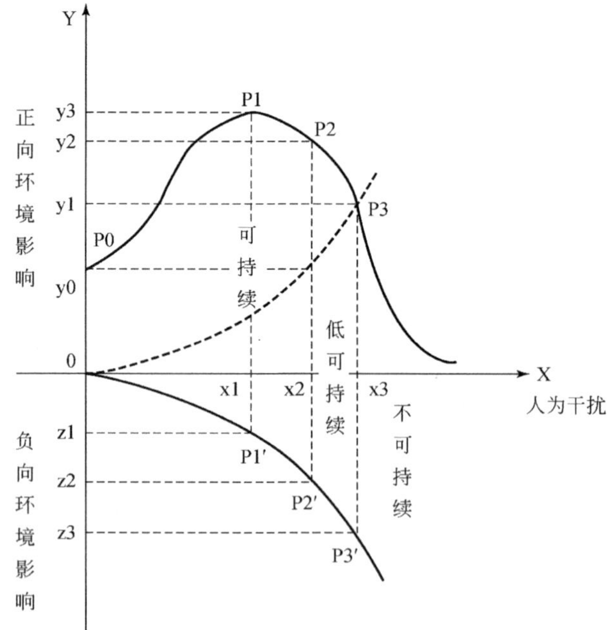

(b)

图 2-2　耕地利用过程中人为干扰对物质产出（a）和生态环境（b）的影响

首先，假设不考虑市场影响的前提下，集约化通过调节同一土地上生产要素的投入和配比关系，追求理想的投入/产出结果，实现单位土地面积物质产出的增加。随着人为干扰强度的增加（0→x1），耕地利用集约度增加，表现为物质产出的快速增加（0→y1）。但由于生态环境上限、土地利用报酬递减规律等综合作用，耕地利用集约度必然不可能无限提升，在到达 P1 点后，物质产出的增长速度开始放缓，但仍处于上升阶段，进入适度集约化阶段，当到达 P2 点（经济报酬递减点）时，再连续追加物质、技术、管理等投入要素时，物质产出则开始下降，进入过度集约化阶段，此时再增加的投入均为无效投入，投入进一步增加可能带来环境负担。

其次，对于耕地生态系统而言，在不受人为干扰的情况下本身就具有正向的环境效益（0→y0），具有较强的自我调节和恢复的能力，处于一个稳定可持续的状态。随着人类活动的施加和强度的增强（0→x1），在产生正向的环境影响（y0→y3），改善土壤结构、增加土壤肥力、提高土壤透气性的同时，会不可避免地带来一些负面的环境影响（0→z1），如固体、气体、液体废弃物和污染物等非期望产出。但相比于对耕地生态系统带来的正向环境影响，此时仍处于一个可持续的状态。随着人类活动强度的持续增强，所产生的正向环境影响达到最大点 P1 后开始迅速下降（y3→y2），同时负向环境影响的增加速度加快（z1→z2），到达 P2 后，人类活动影响下的耕地生态系统的自我调节和恢复力降低至相当于最初的水平，耕地生态系统进入低可持续状态，此时随着人类活动强度增加，自我调节和恢复力进一步降低，但仍具有抵御外界侵害和自我调节恢复的能力，只是需要较长的一段时间。当人类活动强度持续增强（x3→），到达 P3 后，所带来的负面环境影响已难以恢复，造成了整个耕地生态系统的破坏，则进入不可持续阶段。另外，人类活动对耕地施加作用的过程中，物质产出和环境影响两个过程是同时进行的，早期耕地利用集约化研究重点关注于物质产出这一过程中的时序和节点变化，多忽略环境影响这一作用过程。因此，耕地利用可持续集约化研究除关注物质产出和环境影响两个过程内部之间的发展趋势和拐点外，两者之间的耦合关系和协同作用同样需要重点关注。

第三，耕地利用可持续集约化在经营集约化、产出高效化、资源节约化、生态环境不退化、社会可持续五方面内涵所映射的生态效益、经济效益和社会效益三个现实目标之间存在交叉和重叠，并非单独对应，而是复合响应状态，即经营集约化、产出高效化、资源节约化都能反映经济效益目标，资源节约化、生态环境不退化、经营集约化都能反映生态效益目标，产出高效化、资源节约化、社会可持续都能反映社会效益目标。另外，从不同方面内涵所侧重的相关实践来看，经营集约化、产出高效化、资源节约化、生态环境不退化和社会可持续彼此之间存在制衡与协同。生态环境不退化是前提，经营集约化是路径，产出高效化是目的，资源节约化是要求，社会可持续是提升。即集约化经营是目前提高经济产出的主要手段，这一过程必然以资源消耗为代价，并不可避免地对生态环境带来干扰；而粗放经营或休耕、弃耕又会导致产量下降；粮食安全与资源节约共同构成了社会可持续发展的基础。因此，耕地利用可持续集约化五个方面内涵之间是此消彼长、既协同又制衡的交互关系。耕地利用可持续集约化水平越高并不是五个方面同时达到最大，而是综合效益的最大化，并维持一个动态平衡，过度侧重某一个或某几个方面而忽视其他方面，都难以实现生态、经济和社会效益的最优解。

2.2.3 实现形式

借鉴可持续集约化的地区实践和经验，耕地利用可持续集约化主要有以下实现路径：①加强综合病虫害管理，采用生物防治、物理防治等措施，减少农药使用，保护益虫和农作物；②强化多元种植结构，加强保护性农业实践（生态耕种、免耕种植、覆盖种植和轮作等），建立复合农业系统（普通耕作、间作、套作、农林复合、双季种植相结合等），以及种植业—养殖业相结合的循环经营模式，提升耕地利用效益，增强作物多样性，改善土壤质量；③将科学的投入—管理—防控技术与农户实践经验相结合，运用到作物—畜牧一体化的农业生态管理体系中，实施差异化的作物轮作与休耕，同时综合考虑资源禀赋、生态条件、产业基础、政策补贴和市场需求等因素，优化种植结构和区域布局；④通过传统育种或基因工程培育抗病虫害的作物品种，提高产量的同时，减少农药使用，适合当地条件和环境变化，帮助农民在不破坏生态系统的情况下获得更高产出；⑤加强推广农家肥、有机肥，增加土壤有机质，通过绿肥、堆肥和植物残留物等，增加固氮植物的利用，延伸植物覆盖，防止水土流失，同时因地制宜确立和引导适当的补贴方式及科学的补贴周期来消除减少化肥施用可能导致减产带来的畏难心理；⑥强化农民技术培训，借助现代信息技术加强农业技术信息宣传，提高农民知识水平，引导农民实施可持续的实践；⑦鼓励构建生产和信息交易平台，提供高品质商品和服务，关注小额信贷和农业技术等方面的需要，提高小额信贷和农业银行贷款的便捷性与有效性。

3 耕地利用可持续集约化的分析框架

耕地利用可持续集约化内源机体发展与农业可持续在要素属性、信息交流和系统生成等层面自发形成特定的时空秩序，实质上是自然生态系统与社会人文系统交互耦合、密切渗透、循环更新的人地关系地域系统。作为农业可持续集约化的核心目标和破解“新三农”问题的关键路径，中国国情下耕地利用可持续集约化应遵循怎样的研究思路？已有评价方法的适用性如何？研究框架应如何构建？基于以上思考，本章结合当前“新三农”的现实需求，基于要素融合—结构重整—功能优化的运行轨迹，遵循耕地利用系统过程—格局—机制—效应的逻辑进路，初步提出耕地利用可持续集约化的分析框架（图 3-1），为深化耕地利用可持续集约化理论研究、支撑实证评价提供参考。

3.1 研究思路

3.1.1 厘清逻辑本源

长期以来，农业高度集约化背景下的生态环境退化、资源枯竭加速、地下水超采、面源污染等问题颇受关注。耕地资源作为农业的自然资本，其利用方式转型是农业发展新特征的具体表象。因此，耕地利用可持续集约化理应成为农业生态文明建设的重要方面。其内源机体发展与农业可持续在要素属性、信息交流和系统生成等层面自发形成特定的时空秩序，实质上是自然生态系统与社会人文系统交互耦合、密切渗透、循环更新的人地关系地域系统。

立足中国国情，以“新三农”问题的核心要素为基本依据，发起构建三者耦合交流的生态关系链（图 3-2），对于解读机制背后蕴含的关键信息具有深远意义。从宏观圈层分析，新农村与新农业在社会、生态和经济等层面存在价值响应，新农业与新农民在投入/产出等层面存在要素交流，而新农民与新农村在人居环境需求上目标一致；从内部耦合分析，新农村的自然资源产权制度改革与美好人居环境对耕地利用提出生态环境不退化的要求，新农业的可持续发展对耕地利用设置了绿色、高效的资源节约条件，新农民的美好生活需要与福祉保障通过

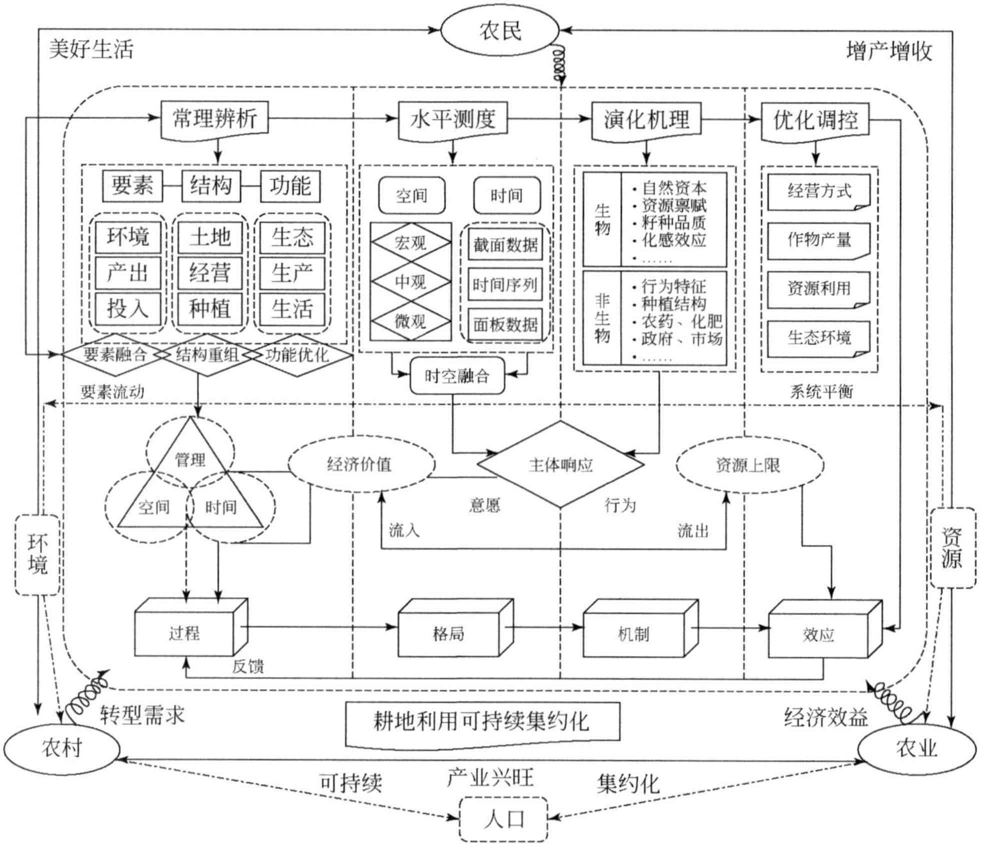

图 3-1　耕地利用可持续集约化的分析框架

生产生活方式的转变促进经营的集约化。总体而言，“新三农”背景下推动耕地利用的可持续集约化，有助于夯实农业基础、推行绿色发展模式，培育新型职业农民、提高资源利用效率，提升农村生态宜居水平、激发农村内生动力，最终形成农业高效、农民富裕和农村美丽的新发展格局。

3.1.2　关注结构功能

在可持续集约化系统内部，信息、能量、物质的交流互换通常在农业基础环境等空间载体完成，因而生境质量、农作物、生物多样性、土壤特性均可以作为耕地利用系统的“资源单元”。土地利用方式、经营行为、种植结构作为可持续集约化系统的重要部分，三者之间的时空耦合为要素交流、信息传递、功能表达提供了系统廊道。以人口—资源—环境发展变化为内部核心，耕地利用系统的利

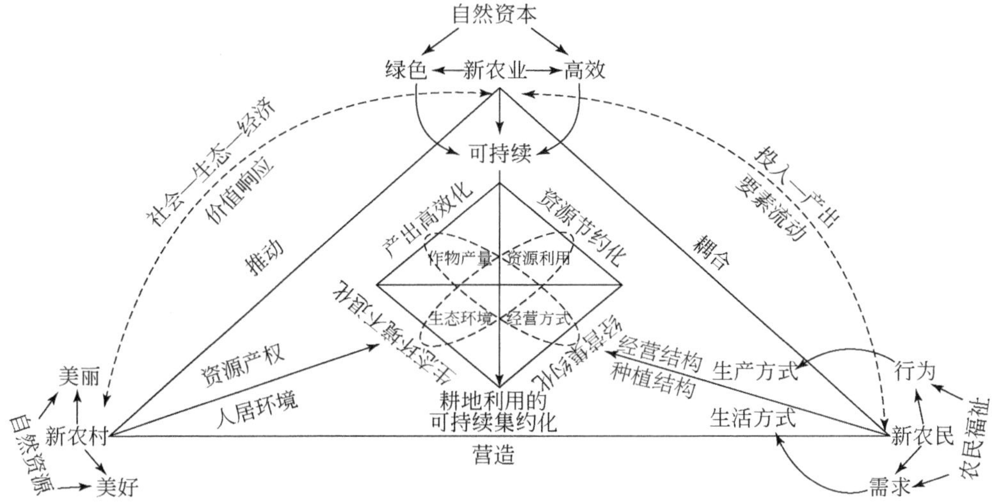

图 3-2 “新三农”内源机体三者耦合交流的生态关系链

用形态、经营方式、种植结构等随着生产、生活中物质/非物质元素交互嵌套而发生适应性响应，这种内源要素的自变动与外部调控的共同作用，最终引致耕地利用可持续集约化的功能演化与时空分异。耕地利用可持续集约化紧密联系社会发展、经济转型、生态文明，从层级结构、多元内容、政策运转、时空分异等方面，创造出稳定连续的耕地利用秩序（宏观层次）与生态绿色的农业产出环境(微观层次)。基于农业现代化和可持续发展的时代背景，我国耕地利用受资源利用、经营行为、作物产量、生态环境的综合作用，长期存在的“要素—结构—功能”耕地利用系统组织链或将发生多元性演进，在如此关键的时间节点却面临耕地利用系统生态关系蜕变、空间格局失衡引发的诸多挑战，因而亟须通过可持续集约化的调整，即系统要素的整合、结构的重组和功能的优化，在提升经济价值的同时，不超过资源环境上限，实现耕地利用的可持续集约化。

3.1.3 理解过程规律

基于横向时间维度和纵向空间维度，发起对耕地利用可持续集约化实践过程成因机理的理论探讨，揭示时空分异格局，探寻其驱动因素，并在各个空间尺度上对可持续集约化水平的动态演化进行量化分析，进而从水平、大小等级和强弱程度探讨、模拟、预测未来耕地利用可持续集约化的发展特征。耕地利用可持续集约化的系统发展过程涉及多元角色的资源、利益分配，并在空间资源利用和综合收益配置的协调中实现包容性发展。一方面要充分体现多元主体共有的多位一体（政府—市场—社会）利益联结诉求；另一方面还要在人口、资源与环境之间进行协调，统筹生物/非生物等要素。

耕地利用系统涵盖多类自然要素，不同要素间的耦合和集成，与土壤环境、水循环、生物多样性之间形成互馈关系。而且，随着科学技术的不断革新，由自然资源带来的农产品的比较优势逐步被技术因素削弱。资源禀赋是农业生产活动中的基本需求物质和相关投入要素，既要包括农业生产过程中必不可少的基础要素，如自然资源条件、社会经济资本、劳动力、技术，也要包含农业制度、多元信息和管理要素等现代生产因素，可以说资源禀赋是可持续集约化过程的初始投入。

在生物因素中，不同的籽种品质对外部环境的抵抗力不同，可利用科学技术改进种子基因，通过植物育种来提高粮食产量。此外，作物在生长过程中以化学物质为媒介与土壤环境产生相互的化学作用，即化肥施用会对土壤造成污染，同时土壤质量一定程度上也会影响作物的生长与质量。因此，可以适度增加及合理控制绿肥、堆肥和植物残留物的投施比例，提升土壤有机质含量、改善土壤团粒结构，也可以增加对固氮植物的利用，通过覆盖作物、延伸植物郁闭，尤其注意培育季节变换的自适应能力，特别是冬季耕作环境保护与水肥保持措施等。采取害虫综合治理及生物防治措施减少对农药的需求，利用作物多样化减少害虫管理成本，以提高土壤肥力。

在非生物因素中，性别差异、年龄大小和兼业程度等直接决定农户在生产、消费和生活等方面的行为特征，进而在耕地利用时呈现出不同程度的可持续集约化水平。在生产行为特征维度上，作业对象、工具和方式的差异关系到作物收益、机械服务和种植技术。在消费行为特征维度上，消费的方式、层次、理念和驱动力不尽相同，共同催生在农药化肥等商品交易时不同的消费结构，外部人为调控也在潜移默化地改变着内部土壤的理化性质，甚至对区域生境质量产生重要影响。在生活行为特征维度上，农户的作息时间和业余活动根据区位差异形成相应的自然规律。从种植结构上来看，不同种植结构驱动下的耕地利用形态与传统土地利用形式对既定耕地利用可持续集约化的空间引导控制并不契合。

动态农业系统包括普通栽培、间作、套作、农林复合、双季种植动态旋转等耕作方式，用以提升土地利用效益，增强作物多样性。不断寻找整合多年生植物进入生产系统，辅以精湛的农艺实践，科学合理的植株间距，实施差异化的作物轮作与生态休耕，形成可感知、可测度、可对标的智慧农业。此外，还应进一步契合“谷物基本自给、口粮绝对安全”的新粮食安全观，基于区位条件、自然禀赋、生产基础、产业效益、生态环境、政策体系、市场机制等内外因素，优化调整农作物种植结构的空间布局。

3.2 评价方法

3.2.1 综合评价法

在评价方法方面，耕地利用可持续集约化综合评价方法涉及单要素指标评价和多要素综合评价两类。其中，单要素指标评价主要以产量极值、需求预测、环境效益等评价为主①，例如，以保护粮食安全，提高效率或产出为目标的可持续集约化产量差值研究②③。其主要涉及三个方面：①模型产量预测及其与实际产量的比较；②措施改良后的产量与农民正常耕作产量的比较；③基于多种措施的试验田产量与对照组产量的比较。具体来看，单要素评价方法其优点在于操作简单、数据易获取，但缺点是对数据的精度要求高、难以客观测度耕地利用可持续集约化的综合水平等。因此，想要科学合理地评价耕地利用可持续集约化水平，仅凭单要素指标的评价远远不够。

多要素指标综合评价方法往往涉及多学科的理论知识体系，其指标选取与模型构建较为灵活，既包含涉及模型模拟评价方法，也包括基于可持续集约化评估框架的综合评价方法，因此常基于具体问题进行具体分析。因此，围绕作物生长模拟、产量预测、能量转化、风险分析、未来气候变化及影响等方面，可以通过农业技术转让抉择支持系统（DSSAT）、农业生产模拟系统模型（APSIM）等进行预测模拟④⑤。此外，针对土壤可持续集约化潜力的评价研究，则常通过湿筛

① Tilman D, Balzer C, Hill J, et al. Global food demand and the sustainable intensification of agriculture [J]. Proceedings of the National Academy of Sciences of the United States of America, 2011, 108 (50): 20260-20264.

② Li S, Lei Y D, Zhang Y Y, et al. Rational trade-offs between yield increase and fertilizer inputs are essential for sustainable intensification: A case study in wheat-maize cropping systems in China [J]. Science of the Total Environment, 2019, 679 (AUG. 20): 328-336.

③ Crous-Duran J, Graves A R, Garcia-de-Jalon S, et al. Assessing food sustainable intensification potential of agroforestry using a carbon balance method [J]. Iforest-Biogeosciences and Forestry, 2019, 12: 85-91.

④ Palosuo T, Hoffmann M P, Rötter R P, et al. Sustainable intensification of crop production under alternative future changes in climate and technology: The case of the North Savo region [J]. Agricultural Systems, 2021, 190: 103135.

⑤ Kropp I, Nejadhashemi A P, Deb K, et al. A multi-objective approach to water and nutrient efficiency for sustainable agricultural intensification [J]. Agricultural Systems, 2019, 173: 289-302.

法或沉淀法等测度土壤性质①，或结合遥感、地理信息系统等技术综合分析区域土壤性状，探究土壤潜力②③。农药多风险评估则常从土壤结构、性质、毒性、污染物等方面入手，采用参数估计法并结合农药风险缓解工具（IPM PRiME）模型评估潜在的环境风险和毒害风险④。此外，还涉及运用数据包络分析（Data Envelopment Analysis，DEA）方法综合测算可持续集约化的农业技术效率⑤，或是采用生命周期评估（Life Cycle Assessment，LCA）分析农作物从“摇篮到坟墓”的全过程，并以产量、碳排放等指标为核心，关注作物从种植到运输再到销售等一系列过程的全生命周期研究⑥。基于可持续集约化评估框架的综合评价方法主要从多角度客观、全面地评价可持续集约化水平，分析区域发展潜力；Rahman 等⑦基于“Feed The Future”组织公布的可持续集约化评估框架指南⑧，从生产力（P）、经济（E）、环境（Ev）、人类（H）、社会（S）等方面选取若干指标，构建评价模型。

3.2.2 指数模型评价法

指数模型评价能够较好地测度耕地利用可持续集约化的多方面水平，在一定程度上体现耕地利用可持续集约化的概念内涵。但是，考虑到耕地利用系统内部

---

① Wani S P, Chander G, Sahrawat K L, et al. Soil-test-based balanced nutrient management for sustainable intensification and food security: Case from Indian semi-arid tropics [J]. Communications in Soil Science and Plant Analysis, 2014, 46: 20-33.

② Schiefer J, Lair G J, Blum W E H. Potential and limits of land and soil for sustainable intensification of European agriculture [J]. Agriculture Ecosystems & Environment, 2016, 230: 283-293.

③ Sietz D, Ordonez J C, Kok M T J, et al. Nested archetypes of vulnerability in African drylands: Where lies potential for sustainable agricultural intensification? [J]. Environmental Research Letters, 2017, 12 (9): 095006.

④ Jepson P C, Guzy M, Blaustein K, et al. Measuring pesticide ecological and health risks in West African agriculture to establish an enabling environment for sustainable intensification [J]. Philosophical Transactions of the Royal Society B-Biological Sciences, 2014, 369: 20130491.

⑤ Gadanakis Y, Bennett R, Park J, et al. Evaluating the Sustainable Intensification of arable farms [J]. Journal of Environmental Management, 2015, 150: 288-298.

⑥ Bais-Moleman A L, Schulp C J E, Verburg P H. Assessing the environmental impacts of production and consumption-side measures in sustainable agriculture intensification in the European Union [J]. Geoderma, 2019, 338: 555-567.

⑦ Rahman N A, Larbi A, Kotu B, et al. Evaluating sustainable intensification of groundnut production in Northern Ghana using the sustainable intensification assessment framework approach [J]. Sustainability, 2020, 12 (15): 1-12.

⑧ Musumba M, Grabowski P, Palm C, et al. Guide for the Sustainable Intensification Assessment Framework [R]. Manhattan, NY, USA: Kansas State University, 2017.

复杂的物质和能量关系，基于要素指标的综合评价方法已难以较好衡量耕地利用可持续集约化水平，需要在剖析耕地利用动态过程机理的基础上，构建更加科学、合理的研究框架，进一步加深对于耕地利用可持续集约化问题的理解。因此，基于指数模型所构建的耕地利用可持续集约化评价方法既能在一定程度上继承多要素综合评价方法的优点，较好体现耕地利用可持续集约化各方面的综合特性，又能在切合耕地利用可持续集约化概念内涵基础上更加直观地展现耕地利用可持续集约化的水平，具有一定的科学意义与应用价值。耕地利用可持续集约化的指数模型评价方法主要是在物质流分析、能值分析等方法的基础上构建的，旨在有效解决各指标间量纲不一致，物质和能量的输入、输出流失等问题，以体现其模型的普适性、科学性（具体方法的应用见 3.2.3）。此类方法首先以耕地利用可持续集约化的概念内涵为基础，通过定性分析各指标间的逻辑关系来构建评价指标体系，在此基础上建立耕地利用可持续集约化的指数评价模型，以综合评价耕地利用可持续集约化水平。

3.2.3 评价方法说明

3.2.3.1 物质流分析法

物质流分析（Material Flow Analysis，MFA）最早是从“代谢”研究引申而来①，其基本思想最早由 19 世纪 50 年代的生物学家 Jarob Moleshott 提出，之后在生态学、化学、哲学、社会学等领域得到了进一步发展②。在耕地利用可持续集约化研究中，物质流分析方法作为研究经济活动中物质资源新陈代谢的一种方法，以质量为衡量单位，能够克服度量单位不统一的分析困境③，并对社会经济系统与外界自然环境之间的各种物质流进行核算分析，以定量测度进入社会经济系统的自然资源（输入部分）及排入环境的废弃物（输出部分），进而客观反映社会经济系统的代谢规模和对环境产生的压力④。考虑到耕地利用对生态环境的影响是一种复杂的动态过程，物质流分析方法能够较好反映资源与环境要素的流

① 张玲，袁增伟，毕军．物质流分析方法及其研究进展［J］．生态学报，2009，29（11）：6189-6198.

② Fischer K M. Society's Metabolism：The intellectual history of material flow analysis，part I，1860-1970［J］. Journal of Industrial Ecology，1998，2（1）：61-78.

③ 张音波，夏志新，陈新庚，等．基于物质流分析方法的区域可持续发展动态研究——以广东省为例［J］．资源科学，2007，29（6）：212-218.

④ 陈效逑，赵婷婷，郭玉泉，等．中国经济系统的物质输入与输出分析［J］．北京大学学报（自然科学版），2003，39（4）：538-547.

动方向，即资源投入与污染排放的互馈效应①，进而可以系统地分析耕地利用过程对生态环境系统的影响。耕地利用可持续集约化是资源生产率、环境经济效率、物质储存及隐藏流等各方面相互影响、相互作用的函数，其与资源生产率和物质储存呈正比，与环境经济效率和隐藏流成反比，涉及直接物质投入（固、液、气）、资源生产率、生产过程排放（固、液、气）、环境经济效率等多种指标。因此，针对耕地利用可持续集约化问题，可以从输入、输出、储存、隐藏流四个方面，以经营集约化、产出高效化、资源节约化、生态环境不退化为目标，以资源生产率（MP）、环境经济效率（EE）、物质储存（STOCK）及隐藏流（HF）为核心建立评价指标体系②。

3.2.3.2 能值分析法

能值理论最早由美国生态学家 H. T. Odum 于 20 世纪 80 年代创立③，蓝盛芳等④于 20 世纪 90 年代引入中国，目前已广泛应用于农业生态系统评价、环境资源评估、能源利用评估等领域。能量贯穿整个耕地利用系统，太阳能是地球上一切能量形式的基础。根据热力学第一定律和第二定律⑤，能量在流动、传递和转换的过程中，一部分能量会以熵的形式散失，同时形成具有较高能量等级的新形式能量。基于此，耕地利用所带来的投入与产出项目可以认为是由太阳辐射能直接或间接得到的产品，随着耕地利用过程中能量流动、传递和转化，能量数量的递减伴随着能质和能级的提升。

借助能值分析，进行耕地利用可持续集约化分析与评价具有以下优势：第一，物质循环和能量流动是生态系统的基础功能和过程，能值分析则涵盖了耕地利用过程中所有的投入来源和物质产出，借助能值指标能够客观衡量耕地利用系统中的生态效益、经济效益和社会效益。第二，从耕地利用周期来看，早期的耕地利用评价多是根据利用过程中的投入产出关系进行量化分析，一方面，不同类型的投入和产出因为属性的差异，难以进行直接比较和计算，尽管可以通过标准化消除量纲量常的影响，但不同的标准化方式的计算结果会产生

---

① 殷冠羿，刘黎明，起晓星，等．基于物质流分析的高集约化农区环境风险评价［J］．农业工程学报，2015，31（5）：235-243.

② 牛善栋，吕晓，史洋洋．山东省农地利用可持续集约化的时空格局［J］．应用生态学报，2018，29（2）：607-616.

③ Odum H T. Environment Accounting：Energy and Environment Decision-Making［M］. New York：John Wiley and Sons Inc，1996.

④ 蓝盛芳，钦佩，陆宏芳．生态经济系统能值分析［M］．北京：化学工业出版社，2002.

⑤ Odum H T. Handbook of Emergy Evaluation Folio 2：Emergy of Global Processes［R］. Gainesville：Center for Environmental Policy，Environmental Engineering Sciences，University of Florida，2000.

差异；另一方面，仅根据投入和产出比，不能真实反映自然环境的作用和贡献，忽略了耕地利用系统在一个完整的产品或服务生产生命周期中自然环境资源的价值和生态功能效益。能值分析可以把原本难以统一度量的各种物质流、信息流、货币流、能量流纳入同一量纲下进行比较和分析，有助于更加全面、客观、真实地定量分析耕地利用系统的结构功能特征。第三，总体来看，能值分析不仅可以测度物质产出所消耗的能量，同时还可以测度该产品所提供的最大产出潜能，能够较为全面系统地了解和分析自然环境对于耕地利用系统的作用和贡献。

3.2.3.3 超效率 SBM 模型

数据包络分析（DEA）是 1978 年由 Chanes 等①最先提出的效率测算方法。DEA 模型是包含多投入、多产出的基于线性规划对同类型的决策单元（Decision Making Units，DMU）进行的相对有效性效率评估。传统 DEA 模型存在的问题随时间推移逐渐凸显，现已无法满足多数研究需求。Tone 等②③在 2002 年对原有的 DEA 模型进行改进，提出了超效率 SBM（Super Slack-based Model）模型。相比于传统 DEA 模型，其优点有：一是将松弛变量直接加入目标函数的测算中，考虑了实际效益的最大化；二是有效 DMU 的效率值的测算结果有大于等于 1 的数值；三是产出部分也将非期望产出考虑进结果的测算中。耕地利用可持续集约化的内涵，即经营集约化、产出高效化、资源节约化、生态环境不退化和社会可持续，能够与超效率 SBM 模型在指标体系上进行结合。具体来看，“经营集约化”这一内涵与物质投入相对应，“产出高效化”与期望产出相对应，“资源节约化”与物质投入相对应，“生态环境不退化”与非期望产出相对应，“社会可持续”则与整体投入产出结构相呼应。基于此，在耕地利用可持续集约化水平测度上，超效率 SBM 模型具有较强的适配性，测度结果也更具有效性和科学性。

---

① Chanes A, Cooper W W, Rhodes E. Measuring the efficiency of decision making units [J]. European Journal of Operational Research, 1978, (6): 429 - 444.

② Tone K. A slacks-based measure of efficiency in data envelopment analysis [J]. European Journal of Operational Research, 2001, 130 (3): 498- 509.

③ Tone K. A slacks-based measure of super-efficiency in data envelopment analysis [J]. European Journal of Operational Research, 2002, 143 (1): 32- 41.

3.3 数据指标

3.3.1 数据来源

基于官方统计数据、农户调研数据、实验测算数据等手段，系统收集研究对象和评价系统所处区域的自然资源数据、社会经济数据和耕地利用数据，进行整理分类及存储处理。其中，宏观尺度和中观研究多以官方统计数据、遥感解译数据等为主，主要来源于官方统计年鉴。微观农户视角研究多以调研数据为主，地块尺度研究则多以农田试验获取数据为主，其数据获取方式主要为调研访谈、问卷调查与农田试验测算、搜集等。因此，耕地利用可持续集约化研究所需的资料和数据主要包括：案例地区的自然资源环境条件（太阳辐射强度、降水量、平均海拔高度、土壤类型、土壤侵蚀、土壤有机质含量等）和社会经济数据（粮食价格、国民生产总值等），耕地利用过程中区域/农户的资源投入量和投入结构（种子、肥料、机械、农药、除草剂、地膜、劳力等）及物质产出（农作物、秸秆等）。自然资源数据和社会经济数据等主要来自《全国农产品成本收益资料汇编》、各类官方统计年鉴及农户家庭访谈和村庄调研等。

3.3.2 指标体系

客观理解耕地利用可持续集约化的丰富内涵、科学测度耕地利用可持续集约化水平，常需要基于特定的理论框架构建评价指标体系。然而，针对不同问题、不同角度构建的评价指标体系间往往存在较大差异，亟待优化分类。因此，系统梳理现有耕地利用可持续集约化评价指标既有助于厘清科学问题与指标体系间的内在逻辑，为从不同尺度剖析耕地利用可持续集约化作用机理奠定基础，又有助于提高研究的科学性、整体性与协同性。

综合来看，耕地利用可持续集约化研究具有较强的学科交叉特性，其研究内容与评价指标体系间形成了特定逻辑关系，其实质是农业生产系统、经济系统、自然生态系统与社会人文系统间的交互耦合与动态循环发展①。深入剖析耕地利用可持续集约化标准范式评价指标体系间的逻辑关系，对于解读耕地利用研究背

① 吕晓，牛善栋，谷国政，等．“新三农”视域下中国耕地利用的可持续集约化：概念认知与研究框架［J］．自然资源学报，2020，35（9）：2029-2043.

后所展现的关键信息具有重要意义。因此，从政策驱动与社会需求的现实背景出发，耕地利用可持续集约化评价指标的选取与耕地保护、粮食安全、农业发展、生态环境保护、社会可持续发展等问题上存在价值响应，以保障未来社会的可持续发展。对此需要构建以经营集约化促进生产可持续、以产出高效化促进生计可持续、以资源节约化与生态环境不退化促进生态环境可持续、以社会可持续发展促进国民幸福感可持续的分项目标，进而完善耕地利用可持续集约化的评价指标体系内容。

3.4 分析尺度

依照空间等级的大小，耕地利用可持续集约化的测度尺度可划分为宏观—中观—微观三种层次，宏观尺度按照“全球—大陆—国家”等较大区域层次的顺序，中观尺度依据“流域—城市群—市县”等中等层次的顺序，微观尺度遵照“乡镇—村庄—多元经营主体—农户—地块”等细微层次的顺序（图3-3）。理论框架的尺度效应具有较强的异质性，如研究耕地利用可持续集约化的整体变化与系统规律需选择宏观尺度，而影响因素及其调控措施的研究则要落于中观尺度；微观尺度的科学研究常基于农户视角开展实施，从农户认知探究管理决策，从家庭行为分析耕地利用方式，从地块种植结构观测作物投入/产出等，进而汇总形成耕地利用可持续集约化微观层次的研究成果。因此，分析尺度选择在研究框架的构建中具有重要地位。

时间尺度注重多源数据的信息挖掘与综合分析，主要包含截面数据、时间序列数据和面板数据三类。时间序列作为追踪观测时空匹配视角下的连续变化过程的最佳选择，对于总结一定时期内的格局演化趋势具有积极意义。统计数据强调时间发展维度上的连贯一致性，为后期长时间序列的相关研究提供基础条件。鉴于长期跟踪调查获取农户数据的现实困难性，有关农户和地块等微观尺度的研究常使用截面数据，此类研究具有一定的局限性，即仅反映特定区域在一定时期内耕地利用可持续集约化的现状特点及其内在关联。与之相比，使用长时间序列面板数据在探索分析相关科学问题的现状趋势和变化规律方面颇具优势，持续深化基于农户、家庭农场等耕地利用主体相关经济活动的观测统计和调查数据资源共享，推动形成多源数据融合、多尺度转换背景下耕地利用可持续集约化“过程—格局—机制”的全面研究，可以较为细致地反映多元农业经营主体的内部差异。同时，农户微观尺度研究视角的优势体现在两个方面：一是农户作为耕地利用过程的第一作用主体，二是管理决策与耕作行为的差异关联着土地利用/覆被变化的复用程度。耕地利用可持续集约化研究有待进一步理顺不同研究尺度的适宜节

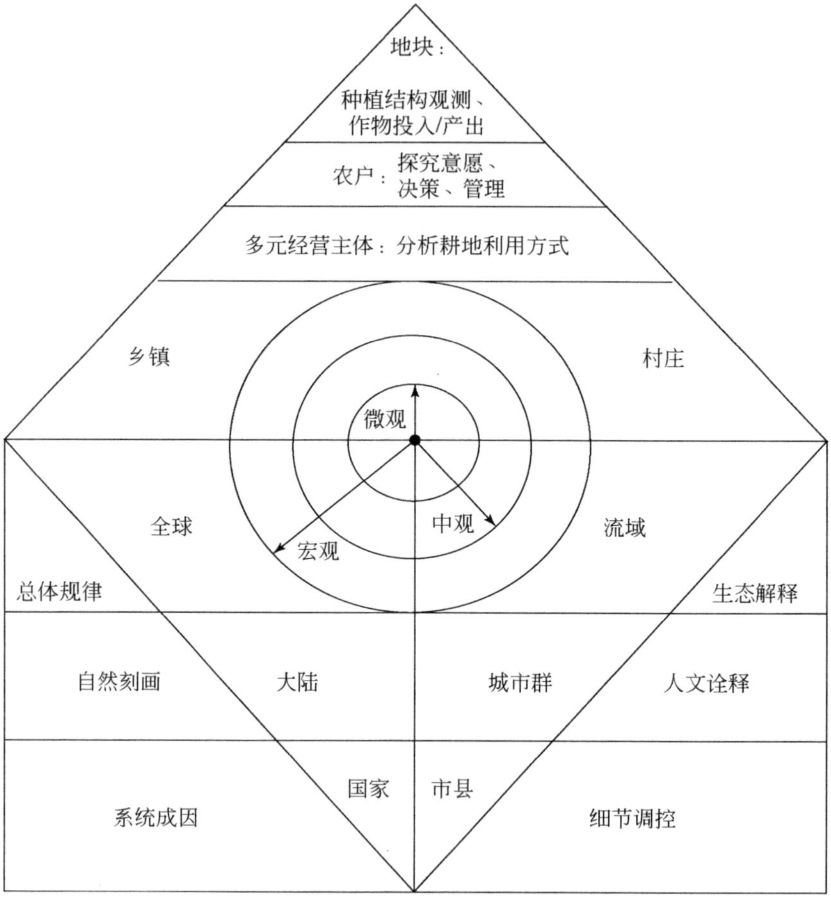

图 3-3　耕地利用可持续集约化分析尺度

点与转换时序，通过多尺度背景下的集约化格局反演耕地利用可持续集约化过程，深入研究时空分异格局与演化规律以刻画耕地利用过程中集约演化的内源机制，剖析耕地利用可持续集约化在各个空间尺度层次上的差异特征与耦合效应，优化土地供给、提升系统稳定、合理配置资源，全面总结各个节点、不同时序、不同阶段的演化特征及其跃动趋向。

4 省域层面耕地利用可持续集约化评价

辽宁省和山东省是我国重要的粮食主产区。选取适宜的评估和测度方法，明晰两地耕地利用可持续集约化现状，对贯彻落实耕地保护战略，保障区域和国家粮食安全具有重要的现实意义。本章聚焦省域层面，以山东省、辽宁省两个粮食主产区为研究区，基于物质流分析、能值分析和超效率 SBM 模型，实证测度耕地利用可持续集约化时空格局和水平分异。首先，简要介绍了山东省和辽宁省自然-社会经济概况；其次，分别运用物质流和能值方法构建评价体系，刻画了山东省耕地利用可持续集约化的时空格局；最后，基于超效率 DEA 模型对辽宁省耕地利用可持续集约化水平进行了系统评价，为深入理解省域层面耕地利用可持续集约化的过程规律提供参考。

4.1 研究区域概况

4.1.1 山东省自然与社会经济概况

山东省地处我国东部沿海，地处黄河下游，位于北纬 34°22.9′～38°24.01′、东经 114°47.5′～ 122°42.3′，自北而南与河北、河南、安徽、江苏等 4 省接壤。辖区内中部地区山地突起，西南、西北地区低洼平坦，东部地区缓丘起伏，主要以山地丘陵为主。山东东部是山东半岛，西部及北部地区属于华北平原，中南部地区为山地丘陵，形成了以山地丘陵为骨架、平原盆地交错环列其间的地形大势。泰山雄踞山东中部，为全省最高点；境内主要山脉集中分布在鲁中南山丘区和胶东丘陵区。属鲁中南山丘区者，主要由片麻岩、花岗片麻岩组成；属胶东丘陵区者，由花岗岩组成。

山东省海拔 50m 以下区域约占全省面积的 53.71%，主要分布在西北部地区；海拔 50～200m 区域约占 33.50%，主要分布在东部地区；海拔 200～500m 区域约占 11.53%，主要分布在西南部地区和东部地区；500m 以上区域仅占 1.26%，主要分布在中部地区；全省坡度 2°以下区域约占全省面积的 71.02%，集中分布在西北部地区、西南部地区及东部局部地区；坡度 2°～5°区域约占全省面积的 9.82%；坡度 5°～15°区域约占 11.78%，主要分布在东部地区；坡度 15°～25°区域约占 4.63%；坡度 25°以上区域仅占 2.75%，主要分布在中部地区和东部地区。山东省地跨淮河、黄河、海河、小清河和胶东五大水系，属于暖温带季风气候，降水集中，雨热同期，春秋短暂，冬夏较长，多年平均降水量为 679.5mm，多年平均径流深为 126.5mm。春秋冷暖适中，夏季炎热多雨，冬季寒冷干燥；全省光照资源充足，热量条件可满足农作物一年两作的需要。根据第三次全国国土调查数据，山东省耕地面积为 9692.80 万亩①，约占土地总面积的 41.99%；园地面积为 1893.56 万亩，占 8.20%；林地面积为 3908.02 万亩，占 16.93%；草地面积为 352.83 万亩，占 1.53%；湿地面积为 369.37 万亩，占 1.60%；城镇村及工矿用地面积为 4209.72 万亩，占 18.24%；交通运输用地面积为 669.61 万亩，占 2.90%；水域及水利设施用地面积为 1988.03 万亩，占 8.61%②。

山东省是我国的农业大省、粮食生产大省，粮食产量多年来占全国总产量的 10%左右，在维护国家粮食安全方面扮演着重要角色③。截至 2020 年，山东省辖 16 个地级市，人口总量为 10 165 万人，就业人口共 5510 万人，从事第一产业人员约占总就业人数的 24.90%。除此之外，山东省特殊的地理位置，使其成为沿黄河经济带与环渤海经济圈的交汇点，华北地区和华东地区的结合部，在全国经济格局中占有重要地位④。2020 年，山东省实现生产总值 73 129 亿元，居全国第三位，一、二、三产业结构比例为：7.3：39.1：53.6。农林牧副渔业总产值 10 190.6 亿元，粮食总产量 1089.4 亿斤⑤，农作物耕种收综合机械化率达 89.0%，主要农作物良种覆盖率超过 98%，畜禽粪污综合利用率达 90.1%。工业发展稳中向好，高新技术产业产值占规模以上工业产值比例为 45.1%。服务业支撑作用持续显现，新兴行业增速较快。

山东省是全国 13 个粮食主产省份之一，是我国的小麦、玉米主产区，也是重要的水产品、果品、畜产品及蔬菜生产基地，无公害农产品、绿色食品基地面积分别为 53.33 万 hm^2、80.73 万 hm^2。

---

① 1 亩≈666.67m^2。

② http://dnr.shandong.gov.cn/xwdt_324/xtyw_29240/202112/t20211216_3810474.html.

③ 张文信，张惠中，程伟亚，等. 山东省耕地压力指数动态分析与预测［J］. 山东农业大学学报（自然科学版），2021，52（4）：654-659.

④ https://www.docin.com/p-520783474.html.

⑤ 1 斤=500g。

4.1.2 辽宁省自然与社会经济概况

辽宁省地处我国东北地区南部，南濒黄海、渤海，总面积为14.86万km^2，位于北纬38°43′~43°26′、东经118°53′~125°46′。地势大致为自北向南，自东向西两侧向中部倾斜，山地丘陵分列东西两侧，向中部平原下降，呈马蹄形向渤海倾斜。辽东、辽西两侧为平均海拔800m和500m的山地丘陵；中部为平均海拔200m的辽河平原；辽西渤海沿岸为狭长的海滨平原，称“辽西走廊”。辽宁省海域广阔，辽东半岛的西侧为渤海，东侧临黄海。海域（大陆架）面积为15万km^2，其中近海水域面积为6.4万km^2，沿海滩涂面积为2070km^2。气候属于温带大陆性季风气候，四季分明，雨热同期，日照时间长。年平均气温为7~11℃，极端高温可达40℃以上，极端低温可达-30℃以下，年气温及日气温差值均较大；年日照时数长达2100~2600h。辽宁省在东北地区属于年降水量较多的省份，由于气候受海洋性气候影响显著，自东南向西北由温带的半湿润向半干旱过渡，年降水量时空分布不均，多集中于7~8月，空间上东部多西部少。其中，东部地区年降水量可达1100mm以上；西部地区年降水量最少，为400mm左右，干旱严重；中部的平原地区降水量相对适中，年平均为600mm左右。

辽宁省是我国农业强省，农业生产力居全国领先地位，其优越的地理条件非常利于玉米等作物的生长，是我国重要的粮食生产基地。截至2020年，辽宁省辖14个地级市，人口总量为4165.9万人，就业人口共2231.0万人，从事第一产业人员约占总就业人数的28.28%。2020年，辽宁省实现生产总值25 115.0亿元，一、二、三产业结构比例为：9.10：37.43：53.47。农林牧渔业总产值为4582.6亿元，粮食总产量面积为2338.8万t，农业机械总动力达2471.3万kW，机耕面积达398.0万hm^2，水库数达776座。第三产业在国民生产总值中占比持续增加，软件等新兴行业增速较快。

根据第三次全国国土调查数据，辽宁省耕地面积为7773.22万亩，约占总面积的34.87%；园地面积为791.78万亩，占3.55%；林地面积为601.57万亩，占2.70%；草地面积为730.82万亩，占3.28%；湿地面积为429.67万亩，占1.93%；城镇村及工矿用地面积为1974.24万亩，占8.86%；交通运输用地面积为463.34万亩，占2.08%；水域及水利设施用地面积为1037.38万亩，占4.65%[①]。根据全国农用地分等汇总成果，全国耕地共分为15等别。辽宁省耕地

① 辽宁省第三次国土调查主要数据结果：http：//zrzyj.liaoyang.gov.cn/zwzx/002002/20220104/164125715322683.html。

自然质量与全国其他省市相比总体偏低，辽宁省耕地自然质量分布在 7 等至 13 等。辽宁省无优等别耕地，高等别耕地仅占全省耕地总量的 8.8%，中等地占 90.5%，低等地占 0.7%①。截至 2020 年底，辽宁省人均耕地面积仅为 0.12hm²，与 1952 年的人均 0.25 hm²相比，下降了 52%。随着人口的增长和城市经济的发展，耕地承载压力越来越大。

4.2 基于物质流分析的山东省耕地利用可持续集约化评价

4.2.1 方法与指标体系

土地利用对生态环境的影响是一种复杂的动态过程，物质流（MFA）反映资源与环境要素流动方向，即资源投入与污染排放的互馈效应②，进而可以系统地分析耕地利用对生态环境系统的影响（图 4-1）。

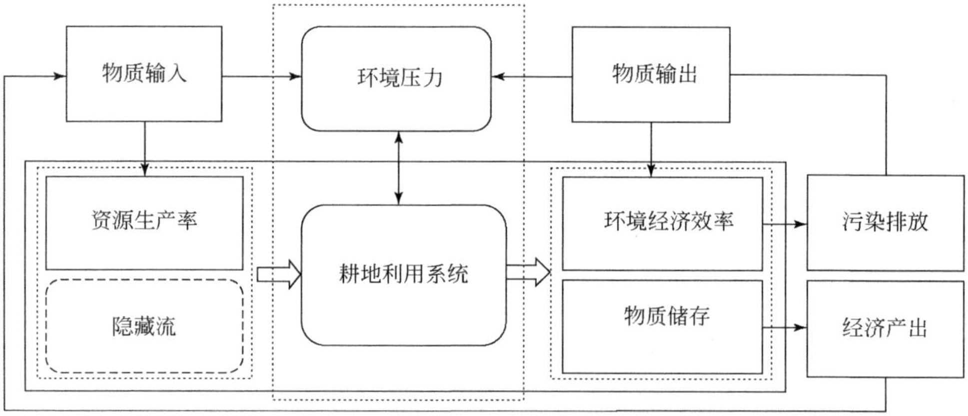

图 4-1　MFA 框架下耕地利用动态变化系统

结合耕地利用可持续集约化特点及实际情况，将物质流分析的输入部分分为固体投入、气体投入和液体投入 3 大类，输出部分分为固体输出、水体输出

① 臧春明，陈贵宾．辽宁省耕地资源现状与对策研究［J］．国土资源，2017，（12）：48-49.

② 殷冠羿，刘黎明，起晓星，等．基于物质流分析的高集约化农区环境风险评价［J］．农业工程学报，2015，31（5）：235-243.

和大气输出 3 大类进行测算。此外，输入和输出部分分别细分为 8 个小类（M_1 ~ M_8）和 10 个小类（N_1 ~ N_{10}），物质储存部分分为农产品（P_1）、畜产品（P_2）、林产品（P_3）和水产品（P_4）4 个小类，隐藏流为未直接进入耕地利用系统循环的部分（表 4-1）。

表 4-1　耕地利用可持续集约化的测度指标体系

<table>
<tr><th colspan="2">指标</th><th>大类</th><th>小类</th><th>指标含义</th></tr>
<tr><td rowspan="8">输入部分</td><td rowspan="8">直接物质投入（DMI）</td><td rowspan="3">固体投入</td><td>化肥（M_1）</td><td rowspan="8">直接物质投入：耕地直接生产要素的投入量</td></tr>
<tr><td>农药（M_2）</td></tr>
<tr><td>地膜（M_3）</td></tr>
<tr><td rowspan="3">气体投入</td><td>畜禽呼吸耗氧（M_4）</td></tr>
<tr><td>土壤呼吸耗氧（M_5）</td></tr>
<tr><td>作物呼吸耗氧（M_6）</td></tr>
<tr><td rowspan="2">液体投入</td><td>农业用水（M_7）</td></tr>
<tr><td>农用柴油（M_8）</td></tr>
<tr><td colspan="3">资源生产率（MP）</td><td>MP = DMI/G，G 为农业经济产值（单位：万元）</td><td>单位面积耕地经济产值所消耗的资源</td></tr>
<tr><td rowspan="10">输出部分</td><td rowspan="10">生产过程排放（DPA）</td><td rowspan="2">固体输出</td><td>畜禽粪便（N_1）</td><td rowspan="10">生产过程排放：耕地生产过程中污染物质的直接排放量</td></tr>
<tr><td>地膜残留（N_2）</td></tr>
<tr><td rowspan="2">水体输出</td><td>农药流失（N_3）</td></tr>
<tr><td>化肥流失（N_4）</td></tr>
<tr><td rowspan="6">气体输出</td><td>畜禽呼吸释放二氧化碳（N_5）</td></tr>
<tr><td>土壤呼吸释放二氧化碳（N_6）</td></tr>
<tr><td>作物呼吸释放二氧化碳（N_7）</td></tr>
<tr><td>动物排放甲烷（N_8）</td></tr>
<tr><td>秸秆燃烧排放二氧化碳及二氧化硫、氮氧化物等污染物（N_9）</td></tr>
<tr><td>农用柴油燃烧排放二氧化碳及二氧化硫、氮氧化物等污染物（N_{10}）</td></tr>
<tr><td colspan="3">环境经济效率（EE）</td><td>EE = DPO/G，G 为农业经济产值</td><td>单位面积耕地经济产值产生的废弃物</td></tr>
<tr><td rowspan="4">储存部分</td><td colspan="2" rowspan="4">物质储存（STOCK）</td><td>农产品（P_1）</td><td rowspan="4">产品储存：农产品产量</td></tr>
<tr><td>畜产品（P_2）</td></tr>
<tr><td>林产品（P_3）</td></tr>
<tr><td>水产品（P_4）</td></tr>
</table>

续表

指标	大类	小类	指标含义
隐藏流部分	隐藏流（HF）	农产品隐藏流（O_1）	隐藏流：生产过程中未进入耕地物质循环的物质
		水土流失（O_2）	

注：表中禽畜呼吸耗氧、土壤呼吸耗氧与作物呼吸耗氧、秸秆燃烧、地膜残留数据的计算分别参考唐婷①、黄和平等②、王书肖和张楚莹③、张丹等④的文献。

4.2.2 耕地利用可持续集约化指数模型

耕地利用可持续集约化是资源生产率（MP）、环境经济效率（EE）、物质储存（STOCK）及隐藏流（HF）相互作用的函数，与资源生产率和物质储存成正比，与环境经济效率和隐藏流成反比。基于物质流分析方法（MFA）框架下耕地利用动态变化系统构建耕地利用可持续集约化指数：

$$I_i = \frac{\mathrm{MP}_{im} \times \mathrm{STOCK}_{is}}{\mathrm{EE}_{ie} \times \mathrm{HF}_{ih}} \tag{4-1}$$

$$R = M + S + E + H \tag{4-2}$$

式中，MP_{im}为第 i 地市的资源生产率；STOCK_{is}为第 i 地市的物质储存；EE_{ie}第 i 地市的环境经济效率；HF_{ih}为第 i 地市的隐藏流；R 为指标总数；M 为资源生产率指标数；S 为物质储存的指标数；E 为环境经济效率指标数；H 为隐藏流的指标数。

首先，采用极值标准化法，将指标统一到［0，1］，消除量纲不同带来的影响。利用熵权法进行指标权重的计算，在有 m 个评价指标、n 个评价对象的评估问题中，第 i 个指标的熵定义为：

$$H_i = -k \sum_{j=1}^{n} f_{ij} \ln f_{ij} \quad i = 1, 2, \cdots, m \tag{4-3}$$

---

① 唐婷. 区域农业生态环境质量与生态经济的时空变化研究——以江苏省为案例［D］. 南京：南京农业大学博士学位论文，2012.

② 黄和平，毕军，李祥妹，等. 区域生态经济系统的物质输入与输出分析——以常州市武进区为例［J］. 生态学报，2006，26（8）：2578-2586.

③ 王书肖，张楚莹. 中国秸秆露天焚烧大气污染物排放时空分布［J］. 中国科技论文在线，2008，3（5）：329-333.

④ 张丹，胡万里，刘宏斌，等. 华北地区地膜残留及典型覆膜作物残膜系数［J］. 农业工程学报，2016，32（3）：1-5.

式中，$f_{ij}=\frac{r_{ij}}{\sum_{j=1}^{n} r_{ij}}$；$k=\frac{1}{\ln n}$。当$f_{ij}=0$，令$f_{ij}\ln f_{ij}=0$。

其次，定义第i个指标的熵之后，第i个指标的熵权为

$$w_i=\frac{1-H_i}{m-\sum_{i=1}^{m} H_i} \tag{4-4}$$

式中，$0\ll w_i\ll 1$，$\sum_{i=1}^{m}=1$。

然后，根据式（4-3）、式（4-4）分别计算MP_{im}、STOCK_{is}、EE_{ie}、HF_{ih}，公式如下：

$$\mathrm{MP}_{im}=\sum_{i=1}^{n} w_{im} M_i$$

$$\mathrm{STOCK}_{is}=\sum_{i=1}^{n} w_{is} S_i$$

$$\mathrm{EE}_{ie}=\sum_{i=1}^{n} w_{ie} E_i$$

$$\mathrm{HF}_{ih}=\sum_{i=1}^{n} w_{ih} H_i \tag{4-5}$$

基于评价指标权重结果（表4-2），并根据式（4-1）计算2000年、2005年、2010年和2015年山东省17个地级市（本部分评价的时间阶段为2000～2015年，故仍按照当时的山东省行政区划对17个地级市进行测度）耕地利用可持续集约化指数。

表4-2　评价指标权重计算结果

指标	权重
资源生产率	0.11
物质储存	0.52
环境经济效率	0.21
隐藏流	0.16

4.2.3　结果分析

4.2.3.1　物质输入-输出的总体变化特征

随着人口和耕地面积的变化，山东省耕地直接物质投入（DMI）逐渐减少，

隐藏流（HF）增加，物质储存（STOCK）和污染物质排放（DPO）也呈逐渐增加的趋势（图 4-2）。

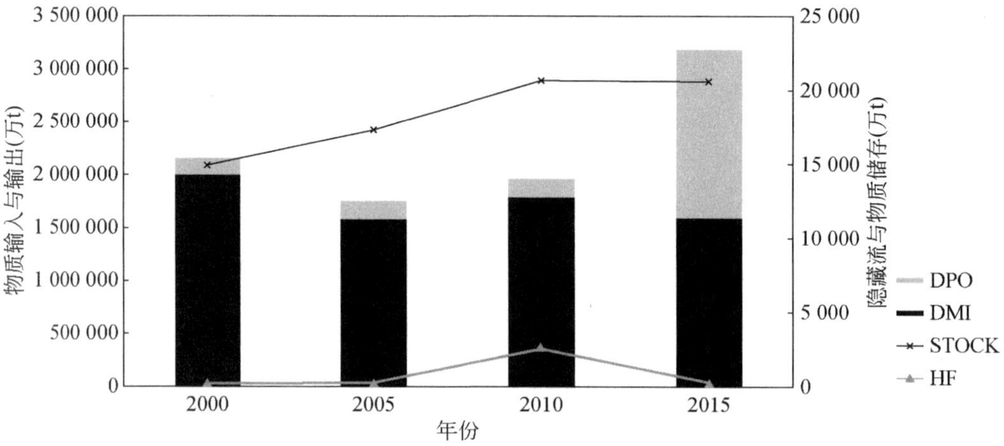

图 4-2　山东省物质输入—输出的总体变化趋势

2000～2015 年，DMI 呈现先减少后增加的缓慢变化过程，由 2000 年的 2 002 200. 05 万t 减小到 2005 年的 1 587 953. 20 万 t，减幅达 20. 7%，后又增加到 2010 年的 1 791 673. 21 万 t，到 2015 年减至 1 596 292. 57 万 t，减幅 10. 9%。

隐藏流（HF）代表在农业生产过程中从环境中提取、但未进入农用地生产过程的物质循环，如农作物生产过程的水土流失量、农林产品生产过程中耗费的土方及枯枝落叶等。HF 的主要成分为水土流失（O_2），平均占 HF 总数的 75. 0%。HF 时空变化较为缓和，由 2000 年的 230. 08 万 t 增加到 2010 年的 2551. 99 万 t，后又降低到 2015 年的 313. 79 万 t。

2000～2015 年，STOCK 由 2000 年的 14 692. 23 万 t 增加到 2015 年的 20 276. 56万 t，其中农作物产品、畜产品、林产品和水产品的增幅分别为 27. 5%、10. 2%、11. 2% 和 15. 7%。畜产品、林产品、水产品的大幅增加与经济发展、人均收入和居民生活水平的提高密切相关，居民膳食结构不断向动物性食物、动物蛋白摄取发展，不可避免地增加畜禽养殖，进而对耕地利用带来影响。

随着物质投入的波动变化，DPO 的变化呈现增加趋势，但变化幅度较为缓和，由 2000 年的 163 549. 95 万 t 增加到 2010 年的 176 156. 85 万 t，增幅为 7. 2%。2010～2015 年，物质投入减少 10. 9%，而物质输出强度增加 88. 9%。可见，随着直接物质输入的减小，污染物质输出强度逐渐增强。

4.2.3.2　资源生产率和环境经济效率的时空分布

资源生产率（MP）是单位面积耕地经济产值所消耗的资源①，资源生产率越高，则耕地集约化生产过程消耗的资源越多。2000～2015 年，山东省 17 地级市资源生产率呈现先增加后减少的趋势。其中，2000～2005 年呈增加趋势，2005～2010 年资源生产率相对减小，2015 年较 2010 年也有所减小。2000～2015 年，青岛市、烟台市、威海市、潍坊市等地区的资源生产率基本处于较低状态，鲁南地区的枣庄和鲁中地区的莱芜呈现降低趋势；鲁西南地区的菏泽市、济宁市，鲁中地区的泰安市及鲁西北地区的聊城市呈现明显的上升趋势；鲁北地区的滨州市和东营市两地基本保持较高的资源生产效率；济南市先降低后升高，2010～2015 年基本保持中等状态（图 4-3）。总体看来，山东省资源生产率呈现半岛沿海相对低于南部地区，西北地区资源生产率水平总体较高的变化特征。

环境经济效率（EE）指单位面积耕地经济产值所产生的废弃物，环境经济效率越高，则耕地利用过程中产生的废弃物越多。如图 4-3 所示，2000～2015 年，山东省各地市 EE 由西至东越来越低，大部分地区呈现缓慢增加的趋势，但 2010～2015 年的 EE 呈现较明显的增加趋势，表明该阶段耕地利用过程中排放了大量废弃物。2000～2015 年，青岛市、烟台市、威海市、潍坊市等地的 EE 低于其他地市；鲁西南地区的菏泽市 EE 相对较高；鲁西北的德州市除在 2005～2010 年 EE 较小外，其他年份基本处于较高状态。2000 年，鲁东地区的泰安市和鲁南地区的济宁市、枣庄市的环境经济效率相对较高，到 2015 年呈现十分明显的减小趋势，尤其是枣庄市的 EE 与青岛市、烟台市、威海市等地相比，处于较低水平。鲁西北的聊城市和鲁中的淄博市则呈现增加趋势。总体来看，山东省各地级市在耕地利用过程中排放的废弃物呈现逐渐增加趋势，且西部地区的环境经济效率相对高于东部地区。

4.2.3.3　山东省耕地利用可持续集约化水平时空格局

如图 4-4 显示，2000 年，耕地利用可持续集约化水平相对较高的地区是济南市、淄博市和德州市，可持续集约化指数分别为 37.97、34.94 和 32.50；莱芜市和青岛市的可持续集约化指数最低；聊城市、泰安市、济宁市、临沂市、潍坊市、烟台市等地均处于较低的状态。2005 年，威海市的耕地利用可持续集约化水平最高，可持续集约化指数为 36.32；青岛市最低，可持续集约化指数为 1.74；

---

① 张音波，夏志新，陈新庚，等．基于物质流分析方法的区域可持续发展动态研究——以广东省为例［J］．资源科学，2007，29（6）：212-218.

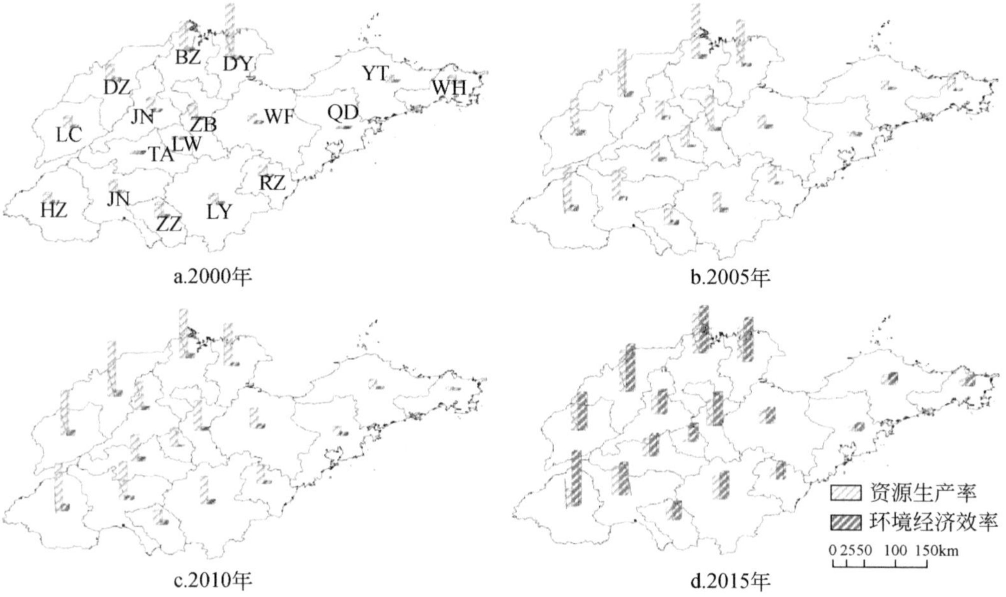

图 4-3　2000～2015 年山东省资源生产率和环境经济效率的时空特征

JN*：济南市；QD：青岛市；YT：烟台市；WF：潍坊市；LY：临沂市；JN：济宁市；ZB：淄博市；WH：威海市；DY：东营市；RZ：日照市；TA：泰安市；BZ：滨州市；ZZ：枣庄市；DZ：德州市；LC：聊城市；LW：莱芜市；HZ：菏泽市。下图同

耕地利用可持续集约化水平分布呈现明显的“集群化”分布，济南市、德州市、聊城市、泰安市、菏泽市、济宁市、枣庄市等地均处于相对中等的水平；东营市、滨州市和淄博市处于同一变化状态；潍坊市和临沂市处于同一水平。2010年，耕地利用可持续集约化水平最高的是威海市，可持续集约化指数为 11.69；莱芜市和烟台市最低；潍坊市、青岛市、日照市、临沂市、枣庄市、菏泽市等地也处于相对较低的水平，高于烟台市但低于济南；北部地区的聊城市、滨州市、德州市、东营市等均处于同一水平，低于济南市、淄博市和济宁市。2015 年，耕地利用可持续集约化水平除青岛市和威海市外，均较上一阶段呈现增强的趋势；西部地区明显高于东部地区，其他地区集群分布格局依然明显且变幅较小。总体来说，2000～2015 年，山东省各个地级市的耕地利用可持续集约化水平时空分布较不均衡，呈现“集群化”变化状态，空间格局出现较为明显的演变，西部地区呈现逐渐增强的趋势，而东部地区呈现逐渐降低的趋势，耕地利用可持续集约化水平从高到低排序依次为：鲁西南>鲁西北>鲁南>鲁中>鲁北>半岛沿海。

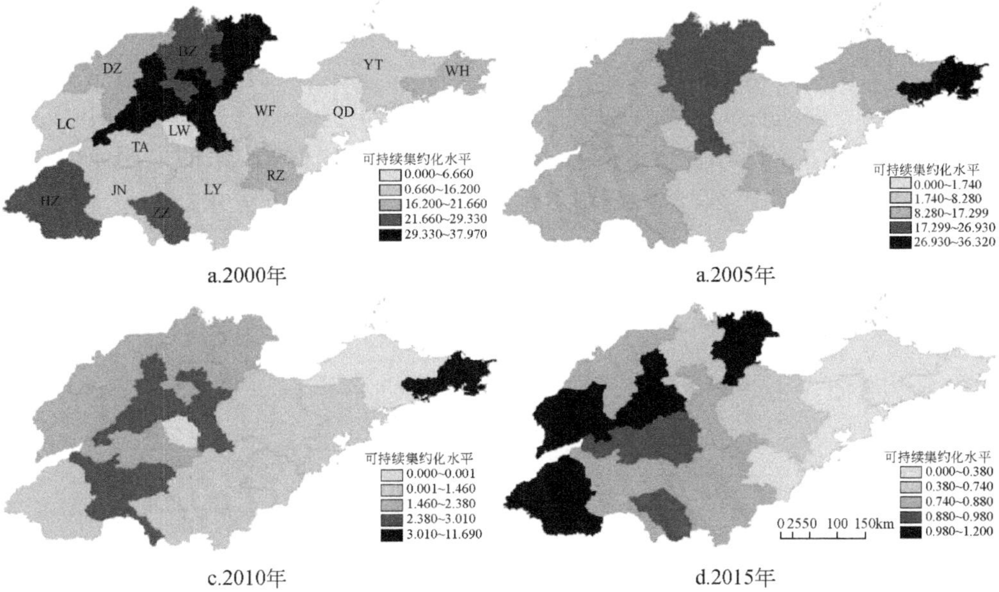

图 4-4　山东省耕地利用可持续集约化水平时空格局

4.3　基于能值分析的山东省耕地利用可持续集约化评价

4.3.1　方法与指标体系

4.3.1.1　绘制能量系统图

耕地利用过程是一个复杂的复合系统。基于 Odum 的能量系统符号语言及方法，绘制耕地利用系统的能量流动示意图，形成能量图解。将耕地利用系统的能量划分为输入能量与输出能量，以此为基础列出耕地利用系统中主要的能量类型与来源，并通过对应的框图符号进行表示。其能值类型可分为：可更新环境资源、不可更新环境资源、工业辅助能、有机辅助能等。具体来看，外部输入主要为可更新环境资源（太阳辐射、雨水、地球旋转等）、不可更新环境资源（表土损耗）、工业辅助能（肥料、农药、柴油、农膜、农业机械等）和有机辅助能（劳力、种子、绿肥等）。系统外部能量输入过程中会出现不同程度的损失，导致部分能量未能进入系统，主要表现为可更新环境资源的损失。进入系统的能量一部分储存在表土中，绝大部分能量作用于耕地的生产利用过程，进而转化为农作物等绿色植物生长所必需的能量，最终获得农业产出，进入市场。储存库是指耕地利用系统中能量的储存，主要包括表土和有机绿肥。热耗失是指各种能量在生产转化过程中有效能消耗的损失。此外，指示箭头表示能量流、物质流等传递的主要流向。最后，汇总所有内容，绘出耕地利用系统能量系统图（图4-5）。

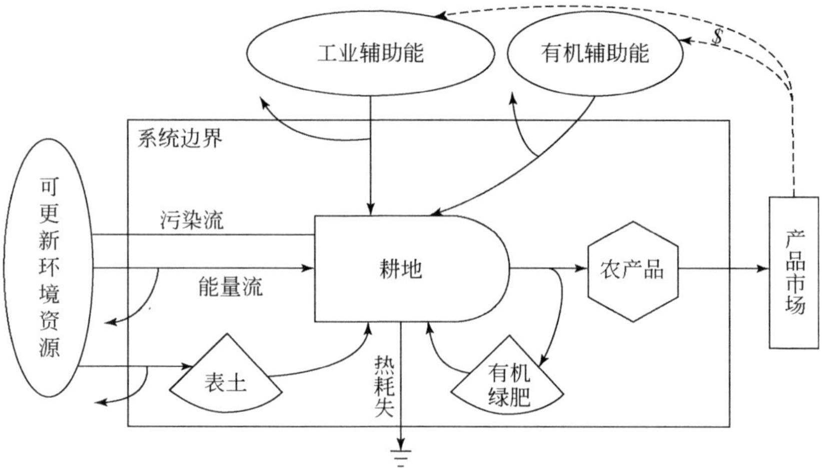

图4-5　耕地利用系统能量流动示意图

4.3.1.2　编制能值分析表

基于耕地利用系统能量图解，结合能值分析相关研究，根据物质、能量的输入性质和属性差异，将山东省各地级市耕地利用系统中的总物质能量投入划分为可更新环境资源（R）、不可更新环境资源（N）、不可更新工业辅助能（F）和可更新有机辅助能（R_1）4类。其中，可更新环境资源包括太阳能、雨水势能、雨水化学能、地球旋转能、灌溉用水能等。不可更新环境资源主要是指耕地的表土损耗能。工业辅助能主要包括耕地利用过程中所投入耕地利用系统中的能量，包括化肥、农药、农膜、柴油、农业机械等物质和能量。有机辅助能包括劳动力、种子、绿肥等。废弃流失能主要指耕地利用过程中化学投入的损耗，主要包括农膜残留、化肥流失、农药流失及柴油燃烧废气等。根据山东省各地级市的作物种植结构，产出能值包括小麦、玉米、稻谷、豆类、薯类、油料、蔬菜等。

参考 Odum 编著的 *Environment Accounting*：*Energy and Environment Decision Making* 中的热能系数及蓝盛芳等编著的《生态经济系统能值分析》等学术文献中对能值计算的相关表述，借助能值转化率（表4-3～表4-5），将投入、产出等项目中的各类物质、能量折算为统一的太阳能值标准（sej），并根据耕地利用系统中投入、产出的物质类型和单位的差异进行能值换算，基本公式如下，具体项目能值折算公式详见附录：

$$能值(sej)=能量(J)\times能值转换率(sej/J) \tag{4-6}$$

$$能值(sej)=质量(g)\times能值转换率(sej/g) \tag{4-7}$$

$$能值(sej)=物质\times能量折算系数\times能值转换率(sej/J) \tag{4-8}$$

表 4-3　山东省耕地利用系统投入能值转化率

<table>
<tr><th colspan="3">能值投入类型</th><th>耕地利用环节</th><th>能量项目</th><th>单位
(unit)</th><th>能值转换率
(sej/unit)</th><th>资料
来源</th></tr>
<tr><td rowspan="17">总投入
能值
(T)</td><td rowspan="6">环境
资源
总投入
(I)</td><td rowspan="5">可更新
环境
资源
(R)</td><td rowspan="5">所有环节</td><td>太阳能</td><td>J</td><td>1.00</td><td>Odum（1996）</td></tr>
<tr><td>雨水化学能</td><td>J</td><td>1.54×10^4</td><td>Odum（1996）</td></tr>
<tr><td>雨水势能</td><td>J</td><td>8.89×10^3</td><td>Odum（1996）</td></tr>
<tr><td>地球旋转能</td><td>J</td><td>2.90×10^4</td><td rowspan="2">蓝盛芳等
(2002)；
Odum（1996）</td></tr>
<tr><td>灌溉用水能</td><td>J</td><td>2.45×10^5</td></tr>
<tr><td>不可更新
环境资源
(N)</td><td>所有环节</td><td>表土损耗能</td><td>J</td><td>7.40×10^4</td><td>Odum（1996）</td></tr>
<tr><td rowspan="11">辅助能
值总投入
(U)</td><td rowspan="8">不可更新工
业辅助能
(F)</td><td rowspan="4">施肥</td><td>氮肥</td><td>kg</td><td>4.46×10^{12}</td><td>Odum（1996）</td></tr>
<tr><td>磷肥</td><td>kg</td><td>1.72×10^{13}</td><td>Odum（1996）</td></tr>
<tr><td>钾肥</td><td>kg</td><td>1.74×10^{12}</td><td>Odum（1996）</td></tr>
<tr><td>复合肥</td><td>kg</td><td>2.80×10^{12}</td><td>Odum（1996）</td></tr>
<tr><td>杀虫、除草</td><td>农药</td><td>kg</td><td>1.62×10^{12}</td><td>Odum（1996）</td></tr>
<tr><td>经济作物耕种</td><td>农膜</td><td>kg</td><td>3.80×10^{11}</td><td>Odum（1996）</td></tr>
<tr><td rowspan="2">播种、翻耕等
机械收割等</td><td>农用柴油</td><td>J</td><td>6.60×10^4</td><td>Odum（1996）</td></tr>
<tr><td>农业机械</td><td>J</td><td>7.50×10^7</td><td>王小龙（2016）</td></tr>
<tr><td rowspan="3">可更新
有机辅助能
(R_1)</td><td>所有环节</td><td>劳力</td><td>J</td><td>3.80×10^5</td><td>蓝盛芳等
(2002)</td></tr>
<tr><td>播种</td><td>种子</td><td>J</td><td>6.60×10^4</td><td>Odum（1996）</td></tr>
<tr><td>还田</td><td>秸秆</td><td>J</td><td>2.70×10^4</td><td>王小龙（2016）</td></tr>
</table>

资料来源：Odum H T. Environment Accounting: Energy and Environment Decision Making [M]. NY: John Wiley and Sons Inc, 1996；蓝盛芳，钦佩，陆宏芳. 生态经济系统能值分析 [M]. 北京：化学工业出版社，2002；王小龙. 基于生命周期评价与能值分析的循环农业评价理论、方法与实证研究 [D]. 北京：中国农业大学博士学位论文，2016.

表 4-4　山东省耕地利用系统作物产出能值（Y）转化率

作物	能值转换率（sej/J）	作物	能值转换率（sej/J）
小麦	6.80×10^{4}	薯类	8.30×10^{4}
玉米	2.70×10^{4}	油料	6.90×10^{5}
稻谷	8.3×10^{4}	棉花	1.90×10^{6}
豆类	8.30×10^{4}	麻类	8.30×10^{4}
烟叶	2.00×10^{5}	蔬菜	2.70×10^{4}
甜菜	8.50×10^{4}	瓜果	5.30×10^{5}
茶叶	2.00×10^{5}		

资料来源：倪广亚，刘学录．基于能值分析的甘肃省耕地可持续利用时空分异研究［J］．西北农林科技大学学报（自然科学版），2015，43（2）：149-158.

表 4-5　山东省耕地利用系统废弃流失产出能值转化率

能值产出类型		能量项目	能值转换率	资料来源
废弃流失（W）	农膜残留（W_1）	农膜	3.80×10^{11}（sej/J）	张丹等（2016）
	化肥流失（W_2）	氮肥	4.46×10^{12}（sej/J）	Odum（1996）
		磷肥	1.72×10^{13}（sej/kg）	Odum（1996）
		钾肥	1.74×10^{12}（sej/kg）	Odum（1996）
		复合肥	2.80×10^{12}（sej/kg）	Odum（1996）
	农药流失（W_3）	农药	1.62×10^{12}（sej/kg）	Odum（1996）
	柴油燃烧（W_4）	废气	6.60×10^{4}（sej/J）	鲁的苗（2017）

资料来源：张丹，胡万里，刘宏斌，等．华北地区地膜残留及典型覆膜作物残膜系数［J］．农业工程学报，2016，32（3）：1-5；Odum H T. Environment Accounting: Energy and Environment Decision-Making［M］. NY：John Wiley and Sons Inc，1996；鲁的苗．基于能值分析的无锡市生态系统健康评价研究［D］．南京：南京大学硕士学位论文，2017.

4.3.1.3　选取能值指标

基于山东省耕地利用实际情况，根据系统性、科学性、综合性、层次性等原则，所选取的区域层面耕地利用系统的能值指标主要包括基本指标（表 4-6）和综合指标（表 4-7）两部分。基本指标能够有效反映系统在耕地利用过程中的投入产出结构和能量流动方向，综合指标在基本指标的基础上进一步换算，能够综合反映耕地利用系统的能值结构、集约程度、生产效率及可持续性等情况。

表 4-6　耕地利用可持续集约化评价的基本能值指标

指标类型	指标名称	表达式	指标含义
基本指标	可更新环境资源	R	太阳光、雨水、地球旋转以及灌溉用水等所产生的可更新环境资源能值
	不可更新环境资源	N	主要指表土损耗能
	环境资源总投入	$I=R+N$	环境资源的总投入
	不可更新工业辅助能	F	化肥、农药、农膜、柴油、机械等所产生的不可更新工业辅助能值
	可更新有机辅助能	R_1	劳力、种子、绿肥等所产生的可更新有机辅助能值
	总辅助能值	$U=F+R_1$	辅助能值的总投入
	总投入能值	$T=I+U$	耕地利用系统中各类能值的总投入
	作物产出能值	Y	小麦、玉米、稻谷、豆类、薯类、油料、蔬菜等作物的产出能值
	农膜残留	W_1	耕地利用系统中残留地膜的能值
	化肥流失	W_2	耕地利用系统中流失化肥的能值
	农药流失	W_3	耕地利用系统中流失农药的能值
	柴油燃烧	W_4	耕地利用系统中柴油燃烧所产生废气的能值
	废弃流失能值	$W=W_1+W_2+W_3+W_4$	耕地利用系统中废弃流失的总能值

表 4-7　耕地利用可持续集约化综合评价指标体系

目标层	准则层	指标层	表达式	指标说明
可持续集约化	经营集约化	能值投资率	$\mathrm{EIR}=U/I$	反映耕地利用系统的外部发展水平（+）
		能值投入密度	$\mathrm{EPAI}=T/S$	单位面积耕地上的能值投入强度（+）
		耕作效率	$\mathrm{WE}=Y/(H+M+D)$	耕地利用中劳力、机械的有效产出价值（+）
	产出高效化	能值产出率	$\mathrm{EYR}=Y/T$	反映耕地利用系统的生产效率（+）
		人均能值产出	$\mathrm{EPI}=Y/P$	反映耕地系统生产水平和农民生活质量（+）
		能值产出密度	$\mathrm{EPAY}=Y/S$	单位面积耕地上作物能值的产出强度（+）

续表

目标层	准则层	指标层	表达式	指标说明
可持续集约化	资源节约化	能值自给率	ESR = I/T	反映耕地利用系统的自然资源保障程度（+）
		能值损失率	ELP = W/T	反映耕地利用系统的能值损失程度（-）
		可更新比率	RR = $(R+R_1)/T$	反映耕地利用系统的恢复潜力水平（+）
	生态环境不退化	环境负载率	ELR = $(N+F)/(R+R_1)$	反映耕地利用系统的资源环境承载力（-）
		不可更新比率	UR = $(N+F)/T$	反映耕地利用系统的生态环境威胁水平（-）
		环境经济效率	EE = W/R	反映耕地利用的环境污染程度（-）
	社会可持续发展	农产品质量	PQI = Y/W	反映耕地利用系统产出的作物质量（+）
		可更新资源贡献率	RRC = $Y/(R+R_1)$	反映可更新资源的产出率及可持续性（+）
		可持续发展指数	ESI = EYR/ELR	反映耕地利用系统的可持续性（+）

注：指标说明中的（+）表示指标是正相关，（-）表示负相关

（1）能值产出率（Emergy Yield Ratio，EYR）

能值产出率为耕地利用系统中的作物产出能值（Y）与总投入能值（T）的比值，是衡量耕地利用系统中能值投入产出效率的重要指标。

（2）能值投资率（Emergy Investment Ratio，EIR）

能值投资率为辅助能值总投入（U）与环境资源总投入（I）的比值，能够有效衡量耕地利用系统外部的发展水平，是体现耕地利用程度的重要指标。

（3）能值自给率（Emergy Self-sufficiency Ratio，ESR）

能值自给率为环境资源总投入（I）与系统总投入能值（T）的比值，能够有效衡量耕地利用系统自然资源环境外部优势。

（4）耕作效率（Work Efficiency，WE）

耕作效率为作物产出能值（Y）与耕地系统投入劳力能值（H）、机械投入能值（M）、柴油能值（D）三者之和的比值，用以反映耕地系统利用过程中劳力、机械及其柴油投入的有效产出价值。

(5) 能值损失率（Emergy Loss Percent，ELP）

能值损失率为耕地系统中的废弃流失能值（W）与耕地系统的总投入能值（T）的比值，能够有效衡量耕地利用过程中的资源损失程度。

(6) 可更新比率（Renewable Ratio，RR）

可更新比率为可更新能值投入（$R+R_1$）与总投入能值（T）的比值，能够反映耕地利用系统的能值投入结构和可持续性。

(7) 不可更新比率（Unrenewable Ratio，UR）

不可更新比率为不可更新能值投入（$N+F$）与总投入能值（T）的比值，能够反映耕地利用系统的能值投入结构和对环境的影响。

(8) 可更新资源贡献率（Renewable Resource Energy Contributions Ratio，RRC）

可更新资源贡献率为作物产出能值（Y）与可更新能值投入（$R+R_1$）的比值，用以衡量耕地利用系统的可持续性及可更新能值投入对作物产出的贡献率。

(9) 环境负载率（Environmental Loading Ratio，ELR）

环境负载率为系统不可更新的能值投入总量（$N+F$）与可更新的能值投入总量（$R+R_1$）的比值，用以衡量耕地利用系统中能值的利用强度和资源环境承载力。

(10) 能值密度（Emergy Per Area，EPA）

能值密度可以分为能值投入密度（EPAI）和能值产出密度（EPAY）。能值投入密度是耕地利用系统总投入能值（T）与系统占用耕地面积（S）的比值；能值产出密度是耕地利用系统作物产出能值（Y）与系统占用耕地面积（S）的比值。

(11) 环境经济效率（Environmental Economic Efficiency，EE）

环境经济效率为废弃流失能值（W）与可更新环境资源（R）的比值，用以反映耕地利用过程中废弃污染对于耕地利用系统的影响程度。

(12) 农产品质量指标（Product Quality Index，PQI）

农产品质量指标是耕地利用系统作物产出能值（Y）与废弃流失能值（W）的比值，可以间接反映农产品质量。

(13) 人均能值产出（Emergy Per Index，EPI）

人均能值产出为作物产出能值（Y）与劳力人口（P）的比值，用以衡量农业生产力高低和农民生活质量。考虑到农村户籍人口中存在常年外出务工人员，本研究选用农业劳动力人口作为衡量农村人口的指标。

(14) 可持续发展指数（Emergy Sustainable Index，ESI）

可持续发展指数作为能值产出率（EYR）与环境负载率（ELR）的比值，是衡量社会经济效益与生态环境压力的系统可持续发展性能的复合评价指标。

4.3.2 耕地利用可持续集约化评价体系

4.3.2.1 基本原则

(1) 系统性

耕地利用系统是一个多要素复合作用的有机整体，耕地利用可持续集约化评价体系的构建同样也是一个整体，评价指标彼此之间具有一定的逻辑关系，并从不同侧面反映耕地利用可持续集约化在生态、经济、社会方面的发展状况、主要特征、状态响应和内在联系。

(2) 综合性

耕地利用可持续集约化评价是综合性评价，选取的指标应尽可能地反映和测度评价单元耕地利用物质传递和能量流动的状态。

(3) 科学性

基于科学的理论基础构建耕地利用可持续集约化评价指标体系，综合参考已有研究成果和数据资料获取情况，评价指标要具有可比性，并尽可能量化，在保证可获得性的同时，明确相关计算和含义。

(4) 层次性

耕地利用可持续集约化是多层次、多因素综合作用的结果，其目标和内涵也具有一定的层级关系，因此其评价体系也应该具有层次性，根据层级递进关系体现指标之间的支配关系，保证评价体系的全面性。

4.3.2.2 准则层评价

根据表4-7所示，基于耕地利用可持续集约化内涵，以经营集约化、产出高效化、资源节约化、生态环境不退化、社会可持续发展为准则层，选取能值投资率（EIR）、能值投入密度（EPAI）、耕作效率（EF）指标衡量经营集约化；选取能值产出率（EYR）、人均能值产出（EPI）、能值产出密度（EPAY）指标衡量产出高效化；选取能值自给率（ESR）、能值损失率（ELP）、可更新比率（RR）指标衡量资源节约化；选取环境负载率（ELR）、不可更新比率（UR）、环境经济效率（EE）指标衡量生态环境不退化；选取农产品质量（PQI）、可更新资源贡献率（RRC）、可持续发展指数（ESI）指标衡量社会可持续发展。为客观衡量准则层的综合情况，现构建经营集约化指数（SIM_i）、产出高效化指数（SIY_i）、资源节约化指数（SIR_i）、生态环境不退化指数（SIE_i）、社会可持续发展指数（SIS_i）。其中，SIM_i表示山东省第i个地级市的经营集约化指数（0 指山东省整体），其余同理。计算公式如下：

$$\mathrm{SIM}_i = \mathrm{EIR}_i \times \mathrm{EPAI}_i \times \mathrm{EF}_i \tag{4-9}$$

$$\mathrm{SIY}_i = \mathrm{EYR}_i \times \mathrm{EPI}_i \times \mathrm{EPAY}_i \tag{4-10}$$

$$\mathrm{SIR}_i = \frac{\mathrm{ESR}_i \times \mathrm{RR}_i}{\mathrm{ELP}_i} \tag{4-11}$$

$$\mathrm{SIE}_i = \frac{1}{\mathrm{ELR}_i \times \mathrm{UR}_i \times \mathrm{EE}_i} \tag{4-12}$$

$$\mathrm{SIS}_i = \mathrm{PQI}_i' \times \mathrm{RRC}_i' \times \mathrm{ESI}_i' \tag{4-13}$$

4.3.2.3　目标层评价

为计算耕地利用可持续集约化指数（Sustainable Intensification Index，SII），对山东省 16 个地级市（本部分评价的时间阶段为 2000～2019 年，故按照最新的行政区划调整结果，将莱芜市并入济南市，对 16 个地级市进行测度）的经营集约化指数（SIM_i）、产出高效化指数（SIY_i）、资源节约化指数（SIR_i）、生态环境不退化指数（SIE_i）、社会可持续发展指数（SIS_i）进行极差标准化处理，将结果统一在［0，1］区间范围内，公式如下：

$$\mathrm{SI}n' = \frac{\mathrm{SI}n - \mathrm{SI}n(\min)}{\mathrm{SI}n(\max) - \mathrm{SI}n(\min)} \quad (n = M, Y, R, E, S) \tag{4-14}$$

根据准则层公式，逐步构建出山东省耕地利用可持续集约化的综合指数模型（SII）。如图 4-6 所示，其中 SIM_i 表示山东省第 i 个地市的标准经营集约化指数（0 指山东省整体水平），其余同理。耕地利用可持续集约化综合指数（SII）主要是由五个三角形构成，其计算过程主要是通过计算五个三角形面积，进而求和得出五边形面积，即耕地利用可持续集约化指数（SII）。

$$T_{i1} = \frac{1}{2}(\mathrm{SIM}_i' \times \mathrm{SIY}_i')\sin 72° \tag{4-15}$$

$$T_{i2} = \frac{1}{2}(\mathrm{SIY}_i' \times \mathrm{SIR}_i')\sin 72° \tag{4-16}$$

$$T_{i3} = \frac{1}{2}(\mathrm{SIR}_i' \times \mathrm{SIE}_i')\sin 72° \tag{4-17}$$

$$T_{i4} = \frac{1}{2}(\mathrm{SIE}_i' \times \mathrm{SIS}_i')\sin 72° \tag{4-18}$$

$$T_{i5} = \frac{1}{2}(\mathrm{SIS}_i' \times \mathrm{SIM}_i')\sin 72° \tag{4-19}$$

$$\mathrm{SII}_i = \sum\nolimits_{l=1}^{5} T_{il} \ (i = 0, 1, \cdots, 16) \tag{4-20}$$

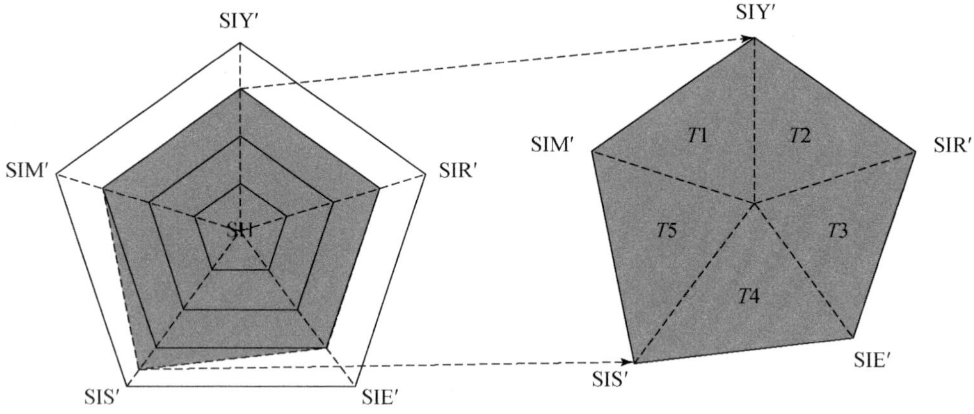

图 4-6 耕地利用可持续集约化目标层评价演示

4.3.3 评价结果分析

4.3.3.1 山东省耕地利用系统能值概况

明晰耕地利用系统过程，采用能值计算方法，将耕地利用过程进行逐步分解。首先，一个完整的耕地利用周期涉及犁地、播种、灌溉、施肥、喷洒农药、收获及秸秆还田等步骤，并伴随着太阳光照、雨水等环境资源的投入，以及劳力、机械等辅助能的投入，最终产出作物、秸秆和废弃物。具体来看，为避免重复计算，耕地利用系统的可更新环境资源方面主要涉及太阳能、雨水化学能、雨水势能、地球旋转能等，由于灌溉水资源属于自然资源故将其归为可更新环境资源类。耕地利用过程中，农作物从土壤汲取养分生长，而在作物收获时作物根须部分也会携带出部分土壤，进而造成表土层的土壤损失，而表土层损耗的能值同样也是耕地利用过程中作物能量的来源之一①。

基于此，将相关数据换算成太阳能值数据，并选取山东省 2000 年、2004 年、2008 年、2012 年、2016 年、2019 年共 6 年的数据进行展示。如表 4-8 所示，2000～2019 年，可更新环境资源整体呈现出波动上升的变化趋势，年均增长率为 0.73%。其中，太阳能的能值投入整体呈波动上升趋势，年均增长率为

① 钱玉皓. 基于能值理论的武穴市耕地系统利用效益研究［D］. 武汉：华中师范大学硕士学位论文，2013.

0.69%；雨水化学能和雨水势能因受当年降雨量等因素影响，故存在一定的波动情况，年均增长率均为1.69%；地球旋转能整体呈现出缓慢上升趋势，年均增长率为0.69%；灌溉用水能是耕地利用过程中作物生长用水的重要来源之一，整体呈现出波动上升的趋势，年均增长率为0.50%。综合来看，可更新环境资源的能值投入受自然环境的影响较大，但因山东省地理位置优越、极端灾害天气情况较少，故每年对耕地利用系统的能值贡献较为稳定，年均增长率为0.73%。

表 4-8　山东省耕地利用系统能值概况

名称		太阳能值（sej）					
		2000 年	2004 年	2008 年	2012 年	2016 年	2019 年
可更新环境资源（R）	太阳能	2.89×10^{20}	3.02×10^{20}	3.27×10^{20}	3.27×10^{20}	3.31×10^{20}	3.29×10^{20}
	雨水化学能	3.34×10^{21}	4.16×10^{21}	4.28×10^{21}	3.57×10^{21}	4.02×10^{21}	4.60×10^{21}
	雨水势能	2.21×10^{20}	2.75×10^{20}	2.82×10^{20}	2.35×10^{20}	2.65×10^{20}	3.03×10^{20}
	地球旋转能	1.93×10^{21}	2.02×10^{21}	2.18×10^{21}	2.18×10^{21}	2.21×10^{21}	2.20×10^{21}
	灌溉用水能	1.54×10^{19}	1.39×10^{19}	1.47×10^{19}	1.55×10^{19}	1.65×10^{19}	1.69×10^{19}
	小计	5.79×10^{21}	6.77×10^{21}	7.08×10^{21}	6.32×10^{21}	6.84×10^{21}	7.44×10^{21}
不可更新环境资源（N）	表土损耗能	7.12×10^{20}	7.46×10^{20}	8.06×10^{20}	8.06×10^{20}	8.17×10^{20}	8.13×10^{20}
不可更新工业辅助能（F）	氮肥	9.17×10^{21}	8.26×10^{21}	7.60×10^{21}	7.12×10^{21}	6.51×10^{21}	5.32×10^{21}
	磷肥	9.43×10^{21}	9.92×10^{21}	9.45×10^{21}	8.36×10^{21}	8.09×10^{21}	6.52×10^{21}
	钾肥	6.56×10^{20}	7.64×10^{20}	8.26×10^{20}	7.61×10^{20}	6.90×10^{20}	5.75×10^{20}
	复合肥	3.63×10^{21}	4.60×10^{21}	5.70×10^{21}	6.28×10^{21}	6.26×10^{21}	5.75×10^{21}
	农药	2.17×10^{20}	2.49×10^{20}	2.81×10^{20}	2.62×10^{20}	2.41×10^{20}	1.95×10^{20}
	农膜	8.55×10^{19}	1.24×10^{20}	1.22×10^{20}	1.21×10^{20}	1.13×10^{20}	1.02×10^{20}
	农用柴油	2.48×10^{20}	2.66×10^{20}	2.89×10^{20}	2.84×10^{20}	2.57×10^{20}	2.18×10^{20}
	农业机械	1.95×10^{22}	2.36×10^{22}	2.79×10^{22}	3.35×10^{22}	2.64×10^{22}	2.88×10^{22}
	小计	4.90×10^{22}	5.37×10^{22}	5.87×10^{22}	6.31×10^{22}	5.43×10^{22}	5.24×10^{22}
可更新有机辅助能（R_1）	劳力	1.05×10^{20}	9.26×10^{19}	8.16×10^{19}	8.01×10^{19}	6.34×10^{19}	6.03×10^{19}
	种子	4.06×10^{21}	4.53×10^{21}	4.81×10^{21}	4.76×10^{21}	4.91×10^{21}	4.89×10^{21}
	秸秆	1.00×10^{22}	8.97×10^{21}	1.15×10^{22}	1.23×10^{22}	1.33×10^{22}	1.53×10^{22}
	小计	1.42×10^{22}	1.36×10^{22}	1.64×10^{22}	1.72×10^{22}	1.82×10^{22}	2.03×10^{22}

续表

名称		太阳能值（sej）					
		2000 年	2004 年	2008 年	2012 年	2016 年	2019 年
作物产出能值（Y）	作物产出合计	1.35×10^{23}	1.54×10^{23}	1.51×10^{23}	1.47×10^{23}	1.42×10^{23}	1.21×10^{23}
废弃流失能值（W）	农膜残留	8.30×10^{18}	1.21×10^{19}	1.18×10^{19}	1.17×10^{19}	1.10×10^{19}	9.85×10^{18}
	化肥流失	1.52×10^{22}	1.56×10^{22}	1.57×10^{22}	1.5×10^{22}	1.44×10^{22}	1.21×10^{22}
	农药流失	6.51×10^{19}	7.48×10^{19}	8.43×10^{19}	7.87×10^{19}	7.22×10^{19}	5.85×10^{19}
	柴油燃烧	1.74×10^{17}	1.86×10^{17}	2.03×10^{17}	1.99×10^{17}	1.80×10^{17}	1.53×10^{17}
	小计	1.52×10^{22}	1.57×10^{22}	1.58×10^{22}	1.51×10^{22}	1.45×10^{22}	1.22×10^{22}

不可更新环境资源主要为表土损耗能，研究发现表土损耗能近年来呈现出缓慢上升的趋势，年均增长率为0.69%。不可更新工业辅助能主要包括耕地利用过程中所涉及的各类物质投入的总和。其中，农药、化肥因受《到2020年化肥使用量零增长行动方案》和《到2020年农药使用量零增长行动方案》等政策因素的影响呈现出明显的下降趋势，农药年均增长率为-0.56%，氮肥年均增长率为-2.83%，磷肥年均增长率为-1.92%，钾肥年均增长率为-0.70%，而复合肥则呈现出增长态势，年均增长率为2.45%。农膜使用量呈现出缓慢上升的趋势，年均增长率为0.90%。农用柴油量呈现出缓慢下降趋势，年均增长率为-0.69%。农业机械呈现出波动增长态势，年均增长率为2.08%。整体来看，受政策等社会因素影响，不可更新工业辅助能中氮磷钾肥料、农药、农用柴油呈现出显著的下降趋势，而复合肥、农业机械则呈现出波动上升的发展态势，不可更新工业辅助能整体呈上升趋势，年均增长率为1.02%。

可更新有机辅助能主要包括劳力、种子、秸秆三方面。其中，农业劳动力流失严重，劳力投入年均增长率为-2.89%，呈现出显著的下降趋势；种子投入呈现出缓慢上升趋势，年均增长率为0.98%；秸秆投入呈现出波动上升趋势，年均增长率为2.40%。整体来看，因经济或家庭等因素从事农业生产活动的人数在逐渐减少，可更新有机辅助能整体呈上升趋势，年均增长率为1.99%。

作物产出能值整体呈现下降趋势，年均增长率为-0.57%。废弃流失能值包括农药流失、化肥流失、农膜的废弃流失及柴油燃烧释放的废气污染物等。其中，农膜残留的年均增长率为0.90%，化肥流失年均增长率为-1.17%，农药流失的年均增长率为-0.56%，柴油燃烧的年均增长率为-1.73%。整体来看，废弃流失能值类中除农膜残留外其余各项均呈现出下降趋势，其中农药、化肥等物质流失的下降与投入量的减少之间有直接关系，因此一定程度上受政策等因素的影响。

4.3.3.2 耕地利用系统投入产出分析

自2000年以来，山东省耕地利用系统的总能值投入水平呈现波动上升趋势，年均增长率约为0.92%，并于2015年达到峰值（8.36×10^{22}sej）。如图4-7所示，辅助能值总投入近年来虽略有下降，但整体依旧呈现出缓慢上升的趋势，年均增长率为0.88%，并于2015年达到峰值（7.64×10^{22}sej）；环境资源能值总投入整体呈现缓慢上升的趋势，年均增长率为1.26%，并于2019年达到峰值（8.25×10^{21}sej）；分析作物产出能值总量发现，山东省整体的作物产出能值呈现出先小幅上升，后波动下降的整体态势，年均增长率为-0.57%，并于2004年达到作物能值产出峰值（1.54×10^{23}sej）。整体来看，2000～2019年，山东省耕地利用系统的能值投入水平呈现出增长态势，并以辅助能值总投入的贡献为主，环境资源能值总投入的贡献为辅。废弃流失能值包括农药、化肥、地膜的废弃流失及柴油燃烧释放的废气污染物等。其中，农膜残留的年均增长率为0.90%，化肥流失的年均增长率为-1.17%，农药流失的年均增长率为-0.56%，柴油燃烧的年均增长率为-1.73%，废弃流失能值中除农膜残留外，其余各项均呈现出下降趋势，相关污染指标的下降对于保障耕地利用环境、提高农业可持续发展具有重要意义。

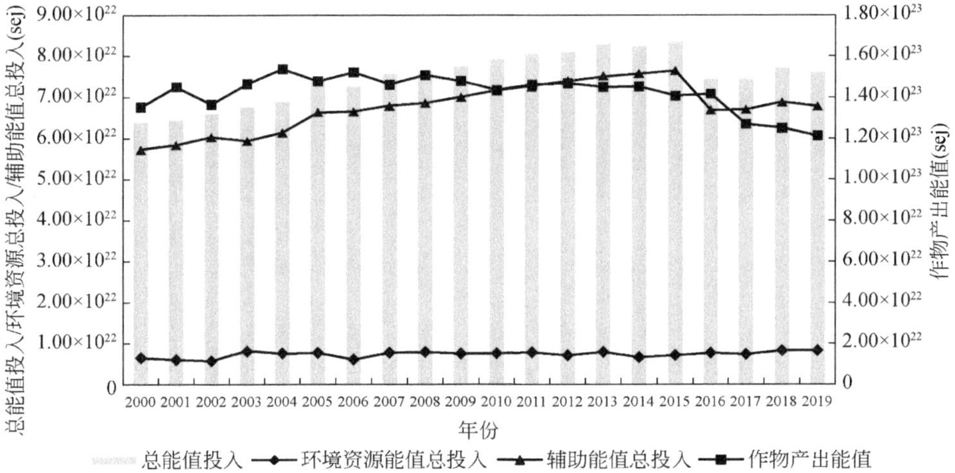

图4-7 山东省耕地利用系统能值投入-产出变化情况

4.3.3.3 耕地利用可持续集约化准则层分析

(1) 经营集约化评价

经营集约化评价主要侧重于关注耕地利用过程中效率与强度等方面。因此选取能值投资率、能值投入密度和耕作效率三项能值指标来衡量耕地利用的经营集约化情况（图 4-8）。其中，能值投资率主要是用以衡量人工辅助能投入与外部环境资源投入的结构的重要指标，其能值投资率越高则说明耕地利用中的人为干预越多、外部投入越高。反之，则说明耕地利用过程人为干较少、外部投入较低。分析山东省耕地利用的能值投资率发现，山东省耕地利用的能值投资率峰值为 2014 年的 11.35，年均能值投资率 9.29，耕地利用系统对外部投入的依赖程度较高，其发展趋势呈现出周期性的变化。能值投入密度主要是用来衡量耕地利用系统中单位面积上的能值投入强度。具体来看，2000 ~ 2019 年山东省能值投入密度呈现出波动上升的变化趋势，能值投入密度的峰值为 1.11×10^{12} sej/m^2，年均能值投入密度约为 1.02×10^{12} sej/m^2，年均增长率为 0.23%，整体波动幅度较小。能值投入密度越大，表明耕地利用系统的物质投入强度越高，过高则可能引起较大的环境负担，影响耕地利用的可持续发展。因此，无论是投入强度还是投入密度都不应盲目追求数量的集约化。因此，选取耕作效率指标反映耕地利用过程中劳力、机械等投入的有效贡献率。其中，耕作效率与劳力、机械等投入的有效贡献率成正比。20 年来，耕作效率的最大值为 6.86，年均耕作效率为 5.18，年均增长率为 -2.55%，呈现出波动下降的发展趋势。

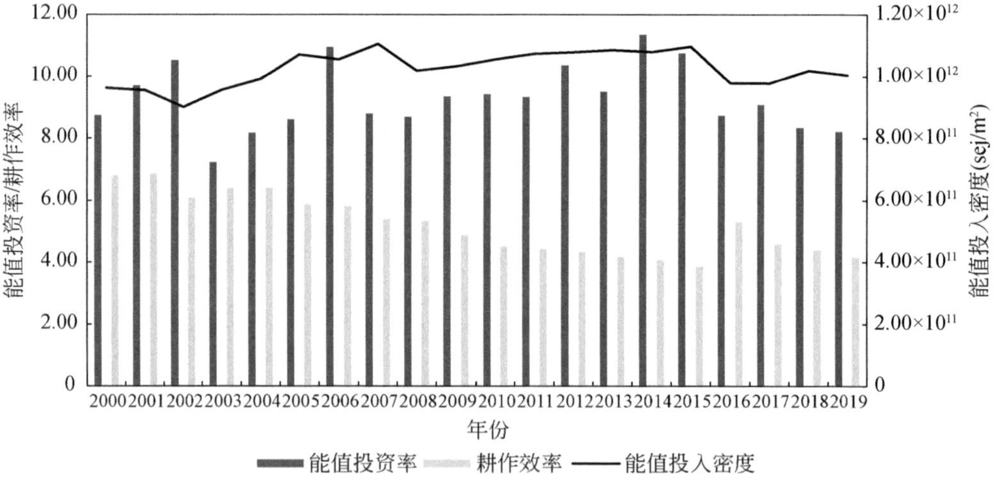

图 4-8　山东省耕地利用经营集约化能值评价指标

（2）产出高效化评价

产出高效化评价主要侧重于关注耕地利用过程中的产出情况，故选取能值产出率、能值产出密度及人均能值产出三项来衡量耕地利用的产出高效化情况（图 4-9）。其中，能值产出率是用来衡量耕地利用系统中能值产出-投入比的重要指标，其能值产出率越高则耕地系统收益越高，反之则表示耕地系统生产效率低下，若想获得同等水平的产出则需要额外增加投入成本。自 2000 年来，山东省整体能值产出率呈现出波动下降的趋势，年均增长率为-1.52%。虽然山东省整体能值产出率出现下降趋势，但年均能值产出率为1.91，资源投入的有效利用程度相对较高，产出水平依旧较好。作物能值产出密度主要用于衡量耕地利用系统中单位面积作物能值的产出情况，其产出密度越高则说明耕地利用系统的产出水平越高，反之则耕地利用系统的产出相对较低。山东省作物能值产出密度变化情况整体呈现出波动下降的发展趋势，年均作物能值产出密度为 8.69×10^{12} sej/m²，年均增长率为-1.26%。这表明随着作物产量的下降，其能值产出密度也呈现出下降的趋势。人均能值产出主要用以衡量农村农业劳动者的人均能值产出水平，用以反映农村地区劳动者的人均能值产出强度。自 2000 年来，山东省农村人均能值产出呈现出波动上升的发展趋势，年人均能值产出约为 1.95×10^{15} sej，年均增长率为2.39%。说明随着农业劳动力人口的减少，相关务农群体在保障农作物生产与粮食安全等方面的作用愈发突出。

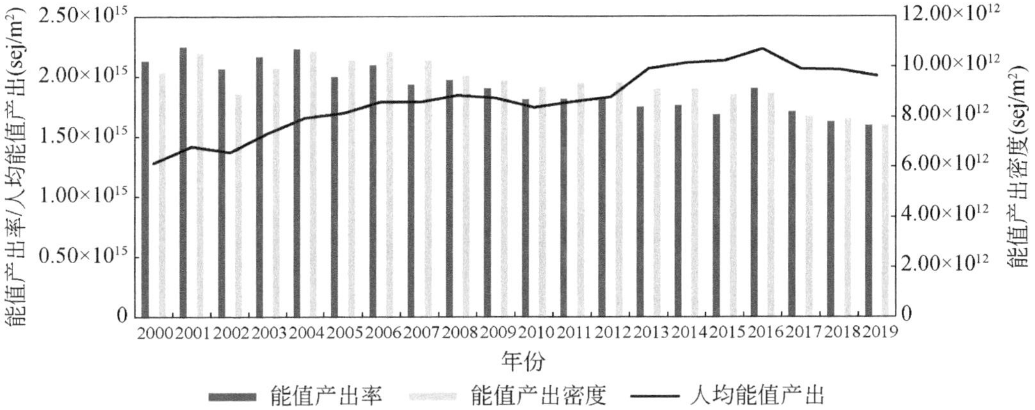

图 4-9　山东省耕地利用产出高效化能值评价指标

(3) 资源节约化评价

资源节约化评价侧重于评价耕地利用过程中资源的节约集约利用，关注资源的可持续利用，故选取能值自给率、能值损失率、可更新比率三项来衡量耕地利用的资源节约化情况（图 4-10）。其中，能值自给率主要用以衡量自然环境资源在耕地利用过程中的贡献程度，自然环境资源的贡献率越高则说明能值自给率越高，有利于农业资源的节约集约利用。自 2000 年以来，山东省能值自给率整体较为稳定，年均能值自给率为0.1，年均增长率为0.29%，呈现出波动上升的发展趋势，整体的自然资源贡献率较为稳定。能值损失率反映耕地利用系统中能值的损失程度，其能值损失率越低，资源节约化水平越高。山东省整体能值损失率呈现出较为稳定的下降趋势，年均能值损失率为0.23，年均增长率为-2.07%。可更新比率用来衡量耕地利用系统中能值的投入结构与能值投入的可持续性等，反映了耕地系统的可持续发展潜力。山东省整体可更新比率呈现出波动上升的发展趋势，年均可更新比率为0.31，年均增长率为0.84，发展态势较好。综合来看，20年来山东省整体的能值自给率较为稳定，能值损失率逐步下降，可更新比率呈上升趋势，资源节约化水平呈现出较好的发展趋势，有利于耕地利用的可持续集约化。

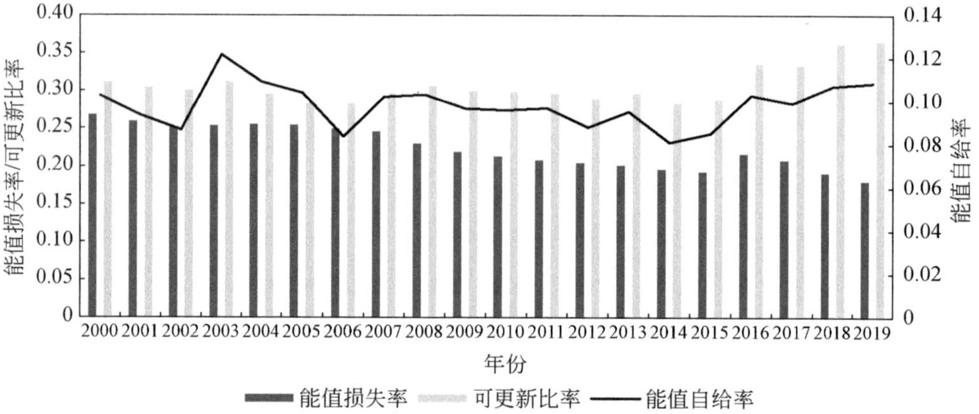

图4-10　山东省耕地利用资源节约化能值评价指标

（4）生态环境不退化评价

生态环境不退化评价侧重于关注耕地利用过程中的生态环境效益，故选取环境负载率、环境经济效率、不可更新比率三项负向指标来衡量耕地利用过程中的生态环境不退化情况（图4-11）。其中，环境负载率主要用于衡量耕地利用过程对生态环境造成的压力，环境负载率越大则说明环境压力越大，反之则说明环境压力较小。2000～2019年，山东省整体环境负载率水平较高，年均环境负载率3.19，说明山东省整体的农业生产环境压力相对较大。但是，分析山东省整体环境负载率的变化趋势发现，环境负载率的年均增长率为-1.43%，表明山东省整体的环境负载率正逐步下降，呈现出良好的发展趋势。环境经济效率是用来衡量废弃污染物对环境资源的影响程度，环境经济效率越大则说明对环境的危害越强，反之则危害较弱。2000～2019年，山东省整体环境经济效率均值为2.34，年均增长率为-2.45%，呈现出明显的下降趋势，表明山东省耕地利用对环境造成的负面影响正逐步减弱，有利于农业的可持续发展。不可更新比率是耕地利用过程中不可更新的资源投入对环境的影响强度，用以衡量耕地利用系统对不可更新能值的依赖程度。不可更新比率越高，耕地利用过程对不可更新资源的依赖就越重，产出的废弃污染物就越多，进而对生态环境造成更加严重的危害。分析山东省近20年来不可更新比率的变化趋势，可以看出山东省整体的不可更新比率呈现先波动变化，后逐步下降的发展趋势，年均不可更新比率为0.69，年均增长率为-0.42%，整体发展态势较好。

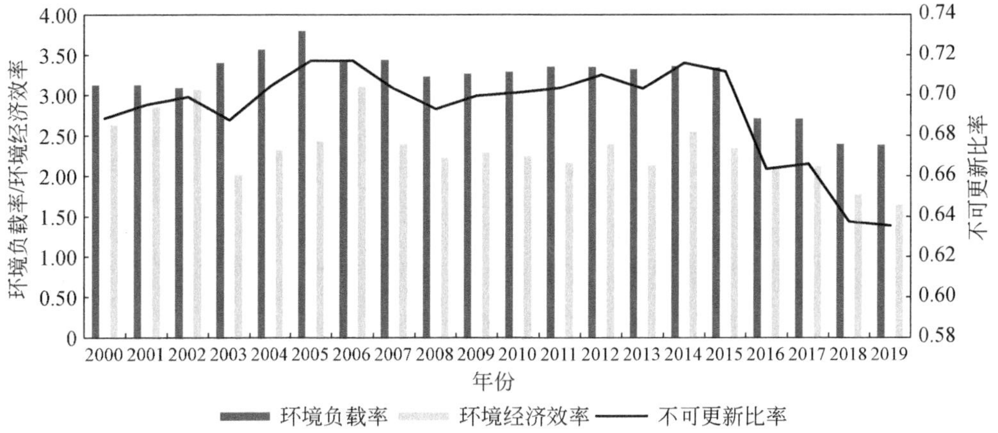

图 4-11　山东省耕地利用生态环境不退化能值评价指标

(5) 社会可持续评价

社会可持续评价主要侧重于粮食质量与粮食安全、耕地利用系统稳定性等方面，故选取农产品质量、可更新环境资源贡献率及可持续发展指数三项能值指标来衡量耕地利用系统的社会可持续性（图4-12）。民以食为天，农产品质量是衡量农作物产出的综合指标，该指标越大则说明耕地利用系统过程中的废弃污染物越少、农业面源污染越少、农作物的毒害风险越小。2000～2019年，山东省整体农产品质量呈现出波动上升的发展趋势，作物质量均值为9.44，年均增长率为0.6%，农产品质量变化较为稳定，发展态势较好。可更新环境资源贡献率能够反映可更新资源对于作物产出的贡献程度，其指标越大，作物生产的可持续性越强，反之则可持续性较差或不可持续。稳定的粮食产出是保障粮食安全的基石，2000～2019年，山东省整体可更新环境资源贡献率均值为6.26，位于较高水平。分析其变化趋势，可以看出山东省整体可更新环境资源贡献率的年均增长率为-2.23%，呈现出波动下降的发展趋势。分析山东省的可持续发展指数发现，山东省整体可持续发展指数呈波动变化趋势，最大值为0.72、最小值为0.5，可持续发展指数均值为0.6，主要波动范围位于0.55～0.70，波动幅度较小也较为稳定，表明山东省整体的可持续发展指数具有一定的稳定性。

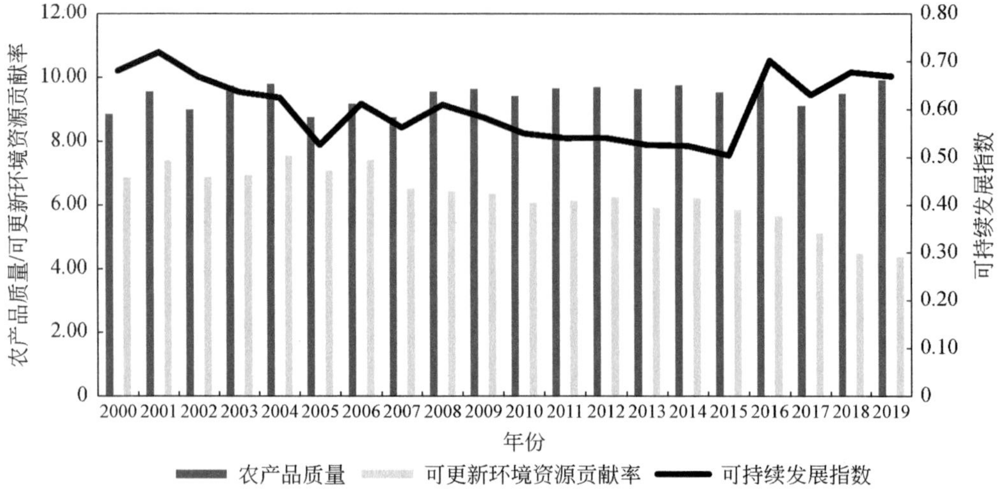

图 4-12　山东省耕地利用社会可持续能值评价指标

4.3.4　时空格局分析

4.3.4.1　耕地利用可持续集约化的时空分布特征

（1）经营集约化与产出高效化的时空分布特征

经营集约化侧重于反映耕地利用过程中效率与强度等方面的情况，其值越大则说明耕地利用的效率与强度越高。如图 4-13 所示，2000～2019 年，山东省 16 个地级市的经营集约化指数在部分年份虽略有上升，但整体依旧呈现出波动下降的发展趋势。经营集约化指数在 2000～2004 年呈先上升后下降的趋势，2004～2006 年呈上升趋势，2006～2012 年呈下降趋势，2012～2016 年呈先略有波动后下降的发展趋势，2016～2019 年呈稳步下降趋势。其中，2000～2019 年，菏泽市、威海市、济宁市、日照市、青岛市等地经营集约化指数较高，基本位于全省领先水平；济南市、淄博市、临沂市、滨州市等地经营集约化指数相对较低，位于全省较低水平。经营集约化指数的年均负增长率较高的地区分别为鲁北地区的东营市（-6.04%）、鲁中地区的淄博市（-5.28%）和鲁南地区的日照市（-4.67%）等；而位于鲁南地区的临沂市（-1.71%）及半岛地区的烟台市（-0.29%）等地经营集约化指数的下降趋势则相对较缓。整体来看，山东省经营集约化指数在部分年份虽略有上升，但总体上依旧呈现出明显的下降态势，年均增长率为-3.30%；从空间来看，山东省经营集约化指数呈现出中北部地区较低，西南地区和半岛地区经营集约化指数较高的格局。

产出高效化侧重于关注耕地利用过程的产出，其值越高说明产出越高效。如图 4-13 所示，2000～2019 年，山东省 16 个地级市产出高效化指数变化差异较大，整体波动较为明显。产出高效化指数在 2000～2004 年呈波动上升趋势，2004～2008 年呈波动下降的趋势，2008～2012 年呈先下降后上升的趋势，2012～2016 年呈波动上升的发展趋势，2016～2019 年呈下降趋势。其中，2000～2019 年，威海市、青岛市、菏泽市等地的产出高效化指数较高，基本处于全省领先水平；淄博市、济南市、滨州市等地产出高效化指数相对较低，处于全省较低水平。产出高效化指数年均增长率较高的地区包括半岛地区的烟台市（3.64%）、潍坊市（1.95%）和鲁南地区的临沂市（3.26%）、日照市（1.42%），鲁北地区的滨州市（0.42%）等地；而位于鲁西北地区的聊城市（-3.95%）、德州市（-2.78%）及半岛地区的青岛市（-2.15%）等地的产出高效化指数年均负增长率相对较高，下降趋势明显；其余各地年均增长率均为负

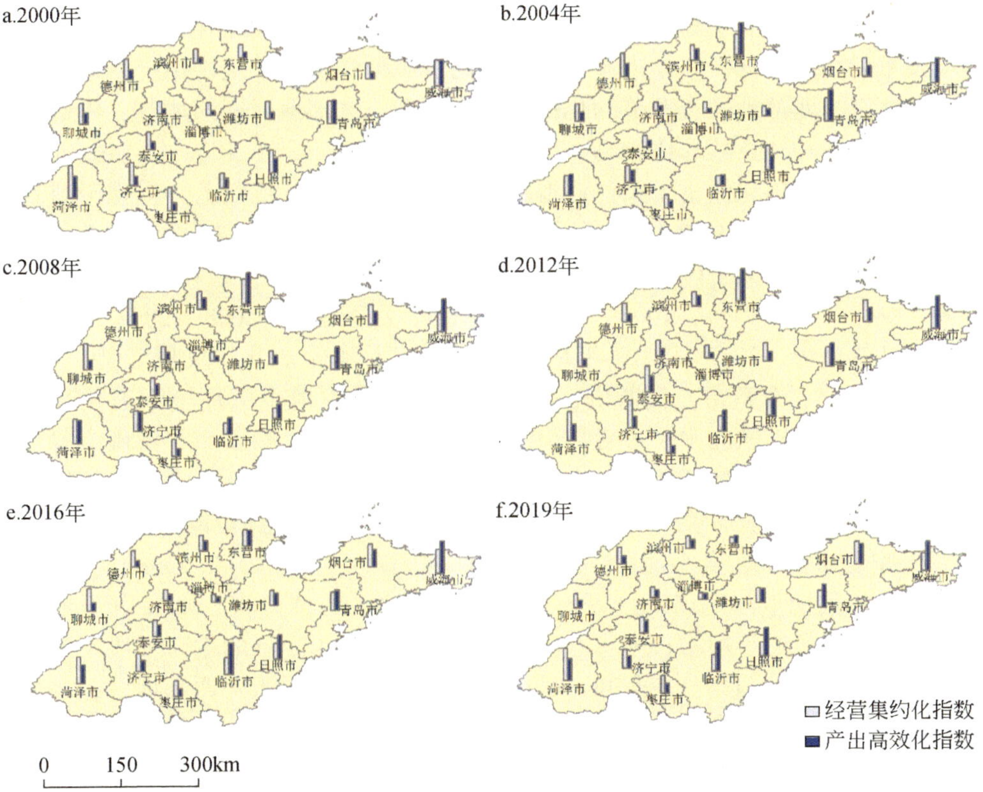

图 4-13　耕地利用系统经营集约化与产出高效化的时空分布情况

值，呈缓慢下降的发展趋势。整体来看，山东省产出高效化指数的变化可大致分为上升型和下降型两种发展趋势，其整体年均增长率为-0.27%，呈缓慢下降的发展趋势；产出高效化指数在空间上呈现出北部地区波动较大，中部地区相对较低，半岛地区、西南部地区产出高效化水平总体较高的格局特征。

（2）资源节约化与生态环境不退化的时空分布

资源节约化侧重于关注耕地利用过程中资源的节约集约利用情况，其值越高越能反映对资源的节约集约利用。如图 4-14 所示，2000～2019 年山东省 16 个地级市的资源节约化指数呈现出波动上升的发展趋势。资源节约化指数在 2000～2004 年呈先下降后上升的波动趋势，2004～2008 年整体呈波动上升趋势，2008～2012 年呈先稳定后波动下降的趋势，2012～2016 年呈先波动下降后上升的趋势，2016～2019 年呈稳步上升的发展趋势。其中，2000～2019 年，东营市、淄博市、临沂市、日照市、滨州市等地的资源节约化指数较高，处于全省领先水平；烟台市、枣庄市、济宁市、威海市等地的资源节约化指数相对较低，基本位于全省较低水平。资源节约化指数的年均增长率较高的地区包括鲁北地区的东营市（8.61%）、滨州市（8.01%）及鲁中地区的淄博市（6.52%）等地；而位于鲁南地区的枣庄市和半岛地区的威海市、烟台市等地资源节约化指数水平及其年均增长率均相对较低。整体来看，山东省的资源节约化指数呈现出上升趋势，其中半岛地区、西部地区资源节约化指数相对较低，北部地区逐渐增高，中部和南部地区资源节约化指数总体较高。

生态环境不退化侧重于关注耕地利用过程中的生态环境效益，以保障耕地生态系统的健康发展。如图 4-14 所示，2000～2019 年，山东省 16 个地级市的生态环境不退化指数呈先下降后上升的趋势。生态环境不退化指数在 2000～2004 年呈波动变化的发展趋势，2004～2008 年呈整体上升趋势，2008～2012 年呈整体波动下降的趋势，2012～2019 年呈现出先波动下降后上升的发展趋势。其中，2000～2019 年，东营市、淄博市、滨州市、临沂市等地生态环境不退化指数较高，基本位于全省领先水平；青岛市、德州市、日照市、泰安市、济南市等地的生态环境不退化指数处于相对较高水平；烟台市、威海市等地生态环境不退化指数相对较低，基本位于全省较低水平。2000～2019 年，生态环境不退化指数年均增长率较高的地区分别为位于鲁北地区的滨州市（9.51%）、东营市（9.19%）、淄博市（7.13%）等地；位于半岛地区的威海市、烟台市等地生态环境不退化指数的年均增长率相对较低。整体来看，山东省的生态环境不退化指数在时间上呈上升趋势，在空间上呈现出半岛沿海相对低于中西部地区，北部地区逐渐增高，中部和南部地区生态环境不退化指数总体较高的空间格局。

（3）社会可持续发展的时空分布

社会可持续发展主要侧重于粮食质量与粮食安全及耕地系统的稳定性等方

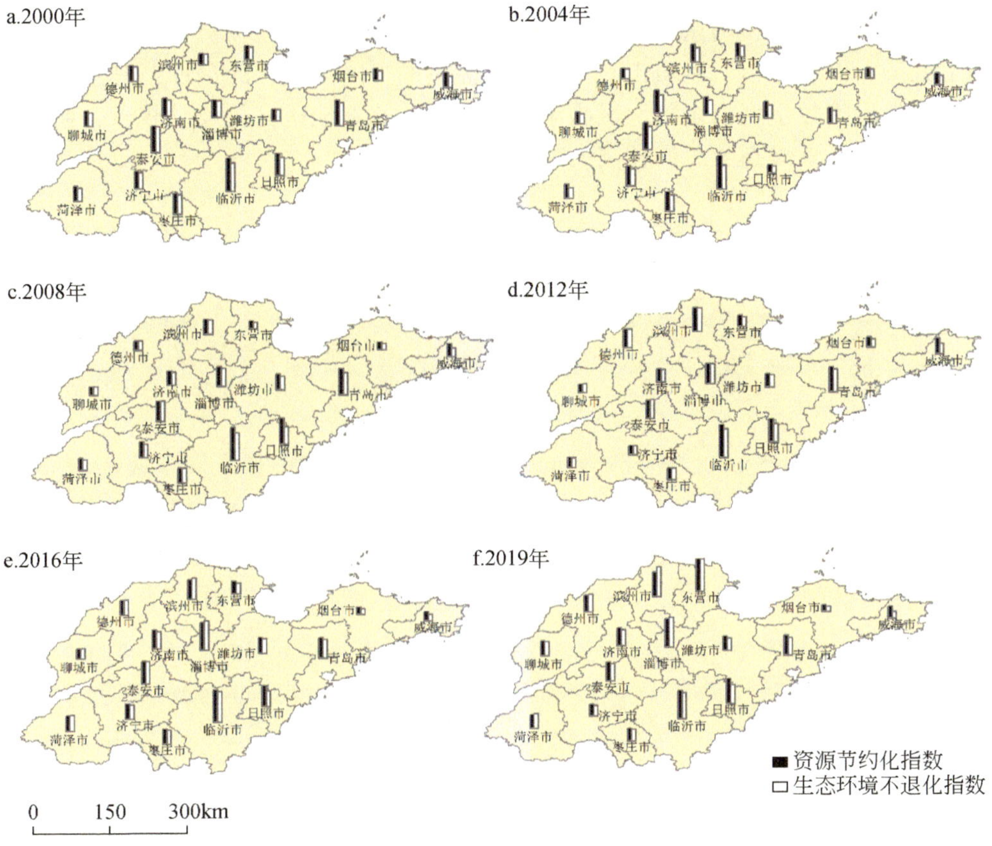

图 4-14　耕地利用系统资源节约化与生态环境不退化的时空分布情况

面，其值越大越能体现耕地利用系统的社会可持续性。如图 4-15 所示，2000～2019 年，山东省 16 个地级市社会可持续发展指数呈现出波动下降的发展趋势。社会可持续发展指数在 2000～2004 年呈先上升后下降的趋势，2004～2008 年呈波动下降的发展趋势，2008～2012 年呈下降趋势，2012～2016 年呈先下降后上升的趋势，2016～2019 年呈稳步下降的趋势。其中，临沂市、日照市等地社会可持续发展指数较高，位于全省领先水平；淄博市、聊城市、德州市等地社会可持续发展指数相对较低，基本位于全省较低水平。社会可持续发展指数呈明显增长趋势的地区包括位于鲁南地区的临沂市、日照市，其年均社会可持续发展指数的增长率分别为 2.94% 和 2.19%；社会可持续发展指数呈缓慢增长趋势的地区包括位于半岛地区的潍坊市、烟台市，以及鲁北地区的滨州市等；社会可持续发展指数呈明显下降趋势的地区包括位于半岛地区的威海市、鲁西北地区的聊城市、鲁西南地区的菏泽市等，其社会可持续发展指数的年均增长率分别为

−4.24%、−3.85%和−3.64%。其余各地的社会可持续指数呈现出缓慢下降的发展趋势。整体来看，山东省的社会可持续发展指数呈现出以临沂市、日照市为主的上升型，以威海市、聊城市、菏泽市等为主的下降型并存的局面；其整体社会可持续发展指数呈现出东部地区高于中部地区，北部地区变化波动较大，南部地区社会可持续发展指数总体较高的变化特征。

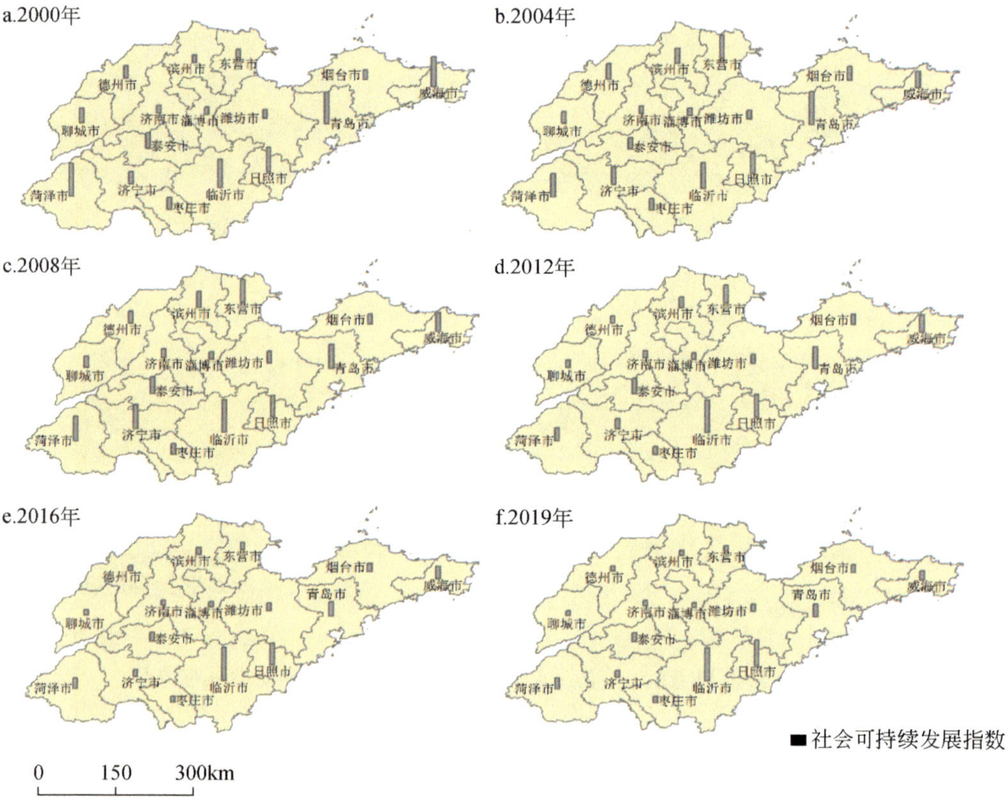

图 4-15　耕地利用系统社会可持续发展的时空分布情况

4.3.4.2　耕地利用可持续集约化水平的时空格局

为探寻山东省耕地利用可持续集约化水平的时空格局，在对山东省 16 个地级市耕地利用可持续集约化各分项指标时空分布特征分析基础上，结合耕地利用可持续集约化综合指数模型，基于经营集约化、产出高效化、资源节约化、生态环境不退化及社会可持续性各分项指标结果进行计算，最终得到山东省耕地利用可持续集约化水平的时空格局特征（图 4-16），相关分析如下。

2000 年山东省 16 个地级市耕地利用可持续集约化水平普遍较低，其中青岛

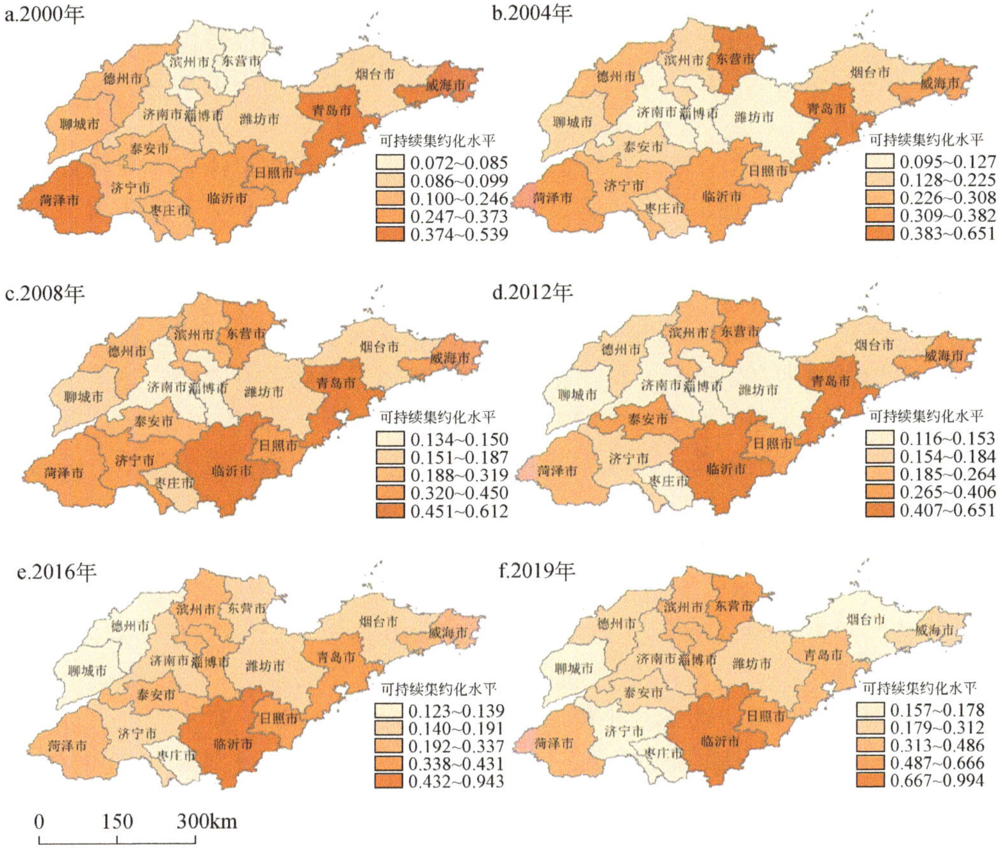

图 4-16　山东省耕地利用可持续集约化的时空格局

市、菏泽市、威海市等地的耕地利用可持续集约化水平相对较高，耕地利用可持续集约化指数分别为 0.54、0.53 和 0.46，处于山东省领先水平；位于鲁中地区的淄博市、济南市及半岛地区的烟台市、潍坊市等地耕地利用可持续集约化水平较低；而鲁北地区的滨州市和东营市的耕地利用可持续集约化指数最低。

2004 年山东省 16 个地级市耕地利用可持续集约化指数整体呈上升趋势，约有三分之一的地区呈现出明显上升的趋势，少数地区呈现出下降趋势。具体来看，2004 年耕地利用可持续集约化指数较高的地区分别为青岛市、东营市、菏泽市和威海市等，耕地利用可持续集约化指数分别为 0.65、0.54、0.38 和 0.37，处于山东省领先水平；位于鲁北地区的东营市、滨州市，半岛地区的烟台市，鲁西南地区的济宁市，鲁西北地区的德州市等地耕地利用可持续集约化指数均呈现出显著的上升趋势；菏泽市和威海市的耕地利用可持续集约化指数在2000 ~ 2004

年均出现不同程度的下降，但整体依旧处于山东省较高水平；鲁西北地区的聊城市、鲁中地区的泰安市、鲁南地区的枣庄市等地的耕地利用可持续集约化指数呈较低水平；鲁中地区的济南市、淄博市，半岛地区的潍坊市等地耕地利用可持续集约化指数最低。

2008年山东省16个地级市耕地利用可持续集约化指数整体呈上升趋势，约有三分之二的地区呈现出上升趋势，少数地区呈现出下降趋势。具体来看，2008年耕地利用可持续集约化指数较高的地区分别为临沂市、青岛市和东营市，其耕地利用可持续集约化指数分别为0.61、0.53和0.45，处于山东省领先水平；位于鲁南地区的临沂市和枣庄市，鲁西南地区的济宁市和菏泽市，以及鲁中地区的泰安市等地的耕地利用可持续集约化指数均呈现出显著的上升趋势；位于半岛地区的青岛市和鲁北地区的东营市的耕地利用可持续集约化指数在2004～2008年均出现了一定程度的下降，但整体依旧处于山东省领先水平；位于鲁中地区的淄博市，半岛地区的烟台市，鲁中地区的枣庄市等地的耕地利用可持续集约化水平较低；鲁中地区的济南市耕地利用可持续集约化指数最低。

2012年山东省16个地级市耕地利用可持续集约化指数整体呈下降趋势，约有三分之二的地区呈现出下降趋势，只有少部分地区呈上升趋势。具体来看，2012年耕地利用可持续集约化指数水平较高的地区分别为临沂市、青岛市和东营市，其耕地利用可持续集约化指数分别为0.65、0.51和0.37，处于山东省领先水平；耕地利用可持续集约化指数呈现出上升趋势的地区分别为半岛地区的烟台市、潍坊市，鲁中地区的泰安市及鲁北地区的滨州市等地；耕地利用可持续集约化指数下降幅度较大的地区分别为鲁西南地区的济宁市、菏泽市等地；半岛地区的潍坊市，鲁西北地区的德州市，鲁中地区的淄博市，鲁西南地区的济宁市等地耕地利用可持续集约化指数相对较低，基本位于全省较低水平；位于鲁中地区的济南市，鲁西北地区的聊城市，鲁南地区的枣庄市等地的耕地利用可持续集约化指数最低。

2016年山东省16个地级市耕地利用可持续集约化指数整体呈上升趋势，约半数地区呈现上升趋势，少数地区呈现明显的下降趋势。具体来看，2016年耕地利用可持续集约化指数最高的地区为临沂市，其耕地利用可持续集约化指数为0.94，居于全省首位；半岛地区的青岛市、威海市，鲁西南地区的菏泽市等地的耕地利用可持续集约化指数位于全省较高水平；位于鲁中地区的淄博市、临沂市，鲁南地区的日照市，鲁西南地区的菏泽市等地的耕地利用可持续集约化指数均呈现明显的上升趋势；鲁北地区的东营市、半岛地区的青岛市等地耕地利用可持续集约化指数呈现明显的下降趋势；位于鲁西北地区的德州市和鲁南地区的枣庄市等地耕地利用可持续集约化指数相对较低，基本位于全省较低水平；鲁西北地区的聊城市耕地利用可持续集约化指数最低。

2019 年山东省 16 个地级市耕地利用可持续集约化指数呈现显著的上升趋势，部分地区的耕地利用可持续集约化指数达到历年来的峰值，仅少数地区呈现出较低幅度的下降。具体来看，2019 年耕地利用可持续集约化指数水平较高的地区分别为临沂市、日照市和东营市，其耕地利用可持续集约化指数分别为 0.99、0.67 和 0.60，位于全省较高水平；位于鲁北地区的东营市、滨州市，鲁西北地区的德州市，鲁中地区的淄博市等地的耕地利用可持续集约化指数呈现出明显上升趋势；半岛地区的威海市耕地利用可持续集约化指数下降幅度最大；鲁西北地区的聊城市、鲁西南地区的济宁市、鲁南地区的枣庄市等地的耕地利用可持续集约化指数处于全省较低水平；半岛地区的烟台市耕地利用可持续集约化指数最低。

整体来看，2000 ~ 2019 年山东省的耕地利用可持续集约化指数整体呈现出波动上升的发展趋势，耕地利用可持续集约化水平的时空分布较不均衡，呈现出一定的“集群化”变化特征，具体表现为：北部地区逐渐增强，中部地区先降低后增强，西南地区先增强后降低，南部地区逐渐增强，半岛地区先波动后降低。按耕地利用可持续集约化水平从高到低进行排序，最终形成：鲁南>鲁北>鲁中>鲁西南>半岛沿海>鲁西北的空间格局。

4.4 基于超效率 SBM 的辽宁省耕地利用可持续集约化评价

4.4.1 方法与指标体系

4.4.1.1 超效率 SBM 模型

数据包络分析（Data Envelopment Analysis，DEA）是 1978 年由 Chanes 等最先提出的效率测算方法[①]。DEA 模型是包含多投入、多产出的基于线性规划对同类型的决策单元（Decision Making Units，DMU）进行的相对有效性效率评估。

① Chanes A, Cooper W W, Rhodes E. Measuring the efficiency of decision making units [J]. European Journal of Operational Research, 1978, (6): 429-444.

传统 DEA 模型存在的问题随时间推移逐渐凸显，现已无法满足多数研究的需求。Tone①② 对 DEA 模型进行改进，提出了超效率 SBM（Super Slack-based Model）模型。相比于传统 DEA 模型其优点有：①将松弛变量直接加入目标函数的测算中，考虑了实际效益的最大化；②有效 DMU 的效率值的测算结果有大于等于 1 的数值；③产出部分也将非期望产出考虑进结果的测算中。具体超效率 SBM 模型如下：

$$\text{Min}\varphi = \frac{1 - \frac{1}{p}\sum_{i=1}^{p}\frac{s_i^-}{x_{io}}}{1 + \frac{1}{m_1 + m_2}\left(\sum_{r=1}^{m_1}\frac{s_r^g}{y_{r0}^g} + \sum_{r=1}^{m_2}\frac{s_r^u}{y_{r0}^u}\right)} \tag{4-21}$$

$$\text{s.t}\begin{cases} X\lambda + s^- = x_0 \\ Y^g\lambda - s^g = y_0^g \\ Y^u\lambda + s^u = y_0^u \\ s^- \geqslant 0, s^g \geqslant 0, s^u \geqslant 0, \lambda > 0 \end{cases} \tag{4-22}$$

式（4-21）和式（4-22）中，φ 指代耕地利用可持续集约度；x_i、y_r^g 和 y_r^u 分别指代投入指标、期望产出指标和非期望产出指标值；p、m_1 和 m_2 分别指代投入指标、期望产出指标和非期望产出指标数量；s_i^-、s_r^g 和 s_r^u 分别指代投入指标、期望产出指标和非期望产出指标的松弛量；λ 指代权重向量；X、Y^g 和 Y^u 分别指代投入指标、期望产出指标和非期望产出指标矩阵。$\varphi \geqslant 1$ 时，说明 DMU 效率有效；否则，说明 DMU 效率无效。

基于超效率 SBM 模型，CRS 模型（规模收益不变）测算结果为综合效率，VRS 模型（规模收益变化）测算结果为纯技术效率，两者的比值为规模效率，表达式为：

$$\text{TE} = \text{PTE} \times \text{SE} \tag{4-23}$$

式中，TE 指代综合效率，PTE 指代纯技术效率，SE 指代规模效率。

① Tone K. A slacks-based measure of efficiency in data envelopment analysis [J]. European Journal of Operational Research, 2001, 130 (3): 498-509.

② Tone K. A slacks-based measure of super-efficiency in data envelopment analysis [J]. European Journal of Operational Research, 2002, 143 (1): 32-41.

4.4.1.2 Tobit 回归模型

为探究耕地利用可持续集约度的影响因素，参考相关研究，选择自然因素、农户属性等9项因子作为解释变量，耕地利用的可持续集约度作为被解释变量进行回归处理。耕地利用的可持续集约度是大于0的受限变量，为截断数据。Tobit回归模型考虑到数据截断问题，能对受限数据进行专业化处理①，具体模型为公式（4-24）。

$$CSI = \alpha + \sum \beta_i x_i + \varepsilon \tag{4-24}$$

式中，CSI指代被解释变量，x_i 指代解释变量，β_i 指代待估计参数，ε 指代误差项，α 为截距项。

4.4.2 指标选取

4.4.2.1 耕地利用可持续集约化评价指标选取

借助超效率SBM模型对辽宁省2000～2019年耕地利用的可持续集约化进行测算，该模型所用到的数据主要涵盖相关的投入要素、期望产出要素及非期望产出要素。具体的指标选取如表4-9所示。

表4-9 耕地利用可持续集约度评估指标

指标类型	指标	释义及单位
物质投入	土地投入	耕地面积（hm^2）
	能源投入	农业机械总动力（kW）
	劳动力投入	农业从业人员（万人）
	水资源投入	耕地有效灌溉面积（hm^2）
	化肥投入	化肥施用量（万t）
	农药投入	农药使用量（万t）
	薄膜投入	塑料薄膜使用量（t）
	柴油投入	农用柴油使用量（万t）
期望产出	农业产值	农业产值（亿元）
	耕地单产	耕地作物单位面积产量（t/hm^2）

① 赵娟霞，赵佳悦，王明浩．我国环保产业融资效率评价的实证分析［J］．生态经济，2021，37(11)：71-77，85.

续表

指标类型	指标	释义及单位
非期望产出	气体废物	碳排放量（t）
	固体废物	农业污染物排放量（t）
	废水	灌溉废水量（t）

期望产出中农业产值是指农林牧渔业中小农业的产值，耕地单产是耕地粮食作物、油料作物及蔬菜产量的总和与耕地面积的比值。非期望产出中碳排放量主要是用耕地利用过程中化肥、农药、农膜及能源使用情况与对应碳排放系数的乘积之和来表示，涉及的计算系数如表 4-10 所示。其中，农业能源使用情况的碳排放系数主要参考赵荣钦①的相关研究，化肥、农药和农膜使用的碳排放系数分别参考 ORNL（美国橡树岭国家实验室）、IREEA（南京农业大学农业资源与生态环境研究所）和 ORNL 的相关研究。农业污染物排放量包括地膜残留量、化肥流失量和农药流失量三部分。其中，地膜残留量以地膜覆盖面积×每公顷地膜残留量计算，化肥流失量以化肥施用量×（1-化肥有效利用率）计算，农药残留量以农药施用量×（1-农药有效利用率）计算。每公顷地膜残留量、化肥有效利用率和农药有效利用率参考前人研究②和辽宁省政府工作报告，其值分别为 23.99kg/hm^2、37% 和 36%。灌溉废水量的计算主要参考 Xie 等③的计算过程。

表 4-10　各产出要素的碳排放系数

要素	碳排放系数	单位
煤炭	0.54	kg/kg
焦炭	0.83	kg/kg
原油	0.84	kg/kg
汽油	0.81	kg/kg
煤油	0.84	kg/kg
柴油	0.86	kg/kg
燃料油	0.83	kg/kg

① 赵荣钦．城市系统碳循环及土地调控研究［M］．南京：南京大学出版社，2012.

② 赵倩雯．辽宁省农用地膜残留污染现状分析及建议［J］．园艺与种苗，2019，39（4）：51-53，56.

③ Xie H L，Huang Y Q，Choi Y，et al. Evaluating the sustainable intensification of cultivated land use based on emergy analysis［J］. Technological Forecasting & Social Change，2021，165：120449.

续表

要素	碳排放系数	单位
天然气	0.60	kg/m^3
电力	0.10	kg/kW · h
化肥	0.90	kg/kg
农药	4.93	kg/kg
农膜	5.18	kg/kg

4.4.2.2 影响因子指标选取

选取9个具体指标作为影响辽宁省耕地利用可持续集约化测算的因子：①自然条件。选取耕地受灾率、年均降水量两个指标来反映自然环境对耕地利用可持续集约度的影响。耕地受灾率是通过受自然灾害影响的耕地面积与耕地总面积的比值计算所得，能够表现出环境对耕地的影响作用；降水量与作物的生长联系密切，用年均降水量来体现降水因素的影响。②农民属性。选取农村劳动力高中及以上文化水平比例、农村居民消费价格指数、农业收入占农村常住居民人均可支配收入比例及农村劳动力转移量4个指标。农村劳动力高中及以上文化水平比例是用来反映农民的受教育程度和对耕地利用可持续集约化的认知水平；农村居民消费价格指数以2000年为基期，用以衡量农民的生活水平；农业收入占农村常住居民人均可支配收入比例可以反映农业生产给农民带来经济收益；农村劳动力转移量反映农村劳动力的外流情况，计算方法参考侯孟阳等①的相关研究。③机械化。机械化水平的提升在一定程度上能够促进耕地利用的可持续集约化，通过机耕面积占耕地总面积比例来表示。从理论上来看，机械化程度是耕地利用可持续集约化的必要非充分条件。机械化程度一方面能提升耕地利用的可持续集约化水平，另一方面过度机械化会引起大量碳排放，反向抑制耕地可持续集约化水平。故机械化程度虽无法作为衡量耕地可持续集约化的指标，但是可将其作为影响可持续集约化水平的解释变量之一。④政府投资。政府农业投资的增加能够促进耕地利用可持续集约化的开展，用政府农林水支出表示。⑤种植结构。用粮食作物面积与非粮食作物面积之比表示。

① 侯孟阳，邓元杰，姚顺波．农村劳动力转移、化肥施用强度与农业生态效率：交互影响与空间溢出［J］．农业技术经济，2021，（10）：79-94.

4.4.3 评价结果分析

4.4.3.1 基于超效率 SBM 的耕地利用可持续集约化评价

（1）耕地利用可持续集约度

2000~2019 年，辽宁省耕地利用可持续集约化整体呈现“高—低—高”波动变化特征。辽宁省耕地利用可持续集约度平均值为 0.89，大于等于 1.00 的年份 11 个，小于 1.000 的年份 9 个，2000 年出现最小值（0.58），而 2019 年出现最大值（1.06）。根据可持续集约度的波动特征，将其大致划分为三个阶段。第一阶段为 2000~2007 年，可持续集约度整体较高，均值为 0.93。2000 年和 2003 年可持续集约度低于均值，2000 年各要素的投入量都较低，2003 年农用塑料薄膜投入大规模减少，且残留量高，出现投入要素减少的同时非期望产出增加的现象。第二阶段为 2008~2011 年，可持续集约度整体水平较低，均值为 0.70。该阶段，耕地单产有所降低，灌溉废水排放量较高，结果是由期望产出和非期望产出共同引起的。第三阶段为 2012~2019 年，可持续集约度整体较高，均值为 0.94。2014 年和 2018 年明显低于平均水平，2014 年，辽宁省遭受极为严重的干旱天气影响，农作物产量大规模减少①。2018 年，可持续集约度较低主要与耕地单产较低、农业固体污染物较多密切相关。

2000~2019 年，期望产出中耕地单产对可持续集约度的影响作用较强，非期望产出中灌溉废水量与可持续集约度的相关性较强。期望产出中耕地单产的时间变化特征与可持续集约度波动特征基本吻合，而农业产值的时间特征与其相差较大（图 4-17）。非期望产出中，灌溉废水量的变化特征与可持续集约度变化特征较为一致，农业固体污染物和碳排放量整体仅有小幅的提升，灌溉废水量的影响作用较为明显，农业固体污染物和碳排放量的影响较弱（图 4-18）。

（2）耕地利用可持续集约度分解

耕地利用可持续集约度是纯技术效率和规模效率的乘积，其中，纯技术效率表示除投入要素以外，耕地经营管理制度、管理水平等对耕地利用可持续集约化水平的贡献，规模效率表示目前已有投入要素的投入规模。借助 SPSS 软件探索纯技术效率、规模效率与耕地利用可持续集约度间的相关关系，结果如表 4-11 所示。

---

① 崔宁波，王欣媛，于尊．东北粮食主产区耕地生态效率评价及影响因素分析［J］．生态经济，2021，37（7）：104-110.

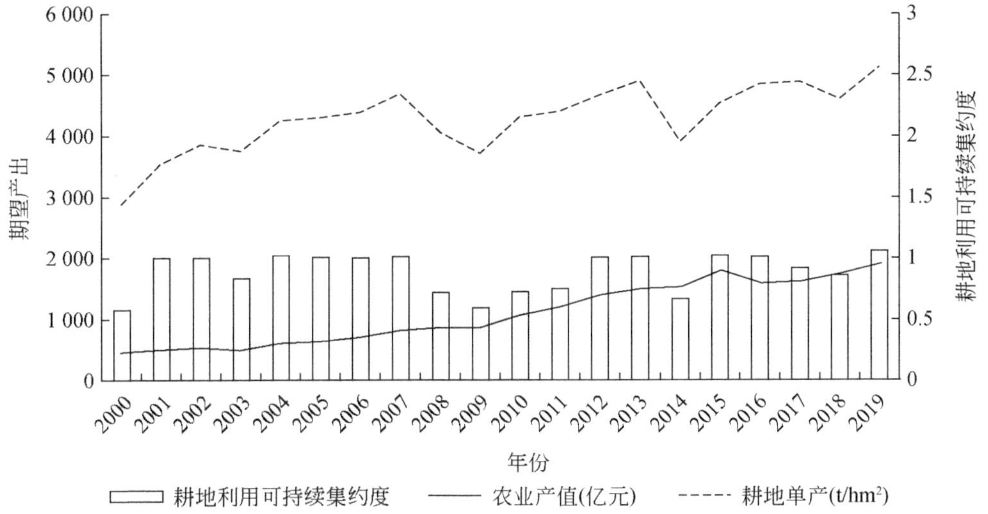

图 4-17　耕地利用可持续集约度与期望产出变化特征

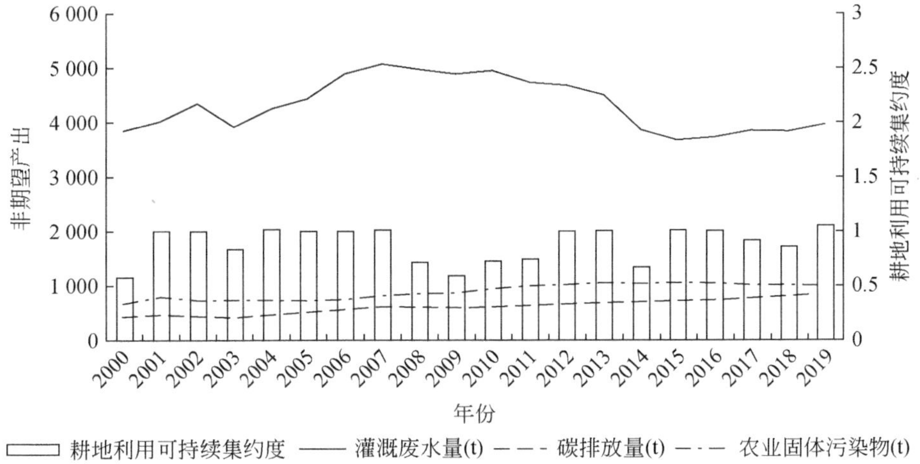

图 4-18　耕地利用可持续集约度与非期望产出变化特征

表 4-11　耕地利用可持续集约度 Pearson 相关性分析

项目	耕地利用可持续集约度
纯技术效率	0.51 *
规模效率	0.82 **

** 相关性在 0.01 水平上显著； * 相关性在 0.05 水平上显著。

表 4-12　耕地可持续集约度分解情况

年份	综合效率	纯技术效率	规模效率	规模收益
2000	0. 58	1. 09	0. 53	增加
2001	1. 01	1. 02	0. 98	增加
2002	1. 00	1. 03	0. 98	增加
2003	0. 84	1. 03	0. 82	增加
2004	1. 02	1. 03	0. 99	增加
2005	1. 00	1. 00	1. 00	增加
2006	1. 00	1. 01	1. 00	增加
2007	1. 01	1. 02	1. 00	增加
2008	0. 72	1. 01	0. 71	增加
2009	0. 59	0. 79	0. 75	增加
2010	0. 73	0. 84	0. 87	增加
2011	0. 75	0. 86	0. 87	增加
2012	1. 00	1. 01	0. 99	增加
2013	1. 01	1. 01	1. 00	增加
2014	0. 67	1. 00	0. 67	增加
2015	1. 02	1. 03	0. 98	增加
2016	1. 00	1. 02	0. 99	增加
2017	0. 92	1. 00	0. 92	增加
2018	0. 86	1. 01	0. 86	增加
2019	1. 06	1. 07	0. 99	增加

从数值上看，2000 ~ 2019 年辽宁省耕地利用可持续集约度的规模效率整体较为无效，2005 年、2006 年、2007 年和 2013 年规模效率达到 1，其余年份均小于 1（表 4-12）；纯技术效率较为有效，仅 2009 ~ 2011 年未达到有效水平，其余年份均实现纯技术效率有效。从变化特征上看，2000 ~ 2019 年耕地利用可持续集约度的规模效率和纯技术效率波动性特征明显。其中，规模效率的变化特征与可持续集约度特征基本一致，纯技术效率值整体上在 1. 00 周围浮动。但 2009 ~ 2011 年规模效率与可持续集约度间差异增大，纯技术效率降低至 0. 83 左右，规模效率和纯技术效率均处于较低水平，共同作用使得可持续集约度下降。从相关性上看，耕地利用可持续集约度与纯技术效率、规模效率间都存在显著的正相关关系，与纯技术效率的相关系数为 0. 51，在 0. 05 水平上显著相关；与规模效率间的相关系数为 0. 82，在 0. 01 水平上显著相关。规模效率对可持续集约度的影响程度相对较大，进而反映与耕地相关的物质投入规模对耕地利用可持续集约度

影响较大。

2000 ~ 2019 年，耕地利用可持续集约度的规模收益一直处在增加状态。规模收益是产出增加量与投入增加量的比值，规模收益增加说明增加 1 单位的投入要素，获得大于 1 单位的产出；规模收益减少则说明增加 1 单位的投入要素，获得小于 1 单位的产出。辽宁省规模收益一直处在增加的状态，表明可以通过增加投入要素规模，继续得到边际收益，得到更多的期望产出（表 4-12）。

4.4.3.2 影响因素分析

运用 Stata 16.0 对辽宁省耕地利用可持续集约度的影响因素进行 Tobit 回归分析，结果见表 4-13。耕地受灾率、农村劳动力高中及以上文化水平比例、种植结构和农业收入占农村常住居民人均可支配收入比例与可持续集约度的相关系数分别为-1.203、0.077、0.461、0.083，在置信度水平为 0.05 时显著相关。其中，耕地受灾率对可持续集约度有较显著的负向影响作用，耕地受灾情况越严重，耕地产出越少。农村劳动力高中及以上文化水平比例、种植结构和农业收入占农村常住居民人均可支配收入比例对可持续集约度存在显著的正向影响。农村劳动力知识水平的提升能间接反映农民对耕地利用可持续集约化的认知情况、对相关政策的理解程度，影响耕地利用可持续集约化进程的推进。种植结构的调整，即粮食作物种植规模的扩大和农民农业收入占比增加都有助于提升可持续集约度。机械化程度、政府农林水支出、年均降水量、农村劳动力转移量和农村居民消费价格指数与耕地利用可持续集约度间的相关系数分别为-0.006、0.001、0.000、-0.002、-0.007，五项指标对耕地利用可持续集约度的影响均不显著。探究其因，辽宁省东部、中部、西部年均降水量数据针对性较低。机械化程度、政府农林水支出、农村劳动力转移量及农村居民消费价格指数虽然对耕地利用可持续集约度影响作用不显著，但四类指标值均随时间增加而增加，能在一定程度上反映出辽宁省农业发展状况，即政府对农业的投资力度在不断增强，同时农村居民的生活水平也在逐年提升，但农村劳动力数量却在减少。

表 4-13　耕地利用可持续集约度影响因素 Tobit 回归结果

影响因素	相关系数	标准误	t	P
耕地受灾率	-1.203	0.265	-4.530	0.000
农村劳动力高中及以上文化水平比例	0.077	0.021	3.630	0.000
机械化程度	-0.006	0.008	-0.700	0.486
政府农林水支出	0.001	0.001	1.090	0.278
年均降水量	0.000	0.000	0.420	0.673

续表

影响因素	相关系数	标准误	t	P
种植结构	0.461	0.118	3.900	0.000
农村劳动力转移量	−0.002	0.003	−0.720	0.473
农村居民消费价格指数	−0.007	0.009	−0.760	0.445
农业收入占农村常住居民人均可支配收入比例	0.083	0.030	2.750	0.006

4.5 本章小结

本章以山东省、辽宁省为例，基于物质流分析、能值分析、超效率 SBM 等不同的方法分别构建了耕地利用可持续集约化的评价模型，对省域层面的耕地利用可持续集约化水平进行了综合评价，得出以下主要结论：

1）基于物质流分析的结果显示：2000～2015 年，山东省耕地直接物质投入（DMI）逐渐减少，物质储存（Stock）和污染物质排放（DPO）呈逐渐增加的趋势。全省各地级市资源生产率呈现半岛沿海地区相对低于南部地区，西北地区资源生产率水平总体较高的变化特征；环境经济效率逐渐增强，即在耕地集约化利用过程中排放的废弃物呈现逐渐增加的趋势，西部地区的环境经济效率高于东部地区。山东省各地区的耕地利用可持续集约化水平的空间格局出现较为明显的演变，呈现“集群化”变化状态，即西部地区呈现逐渐增强的趋势，而东部地区呈现逐渐降低的趋势，耕地利用可持续集约化水平的区域动态变化从高到低排序依次为：鲁西北>鲁北>鲁西南>鲁南>鲁中>半岛沿海。

2）基于能值分析的结果显示：2000～2019 年，山东省耕地利用系统的总能值投入水平呈波动上升趋势，作物产出能值整体呈现出先上升后波动下降的态势；山东省 16 个地级市各分项指标的时空分布呈现出较为明显的演变趋势。2000～2019 年，经营集约化和产出高效化指数呈现出南部地区逐渐上升，中部地区和半岛地区较为稳定，北部地区逐渐下降的变化特征。资源节约化和生态环境不退化指数则呈现出北部地区和中部地区波动上升，南部地区和半岛地区较为稳定的变化特征。社会可持续指数呈现出北部地区先升高后降低，中部地区和南部地区较为稳定，半岛地区波动下降的变化特征。综合来看，山东省 16 个地级市耕地利用可持续集约化水平呈现波动上升的发展趋势，耕地利用可持续集约化水平的时空分布较不均衡，呈现出“集群化”变化特征。总体来看，山东省耕地利用可持续集约化水平整体呈现鲁北地区逐渐升高，鲁中地区先下降后升高，鲁西南地区先升高后下降，鲁南地区逐渐升高，半岛地区波动下降的变化特征，其空间格局的演变趋势较为明显，整体呈现出：鲁南>鲁北>鲁中>鲁西南>半岛沿海>鲁西北的格局特征。

3）基于超效率 SBM 的结果显示：2000 ~2019 年，辽宁省耕地利用的可持续集约度存在明显波动特征，整体略有增加。按其波动特征，将时间划分为三个阶段，各阶段的均值分别为 0.932、0.696 和 0.944，耕地单产和灌溉废水量对可持续集约度的影响作用较大。从耕地利用的可持续集约度分化角度来看，规模效率、纯技术效率分别在置信度为 0.01 和 0.05 下与可持续集约度显著相关，规模效益也一直处于递增状态中。规模效率相较于纯技术效率影响更为显著，增加人力、物力等基础要素投入在长时间内都会对可持续集约度的提升有显著效果。农村劳动力高中及以上文化水平比例、种植结构、农业收入占农村常住居民人均可支配收入比例对耕地利用的可持续集约度有显著正向影响，相关系数分别为 0.077、0.461 和 0.083；耕地受灾率有显著负向影响作用，相关系数为-1.203，其余 5 项因子的影响作用不显著，但在一定程度上能反映出政府对农业的投资力度在不断增强，农村居民的生活水平在逐年提升，农村的劳动力数量却在减少的现状。

通过多种方法测度耕地利用可持续集约化水平，对深入理解耕地利用可持续集约化内涵、推动耕地利用可持续集约化动态过程与效应的研究具有一定价值。但在实证结果分析深化等方面还存在一定不足，尤其是在绿色化、新型城镇化、“五化同步”、耕地保护、土地整治等国家战略布局下，耕地利用可持续集约化水平的区域标准有待通过进一步的研究继续完善；再者，省域层面不同方法的结果可比性、进一步的应用价值等有待进一步深入探索。另外，由于辽宁省市县级相关数据难以完整获取，本章仅对辽宁省近 20 年整体的耕地利用可持续集约化水平进行测度分析，未以市县为单元开展具体的空间分析，内容相对局限。

5 市域层面耕地利用可持续集约化评价

沈阳市是粮食、蔬菜和畜禽产品的重要产区，拥有完善的农业基础和技术支撑，但随着工业化和城市化的不断发展，沈阳市耕地生态系统受到较大扰动，不利于耕地利用的可持续发展。本章聚焦市域层面，运用能值分析构建评价体系，测度 2000 ~ 2019 年沈阳市耕地利用可持续集约化水平的时空格局，综合反映市域层面耕地利用可持续集约化的过程规律和演进趋势，为省会城市合理利用保护耕地、保障粮食安全提供参考。

5.1 沈阳市自然与社会经济概况

沈阳市位于辽河平原中部，属温带大陆性季风气候区，年平均气温 6.2 ~ 9.7℃，全年降水量为 600 ~ 800mm，受季风影响，降水集中在夏季，温差较大，四季分明。因地处东北亚地理中心，中国东北地区的南部，辽宁省的中部，是东北地区经济、文化、交通和商贸中心，也是东北地区唯一特大城市①。沈阳下辖 9 区 1、市、3 县和 2 个国家级开发区。2019 年，沈阳市总人口为 756.39 万人②；全市耕地面积为 75.43 万 hm^2，约占全市土地总面积的 58.47%，人均耕地面积为 0.29hm^2；农作物总播种面积为 68.05 万 hm^2，约占全省总播种面积的 16.14%；GDP 为 6470 亿元，其中，种植业产值 266 亿元，林业 9.4 亿元，畜牧业 247 亿元，渔业 26 亿元，农林牧渔服务业 26 亿元③。

5.2 变量选择与模型构建

根据能值系统图（图 4-5），列出耕地利用系统中主要的能量输入项和输出项，包括可更新资源流、不可更新资源流、社会经济资源流、农产品存量流和废弃物流（表 5-1）。耕地利用可持续集约化并不是耕地利用集约化与可持续性的

---

① 薛冰，肖骁，李京忠，等．基于 POI 大数据的沈阳市住宅与零售业空间关联分析［J］．地理科学，2019，39（3）：442-449.

② 沈阳统计局，国家统计局沈阳调查队．沈阳统计年鉴［M］．北京：中国统计出版社，2020.

③ 数据来源《2019 年沈阳国民经济和社会发展统计公报》。

简单结合，而是实现耕地利用高产出效率和最小的负效应。耕地利用可持续集约化可以看作是生态系统和社会经济系统的能量流、产生的农产品和废弃物之间相互作用的函数。本章使用能值生产率（EPR）、能值产出率（EYR）、环境负载率（ELR）、环境经济效率（EE）、耕地利用可持续集约化指数（SII）五种能值指标构建评价指标体系（表 5-2）。耕地利用可持续集约化指数与能值生产率、能值产出率成正比，与环境负载率、环境经济效率成反比①，可综合反映耕地利用可持续集约化水平：

$$\mathrm{SII}_i=\frac{\mathrm{EPR}_i\times\mathrm{EYR}_i}{\mathrm{ELR}_i\times\mathrm{EE}_i}$$

式中，SII_i 为沈阳市第 i 个行政区的耕地利用可持续集约化指数；EPR_i 为沈阳市第 i 个行政区的能值生产率；EYR_i 为沈阳市第 i 个行政区的能值产出率；ELR_i 为沈阳市第 i 个行政区的环境负载率；EE_i 为沈阳市第 i 个行政区的环境经济效率。

表 5-1　耕地利用可持续集约化基本评价指标

评价指标	变量	含义
可更新环境资源	R	可更新环境资源投入：太阳、风、降水和地球自转
不可更新环境资源	N	不可更新环境资源投入：表层土壤流失、地下水
可更新有机辅助能	R_1	劳动力、种子等所产生的可更新有机辅助能值
不可更新工业辅助能	F	燃料、农药、肥料、地膜、机械等所产生的不可更新工业辅助能值
总能值投入	$U=R+N+R_1+F$	支持耕地利用系统的总能值
粮食产出	Y_G	耕地利用系统中粮食产量的能值
蔬菜产出	Y_V	耕地利用系统中蔬菜产量的能值
油料作物产出	Y_O	耕地利用系统中油料作物产出的能值
农作物总产出	$Y'=Y_G+Y_V+Y_O$	耕地利用系统的农作物产出的总能值
废水	Y_{WW}	耕地利用系统中废水的能值
废气	Y_{WG}	耕地利用系统中废气的能值
废弃物总产出	$W=Y_{WW}+Y_{WG}$	耕地利用系统中废弃物的总能值
总能值产出	$Y_T=Y'-W$	耕地系统的农作物产品和废弃物的总能值

① Xie H L, Huang Y Q, Choi Y L, et al. Evaluating the sustainable intensification of cultivated land use based on emergy analysis [J]. Technological Forecasting and Social Change, 2021, 165 (1): 120449.

表 5-2　耕地利用可持续集约化综合评价指标体系

指标体系	表达式	含义
能值生产率（EPR）	$EPR=\frac{Y_T}{U}$	衡量耕地系统的能量生产效率
能值产出率（EYR）	$EYR=\frac{Y'}{R_1+F}$	衡量人类社会对系统投入的能值回报率
环境负载率（ELR）	$ELR=\frac{N+F}{R+R_1}$	衡量耕地系统造成的环境压力
环境经济效率（EE）	$EE=\frac{W}{R}$	衡量废弃物对环境的压力
可持续集约化指数（SII）	$SII=\frac{EPR\times EYR}{ELR\times EE}$	衡量耕地系统可持续集约化水平

5.3　数据来源

本章使用的数据主要包括 2000～2019 年沈阳市除市中心区外 8 个行政区耕地投入产出数据。其中，劳工量、播种面积、种子数据来源于《全国农产品成本资料汇编》，平均海拔数据来源于中国科学院资源环境科学与数据中心，年平均太阳辐射量、年平均降水量来源于全国温室数据系统，行政区耕地面积、农业机械投入、农用柴油、化肥、农药、地膜、油料作物产量、蔬菜产量等统计数据来源于历年《沈阳年鉴》《沈阳统计年鉴》及沈阳市政府部门网站。通过耕地投入-产出的能量折算系数及能值转化率（表 5-3），将沈阳市的投入-产出能量统一转化为标准的太阳能值，具体计算方法见表 5-4。

表 5-3　沈阳市耕地利用系统投入-产出结构（以 2019 年为例）

项目		单位	太阳能值转换率（sej/J 或 sej/t）	来源	太阳能值（sej）
R	太阳	J	1.00	王明全等，2006	4.00×10^{19}
	雨水势能	J	8.89×10^{3}	张雪萍等，2005	2.06×10^{19}
	雨水化学能	J	1.54×10^{4}	王明全等，2006	3.04×10^{20}
	地球旋转能	J	2.90×10^{4}	张雪萍等，2005	3.25×10^{20}
N	表土净损失能	J	6.25×10^{4}	孙奇，2010	8.98×10^{20}
F	燃料	t	4.82×10^{15}	Xie et al.，2021	3.29×10^{20}
	氮肥	t	3.80×10^{15}	Xie et al.，2021	2.68×10^{20}
	磷肥	t	3.90×10^{15}	Xie et al.，2021	5.06×10^{19}
	钾肥	t	1.10×10^{15}	Xie et al.，2021	2.42×10^{19}
	复合肥	t	2.80×10^{15}	Xie et al.，2021	2.47×10^{20}

续表

项目		单位	太阳能值转换率（sej/J 或 sej/t）	来源	太阳能值（sej）
F	农药	t	1.62×10^{15}	Xie et al.，2021	5.69×10^{18}
	地膜	t	3.80×10^{14}	Xie et al.，2021	2.73×10^{18}
	农用机械	kW · h	3.97×10^{5}	董佳，2018	5.59×10^{18}
R_1	劳动力	J	7.56×10^{6}	董佳，2018	5.36×10^{21}
	种子	kg	1.11×10^{5}	董佳，2018	4.18×10^{19}
Y'	粮食	J	8.30×10^{4}	Xie et al.，2021	2.50×10^{22}
	蔬菜	J	2.70×10^{4}	Xie et al.，2021	2.37×10^{20}
	油料	J	6.90×10^{5}	Xie et al.，2021	2.86×10^{21}
W	废水	J	6.66×10^{5}	Xie et al.，2021	2.83×10^{19}
	废气	J	4.80×10^{4}	Xie et al.，2021	4.43×10^{19}

资料来源：王明全，王金达，刘景双，等．东北地区农业生态系统的能值分析［J］．干旱地区农业研究，2006，24（6）：183-188；张雪萍，郭艳清，高梅香，周海瑛．黑龙江省西部沙地生态经济系统能值分析——以泰来县为例［J］．经济地理，2005，25（5）：651-654；孙奇．基于能值分析的乡镇耕地生态经济系统评价［D］．开封：河南大学硕士学位论文，2010；Xie H L，Huang Y Q，Choi Y L，et al. Evaluating the sustainable intensification of cultivated land use based on emergy analysis［J］．Technological Forecasting and Social Change，2021，165（1）：120449；董佳．基于能值分析的循环农业评价研究［D］．南京：南京农业大学硕士学位论文，2018.

表 5-4　能值计算方法

项目	计算方法
太阳辐射能	耕地面积（m^2）×年平均太阳辐射（J/m^2）×太阳能值转换率（1.00sej/J）
雨水势能	耕地面积（m^2）×年平均降雨量（m）×水密度（$1\times10^3 kg/m^3$）×平均海拔（m）×重力加速度（$9.8m/s^2$）×能值转换率（8.89×10^3 sej/J）
雨水化学能	耕地面积（m^2）×年降水量（m）×吉布斯自由能（4.94J/g）×水的密度（$1\times10^6 g/m^3$）×能值转换率（1.54×10^4 sej/J）
地球旋转能	耕地面积（m^2）×单位面积热通量（J/m^2）×能值转换率（2.9×10^4 sej/J）
表土净损失能	耕地面积（m^2）×表土侵蚀率×土壤平均有机质含量（%）×有机质能量（J/g）×能值转换率（6.25×10^4 sej/J）
燃料	柴油（t）×能值转换率（4.82×10^{15} sej/J）
氮肥	氮肥（t）×能值转换率（3.8×10^{15} sej/J）
磷肥	磷肥（t）×能值转换率（3.9×10^{15} sej/J）
钾肥	钾肥（t）×能值转换率（1.1×10^{15} sej/J）

续表

项目	计算方法
复合肥	复合肥（t）×能值转换率（2.80×10^{15} sej/J）
农药	农药（t）×能值转换率（1.62×10^{15} sej/J）
地膜	地膜（t）×能值转换率（3.80×10^{14} sej/J）
农用机械	电力（kW·h）×能量折算系数（3.60×10^{6} J/kW·h）×能值转换率（3.97×10^{5} sej/J）
劳动力	播种面积（hm^2）×劳工量（d/hm^2）×能量折算系数（1.26×10^{7} J/d）×能值转换率（7.56×10^{6} sej/J）
种子	种子（kg）×能量折算系数（1.63×10^{7} J/kg）×能值转换率（1.11×10^{5} sej/J）
粮食	粮食产量（t）×粮食单位能量（1.62×10^{10} J/t）×能值转换率（3.80×10^{5} sej/J）
蔬菜	蔬菜产量（t）×蔬菜单位能量（2.46×10^{9} J/t）×能值转换率（2.70×10^{4} sej/J）
油料作物	油料作物产量（t）×食用油单位能量（3.86×10^{10} J/t）×能值转换率（6.9×10^{5} sej/J）
废水	水稻种植面积（hm^2）×单位面积灌溉量（260m^3/hm^2）×污染物滞留率（30%）×水密度（1×10^{6} g/m^3）×吉布斯自由能（4.94J/g）×能值转换率（6.66×10^{5} sej/J）
废气	水稻种植面积（hm^2）×128（d）×1.3（kg/d·hm^2）×热值（5.023×10^{7} J/kg）×能值转换率（4.8×10^{4} sej/J）

5.4 评价结果分析

5.4.1 能值输入-输出的总体变化特征

随着人口和耕地面积的变化，2000～2019 年，沈阳市耕地利用系统总投入能值逐渐减少，总输出能值逐渐增加（表 5-5），耕地利用系统生产能力得到提高。研究期内，沈阳市总能值投入呈现波动下降的缓慢变化过程，由 2000 年的 9.17×10^{21} sej 减少到 2019 年的 7.56×10^{21} sej，减幅达 17.53%。2019 年，社会经济资源能值投入按从大到小的顺序排列依次为劳动力、化肥、燃料、种子、农药、农业机械动力、地膜。其中，农用柴油投入量较 2000 年增加了 24.29%，农业机械动力投入量增加了 123.30%，劳动力投入能值减少了 25.58%，说明农业机械对劳动力起到了一定的替代作用，农业现代化水平得到提高。

表 5-5　沈阳市 2000～2019 年耕地利用系统能值状况

项目 / 年份	太阳能值（sej）							
	R	N	R_1	F	U	Y'	W	Y_T
2000	2.86×10^{20}	7.99×10^{20}	7.26×10^{21}	8.23×10^{20}	9.17×10^{21}	1.49×10^{22}	7.49×10^{19}	1.48×10^{22}
2001	2.94×10^{20}	8.16×10^{20}	6.80×10^{21}	8.35×10^{20}	8.75×10^{21}	1.69×10^{22}	7.14×10^{19}	1.68×10^{22}
2002	2.84×10^{20}	7.92×10^{20}	7.00×10^{21}	8.54×10^{20}	8.93×10^{21}	1.87×10^{22}	6.87×10^{19}	1.86×10^{22}
2003	3.25×10^{20}	7.80×10^{20}	6.54×10^{21}	8.47×10^{20}	8.50×10^{21}	1.98×10^{22}	5.62×10^{19}	1.98×10^{22}
2004	3.04×10^{20}	7.84×10^{20}	6.18×10^{21}	8.78×10^{20}	8.15×10^{21}	2.37×10^{22}	6.93×10^{19}	2.36×10^{22}
2005	3.63×10^{20}	7.94×10^{20}	6.29×10^{21}	9.29×10^{20}	8.37×10^{21}	2.21×10^{22}	7.62×10^{19}	2.21×10^{22}
2006	2.87×10^{20}	8.01×10^{20}	6.18×10^{21}	9.37×10^{20}	8.20×10^{21}	2.09×10^{22}	8.58×10^{19}	2.08×10^{22}
2007	2.87×10^{20}	8.00×10^{20}	5.94×10^{21}	9.69×10^{20}	8.00×10^{21}	2.49×10^{22}	8.42×10^{19}	2.48×10^{22}
2008	3.31×10^{20}	8.00×10^{20}	5.52×10^{21}	9.59×10^{20}	7.61×10^{21}	2.43×10^{22}	7.90×10^{19}	2.43×10^{22}
2009	3.31×10^{20}	8.98×10^{20}	6.06×10^{21}	1.24×10^{21}	8.53×10^{21}	2.29×10^{22}	7.87×10^{19}	2.29×10^{22}
2010	3.25×10^{20}	8.97×10^{20}	6.65×10^{21}	9.51×10^{20}	8.82×10^{21}	2.29×10^{22}	7.88×10^{19}	2.28×10^{22}
2011	3.25×10^{20}	8.98×10^{20}	7.43×10^{21}	9.47×10^{20}	9.60×10^{21}	2.82×10^{22}	7.69×10^{19}	2.81×10^{22}
2012	4.57×10^{20}	8.98×10^{20}	7.50×10^{21}	9.33×10^{20}	9.79×10^{21}	2.83×10^{22}	7.52×10^{19}	2.82×10^{22}
2013	3.92×10^{20}	8.98×10^{20}	7.66×10^{21}	9.50×10^{20}	9.90×10^{21}	2.85×10^{22}	7.30×10^{19}	2.84×10^{22}
2014	3.25×10^{20}	8.98×10^{20}	6.82×10^{21}	9.66×10^{20}	9.01×10^{21}	2.53×10^{22}	7.01×10^{19}	2.53×10^{22}
2015	3.25×10^{20}	8.98×10^{20}	6.70×10^{21}	9.61×10^{20}	8.89×10^{21}	2.43×10^{22}	6.77×10^{19}	2.42×10^{22}
2016	3.25×10^{20}	8.98×10^{20}	5.97×10^{21}	9.34×10^{20}	8.12×10^{21}	2.48×10^{22}	7.39×10^{19}	2.47×10^{22}
2017	3.25×10^{20}	8.98×10^{20}	5.21×10^{21}	9.39×10^{20}	7.37×10^{21}	2.59×10^{22}	7.14×10^{19}	2.58×10^{22}
2018	3.25×10^{20}	8.98×10^{20}	5.40×10^{21}	9.37×10^{20}	7.56×10^{21}	2.46×10^{22}	7.23×10^{19}	2.46×10^{22}
2019	3.25×10^{20}	8.98×10^{20}	5.41×10^{21}	9.33×10^{20}	7.56×10^{21}	2.81×10^{22}	7.26×10^{19}	2.80×10^{22}

农作物产出能值从2000年的1.49×10^{22}sej增加到2019年的2.81×10^{22}sej，增加了88.73%。其中，粮食、蔬菜、油料作物的增幅分别为90.44%、25.55%、82.00%。2000～2019年，排放废弃物的能值总量从7.49×10^{19}sej下降至7.26×10^{19}sej，下降了3.07%，期间有反复波动，如2000～2003年呈现下降趋势，由7.49×10^{19}sej降至5.62×10^{19}sej，降幅24.88%，后增加至2006年的8.58×10^{19}sej，增幅52.47%，后又缓慢降至2016年的7.39×10^{19}sej，降幅13.79%，2016～2019年呈现缓慢上升渐趋平稳的态势。

5.4.2 能值指标的时空分布

5.4.2.1 能值生产率（EPR）和能值产出率（EYR）的时空分布

能值生产率（EPR）是衡量沈阳市耕地利用系统生产效率的指标。能值生产率越高，向耕地中投入同样的资源获得的产量越高，能够体现耕地利用产出是否高效。研究期内，沈阳市耕地利用系统的能值生产率由2000年的1.61波动上升至2019年的3.70，增加了129.40%，可见耕地利用投入更集约、有效（表5-6）。其中，康平县、法库县、沈北新区上升趋势最为明显，空间分布由南高北低逐渐转向从东南向西北呈“U”型分布（图5-1）。

表5-6 沈阳2000～2019年可持续集约化综合评价指标

年份＼指标	能值生产率（EPR）	能值产出率（EYR）	环境负载率（ELR）	环境经济效率（EE）	耕地利用可持续集约化指数（SII）
2000	1.61	1.84	0.21	0.26	52.80
2001	1.92	2.21	0.23	0.24	75.24
2002	2.09	2.38	0.23	0.24	90.86
2003	2.33	2.69	0.24	0.17	152.66
2004	2.90	3.35	0.26	0.23	166.07
2005	2.63	3.07	0.26	0.21	148.38
2006	2.54	2.94	0.27	0.30	92.71
2007	3.10	3.60	0.28	0.29	134.12
2008	3.19	3.76	0.30	0.24	167.11
2009	2.68	3.14	0.33	0.24	106.12
2010	2.59	3.01	0.26	0.24	121.03
2011	2.93	3.37	0.24	0.24	175.02
2012	2.88	3.35	0.23	0.16	255.42
2013	2.87	3.31	0.23	0.19	221.90
2014	2.80	3.25	0.26	0.22	161.85
2015	2.72	3.17	0.26	0.21	156.58
2016	3.04	3.59	0.29	0.23	164.58

续表

指标 年份	能值生产率（EPR）	能值产出率（EYR）	环境负载率（ELR）	环境经济效率（EE）	耕地利用可持续集约化指数（SII）
2017	3.51	4.21	0.33	0.22	202.36
2018	3.25	3.89	0.32	0.22	176.85
2019	3.70	4.43	0.32	0.22	229.61

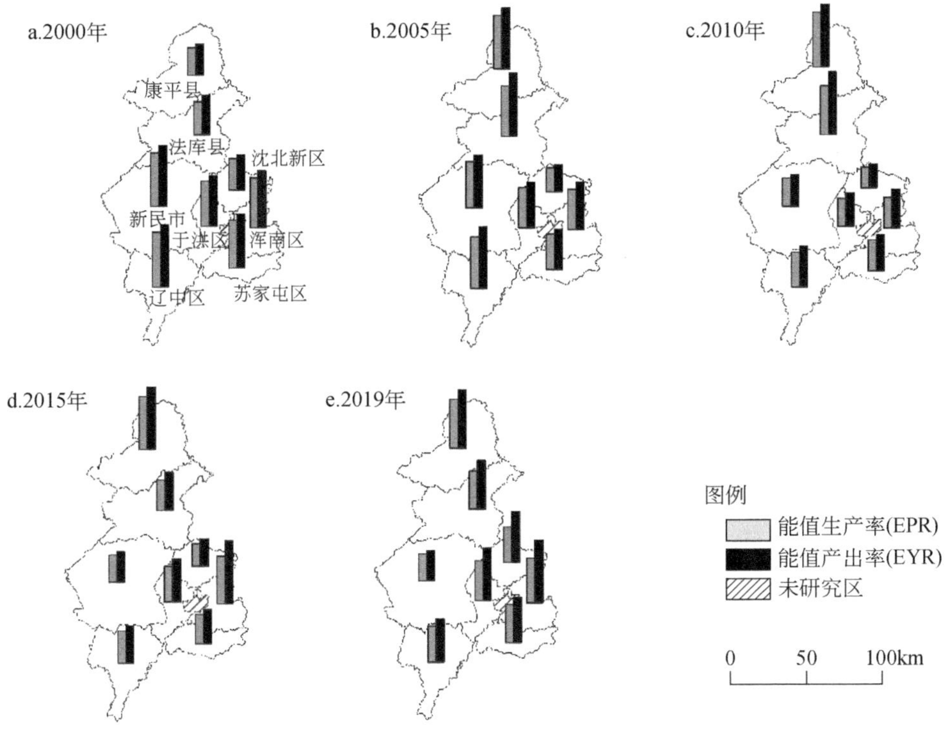

图 5-1　沈阳市能值生产率（EPR）和能值产出率（EYR）的时空特征

能值产出率（EYR）反映了耕地利用系统的能值投资回报，用来衡量耕地利用系统对经济活动的净贡献率和系统资源的利用效率，能够反映耕地利用是否集约、节约。如果耕地利用系统产出的能值大于经济系统的投入，则能值产出率大于1。研究期内，沈阳市2000年的能值产出率最低，为1.84，2019年最高，为4.43，较2000年增加了140.76%。这表明沈阳市耕地利用系统在社会经济活动中整体竞争力较强、资源利用日益充分。2000～2019年，沈阳市各行政区能值产出率大体呈波动上升趋势，增幅从高到低依次为：康平县>沈北新区>法库县>浑南区>苏家屯区>于洪区>辽中区>新民市。总体看来，沈阳市能值产出率也呈现由南高北低逐渐转向从东南向西北呈“U”型分布的空间格局。

5.4.2.2 环境负载率（ELR）和环境经济效率（EE）的时空分布

环境负载率（ELR）是不可更新社会经济资源和不可更新环境资源投入能值总和与可更新社会经济资源和可更新环境资源投入能值总和的比值。该比值越大，耕地利用系统的可持续性越弱，可反映耕地利用对社会可持续性、代际公平的影响。2000～2019 年，沈阳市环境负载率整体呈“M”型变化趋势，2019 年较 2000 年增加了 48.69%，这与不可更新能值投入增多有关。除辽中区、新民市的环境负载率呈现波动下降的态势外，皆呈波动上升趋势，空间格局由北高南低逐渐转变为从东南向西北呈“U”型分布（图 5-2）。研究区中，法库县的环境负载率均值最大，为 0.37，这与该地区降水量偏少，不可更新能值投入较多有关。

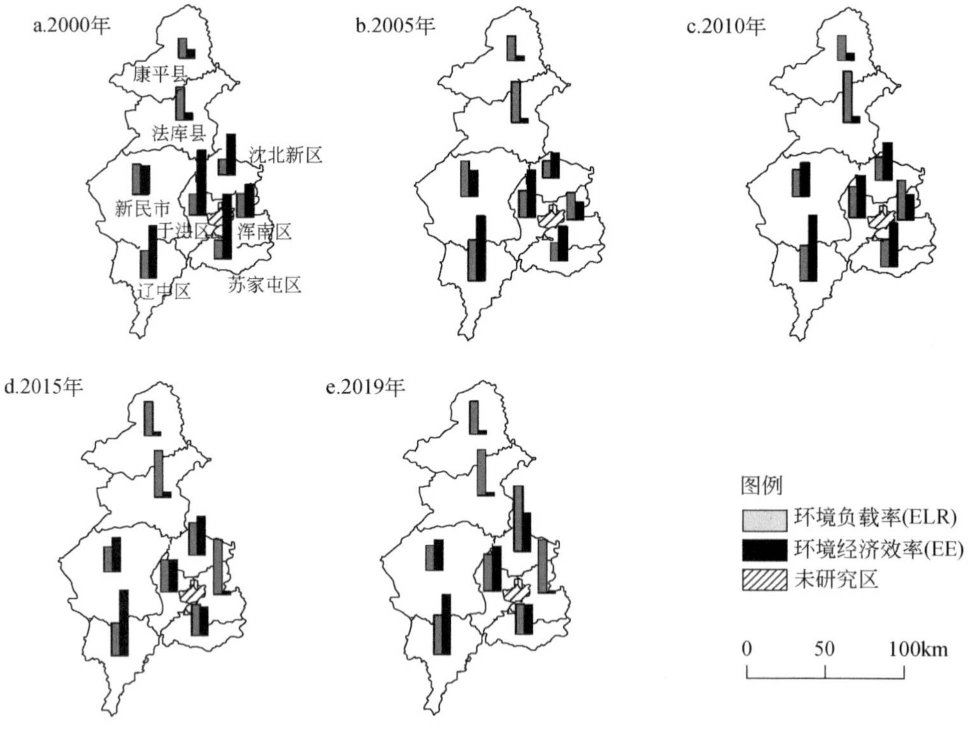

图 5-2　沈阳市环境负载率（ELR）和环境经济效率（EE）的时空特征

废弃物是生产过程的副产品，从生态角度来看，它们作为原材料参与生物圈循环；然而，从经济和社会的角度来看，在更短的时空尺度上，它们是不可利用的产出，甚至是对环境有害的产出。环境经济效率（EE）用于反映废弃物对环境的压力，2000～2019 年，沈阳市的环境经济效率呈“W”型变化，整体呈现减少的态势，由 2000 年的 0.26 降至 2019 年的 0.22，减少了 15.38%。沈阳市各行政区的环境经济效率从东南向西北逐渐减少，且除沈北新区、辽中区、新民市外，均呈现波动下降的趋势，其中苏家屯区、浑南区、康平县、法库县下降趋势最明显，这与水稻种植面积的变化有关。空间格局由南高北低逐渐转为从东南向西北呈倒“U”型分布（图 5-2）。

5.4.2.3 耕地利用可持续集约化指数（SII）的时空分布

耕地利用可持续集约化指数（SII）综合反映了耕地利用的可持续集约化水平。2000 年，法库县耕地利用可持续集约化水平最高（图 5-3），可持续集约化指数为 110.76，这与其农业劳动力充足、种子投入能值大、不可更新工业辅助能投入较多，而水稻种植面积小有关，耕地生态经济系统运转效率较高。其次为康平县、浑南区、新民市、辽中区、苏家屯区、于洪区、沈北新区，SII 值分别为 95.04、72.64、72.58、46.17、40.57、32.03、30.64，变异系数为 0.48，由东南向西北呈“U”型分布，最低点位于于洪区、沈北新区。

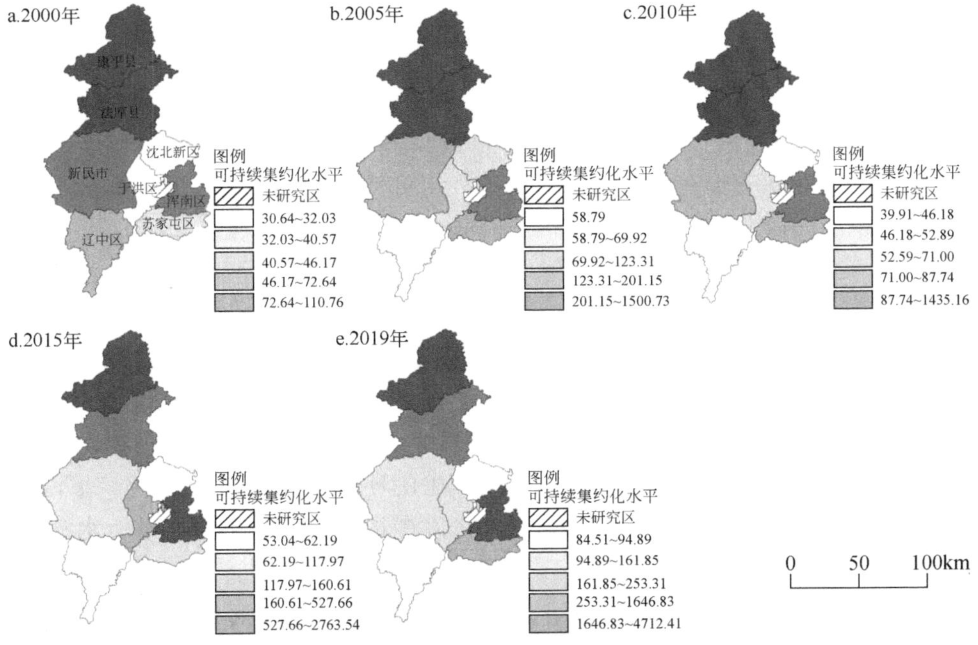

图 5-3 沈阳市耕地利用可持续集约化的时空格局

2005 年，康平县、法库县的耕地利用可持续集约化水平相对较高（图 5-3），SII 值分别为 1500.73、1041.33，这与两县农业劳动力充足、不可更新工业辅助能投入较高有关；浑南区、新民市、苏家屯区处于中等水平，SII 值分别为 201.15、123.31、106.80；而沈北新区、于洪区、辽中区的水平较低，SII 值分别为 69.92、69.12、58.79，变异系数为 1.40。各行政区耕地利用可持续集约化水平较 2000 年均有所提高，空间格局为由东南向西北呈“U”型分布，最低点位于辽中区。其中，康平县提升幅度最大，为 1479.09%，这与该年康平县降水增多，不可更新工业辅助能投入增加 20.66%，水稻种植面积减少 36.93%，系统运行消耗的生态资本降低有关。

2010 年，康平县的耕地利用可持续集约化水平最高（图 5-3），SII 值为 1435.16；法库县、浑南区较高，SII 值分别为 784.61、87.74；新民市、苏家屯区、于洪区、辽中区、沈北新区的 SII 值较低，依次为 71.00、66.81、52.89、46.18、39.91，变异系数为 1.60。沈阳市各县区耕地利用可持续集约化水平均下降，这可能与该年降水量减少到 2005 年的约 40%，农产品产出减少有关，沈阳市耕地利用可持续集约化水平依然由东南向西北呈“U”型分布，最低点位于辽中区、沈北新区。

2015 年，康平县、浑南区耕地利用可持续集约化水平较高（图 5-3），SII 值分别为 2763.54、2124.61；法库县、于洪区、苏家屯区、新民市耕地利用可持续集约化处于中等水平，SII 值分别为 527.66、160.61、117.97、106.88；辽中区、沈北新区的耕地利用可持续集约化水平最低，SII 值分别为 62.19、53.04，变异系数为 1.46。各县区耕地利用可持续集约化水平除法库县外，均较 2010 年有所提高。其中，浑南区上升幅度最大，增幅 2321.54%，这主要与其该年降水量增多、水稻种植面积减少有关。沈阳市耕地利用可持续集约化水平的空间分布格局依然为由东南向西北呈“U”型分布，最低点位于辽中区、沈北新区。

2000～2019 年，沈阳市耕地利用可持续集约化指数呈波动上升趋势，到 2019 年，可持续集约化指数由 2000 年的 52.80 增至 229.61，增幅 334.87%，变异系数为 1.38。各行政区耕地利用可持续集约化水平均得到提高，由东南向西北呈“U”型分布的空间格局没有发生明显变化（图 5-3），主要的原因是康平县、法库县、浑南区的水稻种植面积远低于于洪区、苏家屯区、辽中区、沈北新区等地区，排放的废弃物能值较低，耕地利用产生的环境压力较小。其中，康平县耕地利用可持续集约化水平最高，这与其经济发展迅速、农业投资充足、水稻种植面积小、废弃物产量少关系密切；浑南区耕地利用可持续集约化水平变化最大，这与其水稻种植面积减少 95.86%，投入能值减少 63.81% 有关；辽中区耕地利用可持续集约化水平增幅最小，这与其经济发展相对较慢、水稻种植面积变化较小有关；随着时间的推移，各行政区耕地利用可持续集约化水平之间的差距由大变小。

5.5 本章小结

许多学者在不同尺度上对耕地利用系统的可持续集约利用进行了评价，但大多集中在国家层面①、省域层面②、市域层面③等大、中尺度上，较少有学者以县域为评价单元对耕地利用可持续集约化水平进行分析和评价。县域尺度研究需要更加精确的数据，不同指标数据的获取难度相应增加，通常导致不同研究结果也不同。由于缺少地下水统计数据，对不可更新环境资源的能值投入，本章仅考虑了净土壤表层流失能值。农业生产应考虑农业活动的环境承载力④，故将耕地利用系统产出的污染物和废弃物⑤纳入测算，但由于缺乏数据，本章仅考虑水稻种植中排放的废水和甲烷，而这可能导致农业生产对环境造成的负面影响的估计偏低。

以能值流表征系统输入和输出物质的流动过程，可以让研究者观察到这些物质在作用于预期目的时，在系统中贡献的相对大小。本章研究表明，来自社会经济系统的能值投入对耕地利用系统产出作用最大，年平均贡献率为 86.11%，这与王明全等⑥研究所得的“辽宁主要依靠人工辅助能源的大量投入来获得产量的提高”的结论相吻合。滕佳霏和周腾禹⑦对 2010～2017 年沈阳市土地生态安全进行评价分析，发现土地生态安全压力指数呈下降趋势，这与本章所得的“沈阳市的环境经济效率整体呈现减少的态势”的结论相一致。2000～2019 年，沈阳市的环境经济效率下降了 15.38%，说明废弃物对环境的压力减少。沈阳市城郊农

① 姚成胜，黄琳，吕晞，等．基于能值理论的中国耕地利用集约度时空变化分析［J］．农业工程学报，2014，30（8）：1-12.

② 牛善栋，吕晓，史洋洋．山东省农地利用可持续集约化的时空格局［J］．应用生态学报，2018，29（2）：607-616.

③ 金丹，卞正富．徐州耕地生态经济系统结构、功能及可持续性能评价［J］．中国土地科学，2010，24（2）：38-44.

④ Zhang B，Jin P F，Qiao H，et al. Exergy analysis of Chinese agriculture［J］．Ecological Indicators，2019，105：279-291.

⑤ Xie H L，Chen Q R，Wang W，et al. Analyzing the green efficiency of arable land use in China［J］．Technological Forecasting and Social Change，2017，133：15-28.

⑥ 王明全，王金达，刘景双，等．东北地区农业生态系统的能值分析［J］．干旱地区农业研究，2006，24（6）：183-188.

⑦ 滕佳霏，周腾禹．基于 DPSIR 模型的沈阳市土地生态安全评价［J］．国土与自然资源研究，2020，（3）：36-37.

田土壤重金属含量大都超过了沈阳市土壤背景值，威胁食品安全与人体健康，这与耕地利用过程中过度施用化肥、农药，以及养殖业的发展，污水灌溉耕地等有关①。但总体看来，沈阳市耕地利用系统中资源的开发和利用逐渐充分，可持续集约化水平不断提高。在此，提出以下展望及建议：①产量、产物的营养价值和环境性能指标是衡量可持续集约化的标准②，未来可通过氮平衡和水生产力等指标度量耕地的环境性能，量化耕地利用可持续集约化的潜力；②可通过建立农户耕地利用数据管理系统选择最佳耕地利用方式，提高耕地利用的可持续集约化水平；③应不断探索耕地利用可持续集约化技术，建立开发及采纳的激励机制，促进耕地利用系统的科学利用、资源保护及生态服务产生适应性响应③；④协调农业生产空间布局，推动实现地区公平。

本章基于能值分析法，对沈阳市耕地利用能值输入-输出的总体变化特征、能值生产率、能值产出率、环境负载率、环境经济效率、可持续集约化水平的时空格局进行探讨，以反映沈阳市耕地利用可持续集约化转型的过程，得到以下结论：

1）2000～2019 年，沈阳市耕地生态经济系统投入能值总体减少了 17.53%，输出能值总体增加了 88.73%。来自社会经济系统的能值投入对耕地生态经济系统产出作用最大，年平均贡献率为 86.11%。

2）2000～2019 年，能值生产率和能值产出率逐渐提高，分别增加了 129.40%、140.76%，各行政区均呈现波动上升的趋势，由南高北低逐渐转为从东南向西北呈“U”型分布。环境负载率呈“M”型变化，总体增加了 48.69%，空间格局由北高南低逐渐转变为从东南向西北呈“U”型分布，环境经济效率呈“W”型变化，总体下降了 15.38%，空间格局由南高北低逐渐转变为从东南向西北呈倒“U”型分布。

3）2000～2019 年，沈阳市耕地利用可持续集约化水平呈波动上升趋势，总体增加 334.87%，各行政区均得到提高，由东南向西北呈“U”型分布的空间格局没有发生明显变化，自然环境条件、社会经济系统能值投入、水稻种植面积差异是空间格局分异的重要原因。

---

① 李晓臣，周春艳．沈阳市农田土壤污染损害现状评估及原因分析［J］．科学技术创新，2020，(15)：2-3.

② Cassman K G，Grassini P. A global perspective on sustainable intensification research［J］．Nature Sustainability，2020，3（4）：262-268.

③ 彭文龙，吕晓，辛宗斐，等．国际可持续集约化发展经验及其对中国耕地保护的启示［J］．中国土地科学，2020，34（4）：18-25.

6　农户层面耕地利用可持续集约化研究

农户是耕地利用中最基本、最重要的微观社会经济主体和独立决策单元，处于人口、经济与资源环境矛盾的核心。厘清农户微观视角下区域耕地利用演变规律，多维推动耕地利用可持续集约化转型成为协调农村人地关系和谐发展的必经之路。本章聚焦农户尺度，基于在东营垦利、日照五莲、泰安东平、济宁曲阜等山东省多个县市开展的实地调研和问卷调查，获取近八百份农户调查问卷，在构建理论框架的基础上进行实证探究并提出相应的调控对策。首先，运用物质流分析方法（MFA）对耕地利用可持续集约化水平进行测度，构建 Tobit 模型分析农户层面耕地可持续集约利用的影响因素及作用机理。其次，借鉴心理学的自我效能理论，阐明了耕地利用可持续集约化影响农户耕地转入意愿及其耕种面积的作用机理，通过 Logistic、OLS 模型量化可持续集约化因子对规模经营的影响程度，进一步利用增强回归树模型刻画可持续集约因子影响规模经营的动态曲线。最后，借助能值分析，构建耕地利用可持续集约化评价体系，测度耕地利用可持续集约化水平，探讨农户生计转型与耕地利用可持续集约化的互馈影响。

6.1　农户耕地利用的可持续集约化水平差异及其影响因素

6.1.1　理论框架

结合农户微观主体行为状态和特征，构建农户尺度耕地利用可持续集约化影响因素的理论分析框架（图 6-1）。首先，将影响因素分为两部分：一是农户特征，主要包括个体特征、家庭特征、人口特征等三个方面；二是外部环境，主要包括资源禀赋、环境效应认知和区位环境。其次，综合以上影响因素的作用特点，分析农户利用行为响应，主要包括对经营方式、作物产量、资源利用及生态环境的驱动过程。最后，通过要素整合、结构重组和功能优化，实现环境压力和经济价值之间的平衡，即环境压力最小的前提下经济产出最大化，达到耕地利用可持续集约化的动态平衡状态。

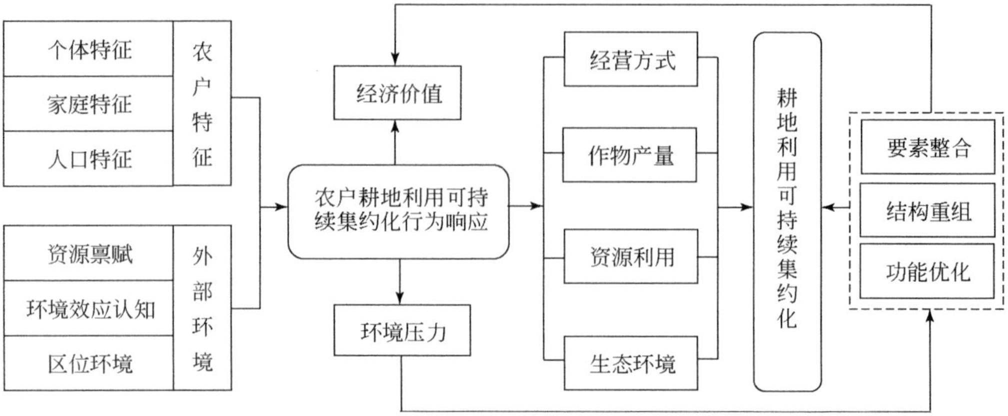

图 6-1　影响因素理论分析框架

基于以上分析框架，深入剖析农户耕地利用可持续集约化影响方式及作用路径，选取影响因子，具体如下。

（1）农户自身特征

农户自身特征主要包括受访者性别、年龄和受教育程度。不同性别、年龄阶段和受教育程度的农户耕地利用行为不同，这可能会导致农户耕地利用可持续集约化程度的差异。年龄较大的农户，为了弥补体力不足和获得高产出，可能会施用更多的化肥和农药进行替代。过量施用农药和化肥会造成土壤理化性状的改变，在一定程度上对生态环境产生负面影响①。另外，年龄较大的农户的收入主要来自于农业生产，其更加愿意保护农业生态环境。对受教育程度较高的农户来说，其对环境友好型农业生产技术的把握和适应能力也比较强，能够迅速将新技术应用到生产中，进行科学施肥和合理化的生产管理②。

（2）农户家庭特征

农户家庭特征主要包括家庭人口数、农业劳动人口、家庭年收入、非农业收入比例。家庭人口数量在一定程度上决定农户耕地经营规模的大小。农业劳动人口数量会影响农户耕地生产方式，当劳动力供给不足时，农户可能会通过增加化肥使用量代替劳动力投入③，造成化肥的过量投入。家庭年收入及非农业收入比

① 梁流涛，翟彬，樊鹏飞．基于 MA 框架的农户生产行为环境影响机制研究——以河南省传统农区为例［J］．南京农业大学学报（社会科学版），2016，16（5）：145-153，158.

② 郭利京，赵瑾．农户亲环境行为的影响机制及政策干预——以秸秆处理行为为例［J］．农业经济问题，2014，35（12）：78-84，112.

③ 臧俊梅，许进龙，田光明，等．村庄整治中农户宅基地权属调整意愿及影响因素研究——基于广州、佛山、惠州共 17 村的调查［J］．土地经济研究，2017，（1）：50-62.

例会影响农户对耕地生产过程投入，当非农业收入比例较高时，农户可能更愿意投入较多的化肥和农药，势必会给农业环境带来负面影响。

(3) 经营土地特征

经营土地特征主要包括耕地面积、地块破碎程度。耕地经营面积大不仅能带来规模经济效应，而且能减少农业生产对农业环境的负面影响。一是能够有效地降低单位耕地面积的固定投入成本和管理成本，以更低的成本获取农业生产技术信息和采用现代农业技术，有利于环境友好型生产技术的推广；二是增加了农户对环境友好型生产技术的采纳能力。土地细碎化是指农户所拥有的耕地被人为地分割为零碎的、分散的、若干面积不一的地块的现象①。这在一定程度上不利于农业机械化作业，降低生产效率。同时，农户根据自身经验统一管理，会造成化肥和农药的过量投入，对农业生态环境造成威胁，不利于耕地利用的可持续集约化转型。

(4) 农户环境效应认知

农户环境效应认知在一定程度上影响耕地利用可持续集约化水平。环境效应认知程度高的农户，其环保意识强，对耕地质量保护会更加重视，在生产过程中会采用合理的耕作方式，减少化肥和农药的使用，降低耕地利用过程中对环境产生的压力。

(5) 区位因素

区位因素包括区位虚拟变量和到最近城镇的距离。在城镇化不断发展的背景下，区域虚拟变量对农户有较大影响力，到最近城镇的距离一定程度上可以体现经济发展水平。在经济发展水平不同的地区，以及自然地理条件不同的城镇，农户的环境认知及耕地利用可持续集约化水平具有明显的区域差异。

6.1.2 研究区域与数据来源

6.1.2.1 研究区概况

选取山东省东部沿海地区的日照市五莲县，黄河三角洲平原的东营市垦利区，以及鲁中山区的泰安市东平县三个地区作为研究区域。选取的研究区不仅在地理空间分布上均衡，而且从区域发展梯度上来看，经济较为发达的垦利区、传统的农业大县东平县，以及以农业发展为主的五莲县间形成对比，可以为其他县

① 梁流涛，翟彬，樊鹏飞. 基于 MA 框架的农户生产行为环境影响机制研究——以河南省传统农区为例［J］. 南京农业大学学报（社会科学版），2016，16（5）：145-153，158.

域耕地可持续利用提供参考，具有较好的典型性。

五莲县地处山东省东南低山丘陵区，位于东经 118°55′～119°32′，北纬 35°32′～35°59′，海拔高度在 18～706m，以山地丘陵为主，北部、西部有小块平原，山地、丘陵、平原分别约占总面积的 50%、36% 和 14%。土地总面积为 1440km²，耕地约 75 万亩，人均耕地 1.2 亩。五莲县经济发展水平相对较低，但农业发展势头明显。2015 年，全县常住人口 49.72 万人，农业人口 31.74 万人；实现农林牧渔业总产值（现价）39.2 亿元；农村居民和城镇居民人均可支配收入分别达到 13 037 元和 23 330 元，分别比上年增长 8.5% 和 8.3%。2016 年末全县人口城镇化率达到 44.93%，比上年提高了 2.16 个百分点。

东平县位于山东省西部地区，北纬 35°46′24″～36°10′20″，东经 116°02′52″～116°39′44″，地势东北高、西南低，地貌类型主要包括山地、丘陵、平原、洼地、湖泊。其中，丘陵主要分布在东平县的北部，平原大多分布在东平县南部，属于冲积平原，土壤构型良好，适宜农业种植。洼地主要分布在东平湖区，属黄河冲积平原。东平县是传统农业大县，工业基础相对薄弱。总人口 78 万，其中，农业人口 44.7 万人，占总人口 58.65%。土地总面积 1343km²，辖 14 个乡镇，708 个行政村。农业龙头企业迅速发展，销售收入 100 万元以上的已达 93 家，其中省级龙头企业 2 家，市级龙头企业 6 家。

垦利区位于山东省东北部黄河三角洲地区的黄河入海口处，区域位置为北纬 37°24′～38°10′，东经 118°15′～119°19′，以平原为主。2016 年，农用地面积为 115 573hm²，其中耕地面积为 46 213hm²。垦利区经济发展水平相对较高，新型农业经营主体不断壮大。2016 年 GDP 达 372.1 亿元，比上年增长 7.6%；城镇化率达 41.35%；城镇居民人均可支配收入为 35 552 元，农村居民人均可支配收入为 14 442 元；农业人口 16.9 万人，农村劳动力 6.2 万人；农业产值达 77.1 亿元；各类农民专业合作社数量有 565 个，家庭农场有 359 个。

6.1.2.2 数据来源

2017 年 6 月至 8 月，由吕晓教授及研究生、本科生组成的农户调查组先后赴这 3 个地区采用随机抽样方式，进行入户调查。其中，日照市五莲县共调研 9 个乡镇，19 个村，162 个农户，收回有效问卷 162 份；东营市垦利区共调研 5 个乡镇，10 个村，110 个农户，收回有效问卷 110 份；泰安市东平县共调研 6 个乡镇，12 个村，121 个农户，收回有效问卷 121 份；剔除无效问卷 5 份，共收回有效问卷 388 份，问卷有效率为 98%。

调查主要从农户的性别、年龄、文化程度、总收入、家庭人口数、地块数、承包地块面积、总经营土地面积、家庭主要收入来源、家庭人均年收入等方面分析样本农户的基本情况（表6-1）。可以发现，受访者男性相对较多，占比为65.46%；受访者年龄多分布在50～70岁，占总数的65.46%，30岁以下的仅占0.77%；文化程度多为初中及以下水平，占比为89.43%；家庭人口数大于5的占较多比例，为37.88%；样本农户的地块数多为3～10块，占比56.18%；承包地块面积10亩以内占比75.77%，总经营面积为10亩以内的占比69.33%；家庭主要收入来源中，外出打工的共有197户，占总调查户数的50.77%；家庭总收入3～7万的户数有112户，占比为28.87%；家庭人均年收入7000元以上占较高比例，占比达64.21%。

表6-1　样本农户基本状况

项目	类别	人数（人）	比例（%）
性别	男	254	65.46
	女	134	34.50
年龄	<18	0	0
	[18，30)	3	0.77
	[30，50)	76	19.59
	[50，70)	254	65.46
	≥70	55	14.18
文化程度	文盲	88	22.68
	小学	116	29.90
	初中	143	36.85
	高中	35	9.02
	大专及以上	6	1.55
总收入	1万元以下	70	18.04
	1～3万元	82	21.13
	3～7万元	112	28.87
	7万元以上	124	31.96
家庭人口数	1人	4	1.03
	2人	76	19.59
	3人	76	19.59
	4人	85	21.91
	≥5人	147	37.88

项目	类别	人数（人）	比例（%）
地块数	<3	102	26.29
	[3，10)	218	56.18
	≥10	68	17.53
承包地块面积	<5	157	40.46
	[5，10)	137	35.31
	[10，15)	55	14.18
	[15，20)	12	3.09
	≥20	27	6.96
总经营土地面积	<5	143	36.86
	[5，10)	126	32.47
	[10，15)	40	10.31
	[15，20)	16	4.12
	≥20	63	16.24
家庭主要收入来源	农业收入	126	32.47
	自主经营	65	16.75
	外出打工	197	50.77
家庭人均年收入	1000元以下	21	5.41
	1000～3000元	57	14.69
	3000～5000元	25	6.44
	5000～7000元	32	8.25
	7000元以上	253	64.21

6.1.3 研究方法与过程

6.1.3.1 基于物质流的耕地利用可持续集约化水平测度

结合前文所述，将物质流分析引入农户层面耕地利用的可持续集约化评价，基于 MAF 框架下的耕地利用动态变化系统中，基本要素包括物质输入部分的资源生产率和隐藏流，物质输出部分的环境经济效率和物质储存。

(1) 输入数据的处理

总物质输入（DMI）为化肥、农药、除草剂、地膜、氧气、水、柴油输入的总和。具体计算方法如下：

1）化肥、地膜、柴油数据。该数据均来自山东省典型地区农户调查问卷数据。

2）农药、除草剂数据。根据调查结果，农户对不同作物施用不同种类农药与除草剂，选取不同地区不同作物的主要使用类型的农药和除草剂，参考农药和除草剂的地区价格，计算农药和除草剂使用量，进而计算出所调查农户的农药与除草剂消耗量。具体如表 6-2、表 6-3 所示。

表 6-2 农药使用量统一标准

<table>
<tr><th rowspan="2">地区</th><th colspan="2">小麦</th><th colspan="2">玉米</th><th colspan="2">花生</th><th colspan="2">棉花</th><th colspan="2">蔬菜</th></tr>
<tr><th>主要种类</th><th>单位价格（元/ml）</th><th>主要种类</th><th>单位价格（元/ml）</th><th>主要种类</th><th>单位价格（元/ml）</th><th>主要种类</th><th>单位价格（元/ml）</th><th>主要种类</th><th>单位价格（元/ml）</th></tr>
<tr><td rowspan="2">五莲县</td><td rowspan="2">甲维盐 300ml</td><td rowspan="2">0.02</td><td>啶虫脒 200ml</td><td>0.2</td><td>天达 25ml</td><td>0.8</td><td>哒螨灵 200ml</td><td>0.0425</td><td rowspan="2">哒螨灵 200ml</td><td rowspan="2">0.0425</td></tr>
<tr><td>萎锈 50ml</td><td>0.1</td><td>氯氟氰菊酯 300ml</td><td>0.02</td><td>氧乐果 300ml</td><td>0.027</td></tr>
<tr><td rowspan="2">垦利区</td><td>吡虫啉 500ml</td><td>0.028</td><td rowspan="2">高效氯氟氰菊酯 300ml</td><td rowspan="2">0.02</td><td rowspan="2">辛硫磷 300ml</td><td rowspan="2">0.04</td><td rowspan="2">阿维菌素 200ml</td><td rowspan="2">0.055</td><td rowspan="2">辛硫磷 300ml</td><td rowspan="2">0.04</td></tr>
<tr><td>啶虫脒 500ml</td><td>0.04</td></tr>
<tr><td>东平县</td><td>甲酸盐 200ml</td><td>0.0375</td><td>甲酸盐 200ml</td><td>0.0375</td><td>啶虫脒 500ml</td><td>0.028</td><td>高效氯氟氰菊酯 500ml</td><td>0.0225</td><td>甲酸盐 200ml</td><td>0.0375</td></tr>
</table>

表 6-3　除草剂使用量统一标准

地区	小麦		玉米		花生		棉花	
	种类	单位价格（元/ml）	种类	单位价格（元/ml）	种类	单位价格（元/ml）	种类	单位价格（元/ml）
五莲县	乙草胺 500ml	0.018	甲乙莠 200ml	0.025	精喹禾灵 20ml	0.25	—	—
			乙草胺 500ml	0.018				
垦利区	烟嘧莠去津 100ml	0.07	烟嘧莠去津 100ml	0.07	精喹禾灵 30ml	0.2	草甘膦 200ml	0.025
			乙草胺 250ml	0.034				
东平县	乙草胺 250ml	0.034	乙草胺 250ml	0.034	精喹禾灵 30ml	0.2	—	—

3）灌溉水数据。根据典型农户灌溉面积，结合作物生长需水量计算：

$$\mathrm{IW} = \sum_{i=1}^{n} k_1^i S_1^i, \quad i = 1,2,3,\cdots,7 \tag{6-1}$$

式中，IW 为灌溉水用量；k_1^i 为各类作物生长期年均耗水量；$i=1$，2，3，…，7 分别代表水稻、玉米、小麦、豆类、花生、油菜及纤维作物；k_1^i 对水稻、玉米、小麦、豆类、花生、油菜及纤维作物年均耗水量分别取值 500mm、450mm、390mm、338mm、443mm、329mm、300mm①；S_1^i 为耕地面积。

4）氧气数据。根据耕地利用过程中的生产特点，将土壤呼吸纳入氧气消耗核算中。

$$\mathrm{OS} = \frac{32}{44}\mathrm{CdS} \tag{6-2}$$

式中，OS 为土壤呼吸耗氧量，CdS 为土壤呼吸 CO_2 的排放量。

（2）输出数据的处理

总物质输出（DPO）为地膜残留、化肥流失、农药流失、除草剂流失、柴油排放、土壤呼吸排放 CO_2 的输出总和。具体计算方法如下：

1）地膜残留数据：

$$\mathrm{DcS} = \mathrm{DS} \times 0.097 \tag{6-3}$$

① 李新红．全国农业灌溉需水量及区域特性研究［D］．北京：清华大学博士学位论文，2005.

式中，DcS 为地膜残留量，DS 为典型农户地膜使用总量，0.097 为华北地区农田地膜残留系数①。

2）化肥流失数据：

$$FS = \sum_{i=1}^{3} (1 - k_2^i) m_1^i, \quad i = 1,2,3 \tag{6-4}$$

式中，FS 为化肥流失；k_2^i 为肥料有效利用率，按照当前国内肥料利用及作物养分管理研究结果，我国氮肥、磷肥、钾肥、复合肥有效利用率分别取 30%、40%、15%、30%；m_1^i 为各肥料施用量；i=1，2，3 分别代表氮肥、磷肥及钾肥。

3）农药、除草剂流失数据：

$$PL = (1 - k_3) m_2 \tag{6-5}$$

$$HL = (1 - k_4) m_3 \tag{6-6}$$

式中，PL 为农药流失，m_2 为农药使用量，k_3 为农药有效利用率；HL 为除草剂流失，m_3 为除草剂使用量，k_4 为除草剂有效利用率；农药、除草剂利用率按 30% 计算②，即 k_3 为 30%，k_4 为 30%。

4）柴油燃烧排放 CO_2、SO_2、NO_x 等污染物数据：

农用柴油燃烧排放 CO_2 折合为标准煤 CO_2 排放系数，计算公式如下：

$$mCO_2 = \sum P_i F_i C_i \tag{6-7}$$

式中，P_i 为化石燃料的消耗量，F_i 为化石燃料的有效氧化系数，标准煤为 0.982，C_i 为单位燃料中的含碳量，每吨标准煤的平均含碳量为 0.85，CO_2、SO_2、NO_x 按污染系数为 9.02kg/t、10.53kg/t、1.89kg/t 进行推算③。

5）土壤呼吸排放 CO_2 数据：

$$CdS = KS_2 \tag{6-8}$$

式中，CdS 为土壤呼吸 CO_2 排放量；K 为单位面积土壤呼吸排放 CO_2 量，取值 25.6t/公顷（1706.67kg/亩）；S_2 为耕地面积。

6）秸秆燃烧数据：

$$PR = \sum_{i=1}^{3} k_6^i e_1^i f_1^i m_2^i, i = 1,2,3,\cdots,7 \tag{6-9}$$

式中，i=1，2，3，…，7 分别代表水稻、小麦、玉米、豆类、薯类、油料、纤维作物；k_6^i 为单位质量秸秆燃烧排放污染物，包括 SO_2、NO_x、CO、CO_2、CH_4、

---

① 张丹，胡万里，刘宏斌，等．华北地区地膜残留及典型覆膜作物残膜系数［J］．农业工程学报，2016，32（3）：1-5.

② 数据来自《到 2020 年农药使用零增长行动方案》。

③ 黄和平，毕军，李祥妹，等．区域生态经济系统的物质输入与输出分析——以常州市武进区为例［J］．生态学报，2006，（8）：2578-2586.

$PM_{2.5}$等；k_6^i取值参考相关研究①。e_1^i 为秸秆产生系数（各类作物秸秆产量与作物产量的比值），水稻、小麦、玉米、豆类、薯类、油料、纤维作物的 e_1^i 取值分别为0.98t/t、1.38t/t、0.96t/t、1.5t/t、2t/t、1.75t/t；f_1^i 为秸秆燃烧比例，其取值主要参考相关研究②。

（3）产品储存

产品储存为研究区作物产量，包括小麦、玉米、花生、豆类、薯类等。

（4）隐藏流部分

1）农产品隐藏流是耕地生产过程中未进入耕地物质循环的物质。其计算方法为研究区农产品产量乘以全球平均隐藏流比率1.0③。

2）水土流失。通用土壤流失方程USLE：

$$A=R\cdot K\cdot L\cdot S\cdot C\cdot P \tag{6-10}$$

式中，A 为土壤侵蚀量，单位 t/hm^2；R 为降水量及其强度对土壤表层产生的侵蚀动能；K 为土壤质地与结构，单位 $t\cdot hm^2\cdot MJ\cdot mm$；$L$、$S$ 为土壤所处地面的坡长与坡度，无量纲；C 为植被盖度，无量纲；P 为田间工程保护措施和土壤耕作措施，无量纲。具体计算过程参考苏永等④的文献。

6.1.3.2 基于物质流的耕地利用可持续集约化指数模型

（1）原始指标处理

采用极值标准化法，将指标统一到［0，1］的区间内，以消除指标量纲不同带来的影响。正向指标$x_{ij}=\frac{X_{ij}}{X_{j\max}}$；负向指标$x_{ij}=\frac{X_{i\min}}{X_{ij}}$。式中$x_{ij}$为标准化值，$X_{j\max}$和$X_{i\min}$分别为指标的最大值和最小值。

（2）耕地利用可持续集约化指数模型

耕地利用可持续集约化是资源生产率（MP）、环境经济效率（EE）、物质储存（STOCK）及隐藏流（HF）相互作用的函数，与资源生产率和物质储存成正比，与环境经济效率和隐藏流成反比。即MP与STOCK的值越大，耕地利用可持续集约化程度越高；相反，EE和HF的值越小，耕地利用可持续集约化程度越高。基于物质流分析方法（MFA）框架下耕地利用动态变化系统构建耕地利用

① 王书肖，张楚莹．中国秸秆露天焚烧大气污染物排放时空分布［J］．中国科技论文在线，2008，(5)：329-333.

② 同①。

③ 李晓君．基于物质流方法对山东省循环经济发展的研究［D］．青岛：青岛大学硕士学位论文，2008.

④ 苏永，宋书巧，孙淑颖．基于GIS的USLE方程各因子计算方法研究［J］．现代农业科技，2013，(1)：206-207，209.

可持续集约化指数（I_i）：

$$I_i = \frac{\mathrm{MP}_{im} \times \mathrm{STOCK}_{is}}{\mathrm{EE}_{ie} \times \mathrm{HF}_{ih}} \tag{6-11}$$

式中，I_i为耕地利用可持续集约化指数，MP_{im}为第 i 农户的资源生产率，STOCK_{is}为第 i 农户的物质储存，EE_{ie}为第 i 农户的环境经济效率，HF_{ih}为第 i 农户的隐藏流。

6.1.3.3 基于 Tobit 模型的耕地利用可持续集约化影响因素分析

（1）变量说明

根据以上理论分析，结合农户调查实际情况，分别选择性别、年龄、受教育水平、家庭人口数、农业劳动人口、家庭年收入、非农收入比例、耕地面积、地块破碎程度、环境效应认知、区位虚拟变量及到最近城镇的距离作为模型解释变量（表 6-4）。

表 6-4 变量说明

变量名称			代码	变量含义及计算方式	最大值	最小值	均值	标准差
被解释变量	可持续集约化水平		Y	由计算得出	49 959.06	0	312.55	3367.29
解释变量	农户自身特征	性别	X_1	实际调查数据	2	1	1.34	0.47
		年龄	X_2	实际调查数据（岁）	85	25	57.43	10.61
		受教育水平	X_3	文盲 = 0；小学 = 1；初中 = 2；高中 = 3；中专 = 4；大专及以上 = 5；	6	0	1.40	1.07
	农户家庭特征	家庭人口数	X_4	实际调查数值（人）	9	1	4.15	1.80
		农业劳动人口	X_5	实际调查数值（人）	6	1	2.66	0.89
		家庭年收入	X_6	实际调查数值（元）	2 510 000	0	102 510	210 087
		非农业收入比例	X_7	非农收入/家庭总收入	0.98	0.00	0.40	0.30
	经营土地特征	耕地面积	X_8	实际调查数值（亩）	1550	0.7	22.71	104.99
		地块破碎程度	X_9	地块平均面积(亩/块)	775	0.13	7.18	46.24
	农户环境认知	环境效应认知	X_{10}	由计算得出	3.19	0.00	1.61	0.63
	区位因素	区位虚拟变量	X_{11}	五莲 = 0；垦利 = 1；东平 = 2	2.00	0.00	0.89	0.84
		到最近城镇的距离	X_{12}	到最近城镇的距离（km）	18	0.00	4.44	3.06

为了准确地反映农户环境认知及其对耕地利用可持续集约化的影响，参考相关研究[①]，采用主成分分析法，对环境认知指标进行测算。基于环境效应［包括化肥是否会污染环境（Q_1），是否听说过“化肥农药零增长计划”（Q_2），农药、除草剂是否会污染环境（Q_3），过度施用化肥对环境的影响程度（Q_4），过度施用农药、除草剂对环境的影响程度（Q_5），生产和生活垃圾排放是否带来不良影响（Q_6）］，通过主成分分析法降维处理后获得唯一的环境效应的农户认知变量，来反映农户认知情况（表 6-5）。

表 6-5　农户环境效应认知赋值

变量	变量含义	最小值	最大值	均值	标准差
Q_1	化肥是否会污染环境： 是＝1；否＝0	0	1	0. 500	0. 501
Q_2	是否听说过“化肥农药零增长计划”： 是＝1；否＝0	0	1	0. 180	0. 383
Q_3	农药、除草剂是否会污染环境： 是＝1；否＝0	0	1	0. 750	0. 434
Q_4	过度施用化肥对环境的影响程序： 影响相当严重后＝4；影响较重＝3；影响较轻＝2；没有影响＝1；不知道＝0	0	4	1. 598	1. 061
Q_5	过度施用农药、除草剂对环境的影响程度： 影响相当严重后＝4；影响较重＝3；影响较轻＝2；没有影响＝1；不知道＝0	0	4	2. 067	1. 114
Q_6	生产和生活垃圾排放是否带来不良影响： 是＝1；否＝0	0	1	0. 848	0. 360

计算认知指标的主成分分析中，KMO＝0. 639，sig＝0. 000，Bartlett 检验的 P 值<0. 0001，可见主成分分析是可信的。农户环境效应认知的主成分分析计算结果表明，通过因子负荷除以对应的特征根开平方根获得每个主成分系数，再以每个主成分对应的特征值所占提取主成分总的特征值之和的比例作为权重，计算出农户综合认知模型［式（6-12）］：

$$Q = 0.374Q_1 + 0.308Q_2 + 0.306Q_3 + 0.239Q_4 + 0.229Q_5 + 0.333Q_6 \qquad (6\text{-}12)$$

① 吕晓，臧涛，张全景. 土地政策的农户认知及其农地转出响应研究——基于山东省 287 份农户问卷调查的实证［J］. 南京农业大学学报（社会科学版），2017，17（5）：100-110，154.

（2）模型构建

Tobit 模型又称样本选择模型或受限因变量模型，是一种限制因变量的模型，最早由美国经济学家 James Tobin 提出，适用于因变量为切割值或片段值的情况。由于 MFA 模型测度的耕地利用可持续集约化水平值均大于 0，当因变量为截尾（Truncated）或删失（Censored）时，宜采用受限因变量（Limited Dependent Variable），利用传统的普通最小二乘法会造成估计结果的偏误①，故采用受限的 Tobit 模型定量揭示农户尺度耕地利用可持续集约化的影响因素，而且 Tobit 模型还适用于对全样本中部分样本的估计②，满足本文分区域回归分析的需要。Tobit 模型基本结构如下（6-13）：

$$y_{it}=\begin{cases}\beta^T x_{it}+\varepsilon_{it}, & \beta^T x_{it}>0\\ 0, & ot\ herwise\end{cases} \tag{6-13}$$

式中，y_{it}为观察到的因变量；x_{it}为自变量；β^T为待估计的参数向量；$\varepsilon_{it}\sim N(0,\ \sigma^2)$。

6.1.4 评价结果分析

6.1.4.1 基于物质流的耕地利用可持续集约化水平

（1）MFA 指标的总体分布

基于 MFA 的 388 个样本农户的耕地利用可持续集约化指标的总体分布如图 6-2 所示，即资源生产率（MP）、环境经济效率（EE）、物质储存（STOCK）和隐藏流（HF）等指标标准化后的分布情况。可以看出，在物质流分析框架下，耕地利用可持续集约化指标分布较为均衡，呈横向条带状分布，变化较为稳定。

（2）耕地利用可持续集约化类型

通过以上对样本农户的分析，结合 MFA 指标总体分布，计算每一个样本农户耕地利用可持续集约化指数的 I_i（表 6-6）。

---

① 卢新海，匡兵，李菁．碳排放约束下耕地利用效率的区域差异及其影响因素［J］．自然资源学报，2018，33（4）：657-668.

② 黄祖辉，扶玉枝，徐旭初．农民专业合作社的效率及其影响因素分析［J］．中国农村经济，2011，（7）：4-13，62.

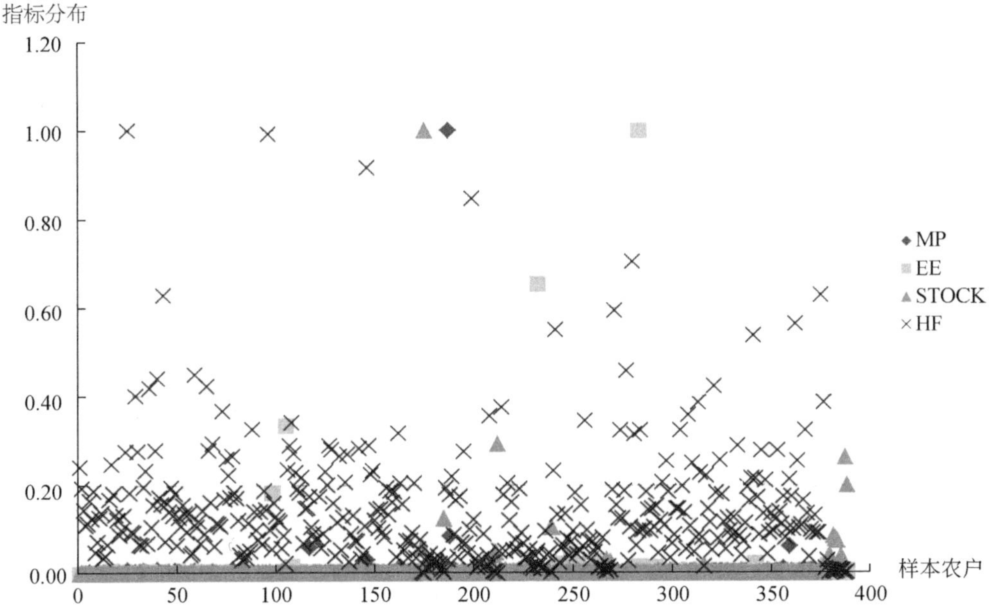

图 6-2　MFA 指标总体分布

表 6-6　样本农户耕地利用可持续集约化类别

类别	样本农户
类别 1（0，1）	A0604-5；A0608-2；A0609-1；A0609-2；A0610-2；A0610-4；A0610-5；A0611-1；A0611-2；A0611-4 A0611-5；A0612-3；A0613-4；A0526-1；A0526-2；B0602-1B0602-2；B0602-3；B0602-4；B0602-5；B0604-5；B0608-1；B0609-4；B0609-6；B0610-1；B0610-3；B0610-4 B0610-5；B0611-1；B0611-3；B0611-5；B0612-1；B0612-3；C0609-5；C0610-3；C0610-5；C0610-6 C0611-1；C0611-2；C0611-3；C0611-4；C0611-6；C0612-2；C0612-3；C0612-5；C0613-1；C0613-2；A0711-2；A0712-1；A0712-2；A0712-4；A0712-5；A0713-1；A0713-2；A0713-3；A0713-4；A0713-5；A0713-6；A0715-1；B0711-1；B0712-2；B0712-3；B0712-4；B0712-5；B0713-1；B0713-3；B0713-5；B0713-6；B0714-1；B0714-3；B0715-4；B0715-5；c0711-2；c0711-3；c0712-1；c0712-2；c0712-3；c0712-4；c0712-6；c0712-7；c0713-1；c0713-2；c0713-4；c0714-6；c0715-5；c0716-1；D0712-1；D0712-2；D0712-3；D0712-5；D0712-7；D0712-8；D0713-1；D0713-2；D0713-3；D0713-4；D0713-5；D0713-6；D0714-1；D0714-2；D0714-4；D0714-5；D0715-6；0811-1；0811-3；0812-1；0812-2；0812-3；0813-1；0813-3；0813-4；0814-1；0814-2；0814-3；0814-5；0813-1；0813-2；0811-3；0812-1；0812-2；0812-3；0812-4；0813-1；0813-3；0813-4；0814-1；0814-3；0814-4；0814-5；Q0811-01；Q0811-02；Q0811-03；Q0811-04；Q0812-01；Q0812-02；Q0812-04；Q0813-01；Q0813-02；Q0813-03；Q0813-04；Q0814-01；Q0814-02；Q0814-03；0811-1；0811-2；0811-3；0811-4；0811-5；0812-1；0812-2；0812-3；0812-4；0813-1；0813-2；0813-3；0814-2；0814-3；0814-5；X0811-1；X0811-2；X0811-3；X0811-4；X0812-1；X0812-2；X0812-3；X0812-4；X0813-1；X0813-2；X0814-2；S0811-1；S0811-3；S0812-1；S0812-2；S0812-3；S0812-4；S0813-1；S0813-2；S0814-1；S0814-2；S0814-3；S0814-4；S0814-5；N0811-1；N0812-3；N0813-1；N0813-2；N0813-3；N0814-1；N0814-3；N0814-4；0811-4

续表

类别	样本农户
类别2 [1，10)	A0602-1；A0602-2；A0602-3；A0602-5；A0603-3；A0603-4；A0604-1；A0608-3；A0609-5；A0610-1；A0610-3；A0612-1；A0613-2；A0526-4；B0526-2；B0526-3；B0603-1；B0603-2；B0603-3；B0604-2；B0604-4；B0604-6；B0608-2；B0608-3；B0608-4；B0609-2；B0609-5；B0610-2；B0612-2；C0609-1；C0609-2；C0609-4；C0610-1；C0610-4；C0612-4；D0602-1；D0602-3；D0603-5；D0604-5；D0608-1；D0608-2；D0609-2；D0609-3；D0610-1；D0610-2；D0610-3；D0611-4；D0612-3；C0603-2；C0603-5；A0716-1；B0712-1；B0713-2；B0713-4；B0715-6；c0712-5；c0715-1；c0715-4；D0714-3；D0715-1；D0715-2；D0715-4；D0716-3；0814-4；0813-2；0813-4；0814-4；X0814-3；S0813-3；N0811-2；N0812-1；N0814-2；0811-2；0811-1；0811-4；0812-5；S0811-4
类别3 [10，100)	A0602-4；A0603-1；A0603-2；A0604-2；A0604-3；A0604-4；A0608-1；A0609-3；A0609-4；A0611-3；A0612-2；A0612-4；A0613-1；A0613-3；A0526-3；B0526-1；B0603-4；B0603-5；B0604-1；B0604-3；B0609-1；B0609-3；B0611-2；B0611-6；C0609-3；C0610-2；C0611-5；C0612-1；D0602-2；D0602-4；D0603-2；D0603-3；D0603-4；D0604-1；D0604-2；D0604-3；D0604-4；D0608-3；D0609-1；D0609-4；D0610-5；D0610-6；D0611-2；D0611-3；D0611-6；D0612-1；C0602-1；C0602-3；C0602-4；C0602-5；C0603-1；C0603-3；C0603-4；C0604-1；C0604-2；C0604-3；C0604-4；A0712-3；A0714-4；A0714-5；A0715-4；A0715-5；B0714-4；B0714-5；B0715-2；B0715-3；B0716-1；B0716-2；c0711-1；c0713-3；c0713-5；c0714-4；c0714-5；c0715-3；D0712-4；D0712-6；D0715-3；D0715-5；D0716-2；0811-1；0814-2；0814-6；0814-1；X0813-3；X0814-1；X0814-4；S0813-4；N0812-2；0812-4；0813-2；0811-2；N0811-4
类别4 >100	A0603-5；B0611-4；D0603-1；D0610-4；D0611-5；D0612-2；A0711-1；A0714-1；A0714-2；A0714-3；A0715-2；A0715-3；A0716-2；B0711-2；B0714-2；B0715-1；0711-1；c0714-2；c0714-3；c0715-2；c0716-2；D0714-6；D0716-1；D0716-4；Q0812-03；Q0814-04；S0811-2；N0811-2

注：表中代码为问卷编号，并代指样本农户

可将研究区农户耕地利用可持续集约化水平划分为四类：高、中、低、不可持续（表6-7）。其中，类别1，可持续集约化指数范围为（0，1），平均物质输入为2232.6kg，平均物质输出为17 808.8kg。类别2，可持续集约化指数范围为［1，10），平均物质输入为24 544.32kg，平均物质输出为2 085 669.83kg。类别3，可持续集约化指数范围为［10，100），平均物质输入为4458.70kg，平均物质输出为5 504 967.42kg。类别4，可持续集约化指数范围为大于等于100，平均物质输入为29 249.79kg，平均物质输出为41 010 240.32kg。

表6-7　农户尺度耕地利用可持续集约化水平划分

程度划分	高	中	低	不可持续
耕地利用可持续集约化指数	≥100	[10，100)	[1，10)	(0，1)

样本农户耕地利用可持续集约化类型的数量分布如图6-3所示：不可持续集约化的农户占样本总数的比例最大，有191个，约占样本农户总数的49.2%；低

度可持续集约化的农户 77 个，约占比 19.8%；中度可持续集约化农户有 92 个，约占比为 23.7%；高度可持续集约化农户有 28 个，约占比 7.2%，数量较少。因此，研究区耕地利用可持续集约化的整体水平不高，且耕地利用不可持续集约化的农户较多。

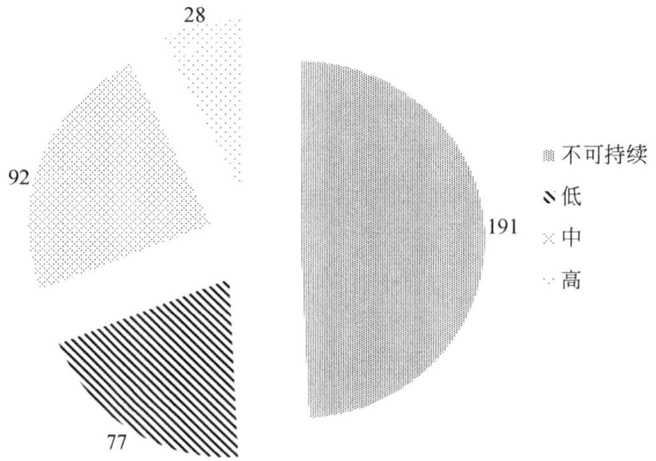

图 6-3　样本农户耕地利用可持续集约化类型的数量分布

(3) 资源生产率与环境效率的变化

资源生产率（MP）是单位面积耕地经济产值所消耗的资源①，资源生产率越高，则耕地集约化生产过程消耗的资源越多。环境经济效率（EE）指单位面积耕地经济产值所产生的废弃物②，环境经济效率越高，则耕地集约化生产过程中产生的废弃物越多。根据表 6-8，分别对四种耕地利用可持续集约化类别的资源生产率和环境经济效率进行分析。

表 6-8　Tobit 模型结果

变量名称		代码	系数 Coef.	标准差 Std. Err	$P>t$
农户自身特征	受访者年龄	X_1	−0.012 *	0.007	0.062
	受访者性别	X_2	−0.041 **	0.016	0.012
	受访者受教育水平	X_3	−0.011	0.019	0.559

① 唐婷．区域农业生态环境质量与生态经济的时空变化研究——以江苏省为案例［D］．南京：南京农业大学博士学位论文，2012.

② 同①。

续表

变量名称		代码	系数 Coef.	标准差 Std. Err	*P*>*t*
农户家庭特征	家庭人口数	X_4	0.004	0.025	0.886
	农业劳动人口	X_5	0.004	0.033	0.895
	家庭年收入	X_6	0.079	0.064	0.217
	非农业收入比例	X_7	−0.015	0.014	0.293
经营土地特征	耕地面积	X_8	0.823***	0.212	0.0001
	地块破碎程度	X_9	−0.863***	0.236	0.0003
农户认知	环境效应认知	X_{10}	0.012	0.016	0.429
区位因素	区位虚拟变量	X_{11}	0.005	2.00	0.570
	到最近城镇的距离	X_{12}	0.072***	0.020	0.0002
常数			0.066	0.002	0.000
Log likelihood			451.44		
Prob>chi2			0.0000		

*、**、*** 分别表示 10%、5%、1% 显著性水平上检验显著

由图6-4可以看出，类别1中，MP为0.0033，EE为0.0140，即耕地集约化过程中资源消耗0.0033，产生的污染物质为0.0140。类别1农户的环境经济效率最高，产生的废弃物最多。类别2属于低水平的耕地利用可持续集约化，MP为0.0033，EE为0.0003。类别3属于中等水平的耕地利用可持续集约化，MP

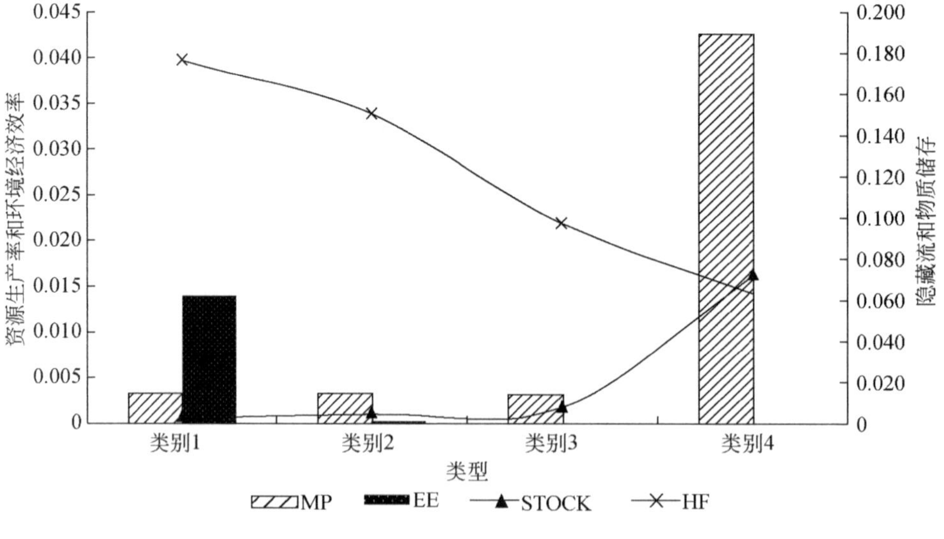

图6-4　资源生产率与环境经济效率对比分析

为0.0032，EE为0.0002。类别4属于高水平的耕地利用可持续集约化，MP为0.0425，EE为0.002。综合看来，随着农户耕地可持续集约化水平的提高，资源生产率增高，环境经济效率降低，物质储存呈增加趋势，隐藏流逐渐降低。

6.1.4.2 不同利用类型农户的耕地利用可持续集约化差异分析

(1) Tobit 模型回归结果

运用Eviews9.0对耕地利用可持续集约化水平的影响因素进行Tobit分析，结果见表6-8。表6-8显示，农户自身特征中，受访者年龄X_1回归系数的P值为0.062<0.1，即在显著性水平10%下通过显著性检验；性别X_2回归系数的P值为0.012<0.05，即在显著性水平5%下通过显著性检验。经营土地特征中，耕地面积X_8回归系数的P值为0.0001<0.01，即在显著性水平1%下通过显著性检验；地块破碎程度X_9回归系数的P值为0.0003<0.01，即在显著性水平1%下通过显著性检验。区位因素中，到最近城镇的距离X_{12}回归系数的P值为0.0002<0.01，即在显著性水平1%下通过显著性检验。由此可见，受访者年龄（X_1）、性别（X_2）、耕地面积（X_8）、地块破碎程度（X_9）和到最近城镇的距离（X_{12}）对耕地可持续集约化水平影响显著，且耕地面积（X_8）、地块破碎程度（X_9）和到最近城镇的距离（X_{12}）的影响略高于受访者年龄（X_1）和性别（X_2）。

(2) 农户响应分析

在研究分析的基础上，构建农户尺度耕地利用可持续集约化的影响机理分析框架（图6-5），对不同类型农户耕地利用可持续集约化的行为响应的差异进一步具体描述。受访者性别、年龄，耕地面积、地块破碎程度、到最近城镇的距离

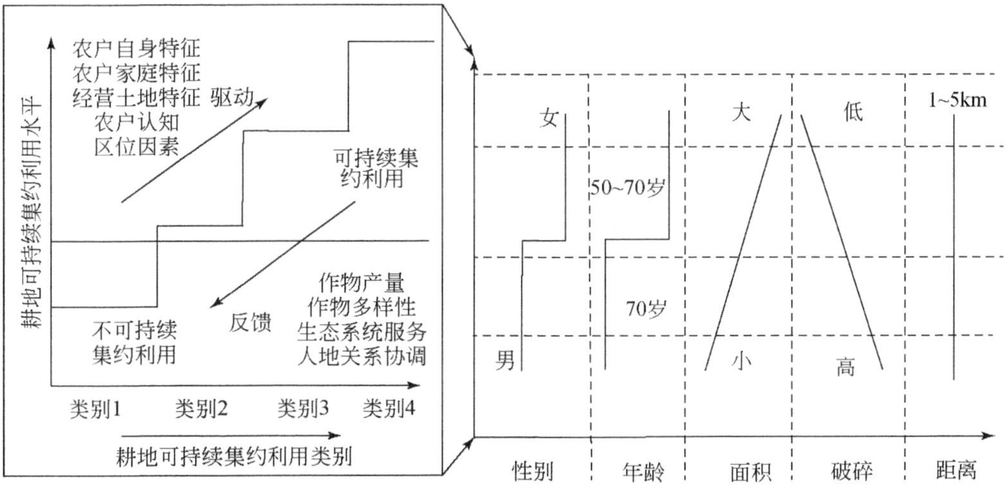

图6-5 农户尺度耕地利用可持续集约化响应分析

对农户耕地利用可持续集约化行为有正面效应。随着耕地利用可持续集约化水平的提高，男性占比减少，女性占比逐渐增加。同时，年龄分布越趋于年轻阶段，耕地面积越大，地块破碎程度越低，到最近城镇的距离处于越趋于1～5km，农户耕地利用可持续集约化水平越高。

由于耕地利用可持续集约化特征和变化过程与时空尺度紧密相关，因此在不同的尺度上耕地集约利用驱动机理也不同。如图6-6所示，在农户微观尺度上，农户自身特征、农户家庭特征、经营土地特征、农户认知、区位因素等对耕地利用可持续集约化分别起到不同的作用，促进耕地利用可持续集约化水平由不可持续转变为可持续，并在此基础上推动可持续集约化水平由低转高。同时，作物产量、作物多样性、生态系统服务及人地关系协调在一定程度上会产生反馈效应，耕地利用可持续集约化也会受到制约。在耕地面积一定的前提下，出现作物产量减少、作物多样性减少、生态系统服务降低和人地矛盾突出等现象，即耕地利用的不可持续集约化。通过阶段性的驱动和反馈效应的推进，耕地利用可持续集约化达到一种动态平衡状态，最终实现微观层面的、具有适应性的中国特色耕地利用可持续集约化调控路径。

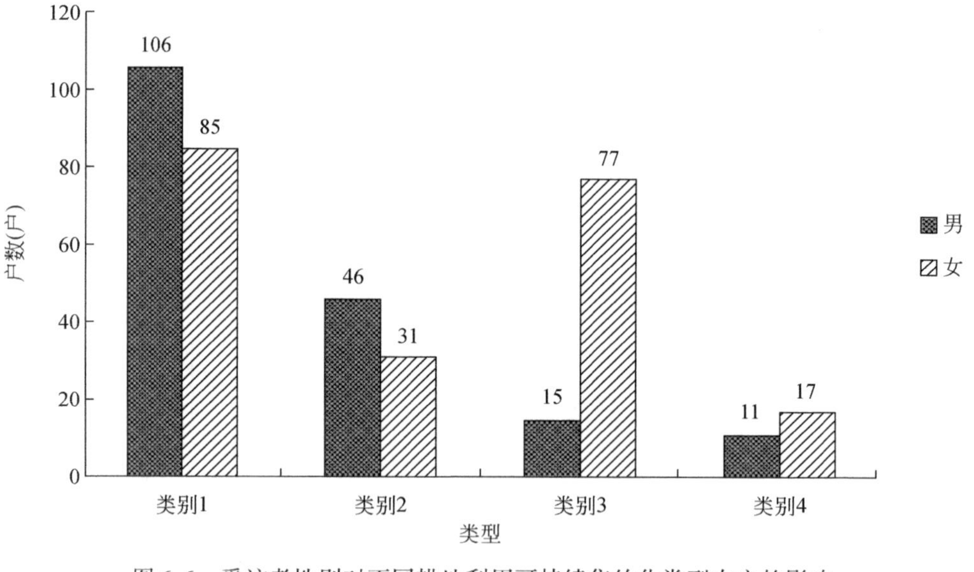

图6-6　受访者性别对不同耕地利用可持续集约化类型农户的影响

（3）农户差异分析

1）受访者性别对不同耕地利用可持续集约化类型农户的影响。受访者性别对农户耕地利用可持续集约化行为有正面效应，并在10%的水平下显著。从图6-6可以看出，类别1（不可持续）中，男、女占类别1总数的比重分别为

55.5%、45.5%；类别2（低水平）中男、女比例为59.7%、40.3%；类别3（中水平）中男、女比例为16.3%、83.7%；类别4中（高水平）中男、女比例为39.3%、60.7%。由此可见，随着可持续集约化水平的提高，男性占比减少，女性占比增加。

2）受访者年龄对不同耕地利用可持续集约化类型农户的影响。受访者年龄对农户耕地利用的可持续集约化行为有正面效应，并在5%的水平下显著。从图6-7可以看出，类别1中，40岁以下占比约为5.2%，40~50岁之间占比约为6.8%，50~70岁的占比约为29.3%，70岁以上的占比约为58.6%。可见，类别1中的农户主要年龄分布在70岁以上。类别2中农户年龄分布也主要是70岁以上，占类别2总数的80.5%左右。然而，类别3中50~70岁农户占较高比例，约为63%，类别4中的年龄主要分布于50~70岁，其次是40~50岁。总体来看，年龄分布越趋于年轻阶段，农户耕地利用的可持续集约化水平越高。

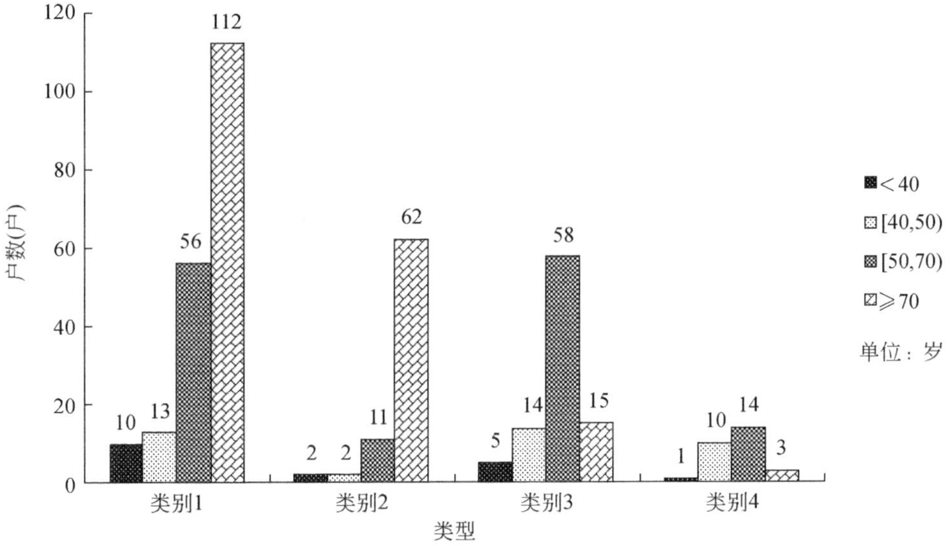

图6-7　受访者年龄对不同耕地利用可持续集约化类型农户的影响

3）耕地面积对不同利用类型农户的影响。耕地面积对农户耕地利用的可持续集约化行为有正面效应，并在1%的水平下显著。从图6-8可以看出，类别1中，耕地面积小于0.33hm²的农户约占类别1农户总数的25%，0.33~1.33hm²占比为28%，大于等于1.33hm²占比约为47%；类别2中农户耕地面积占比较高的是大于等于1.33hm²，共有38户；类别3和类别4中占比较高的均为大于等于1.33hm²，分别约为90.2%和89.3%。总体看来，耕地面积越大，农户耕地利用的可持续集约化水平越高。

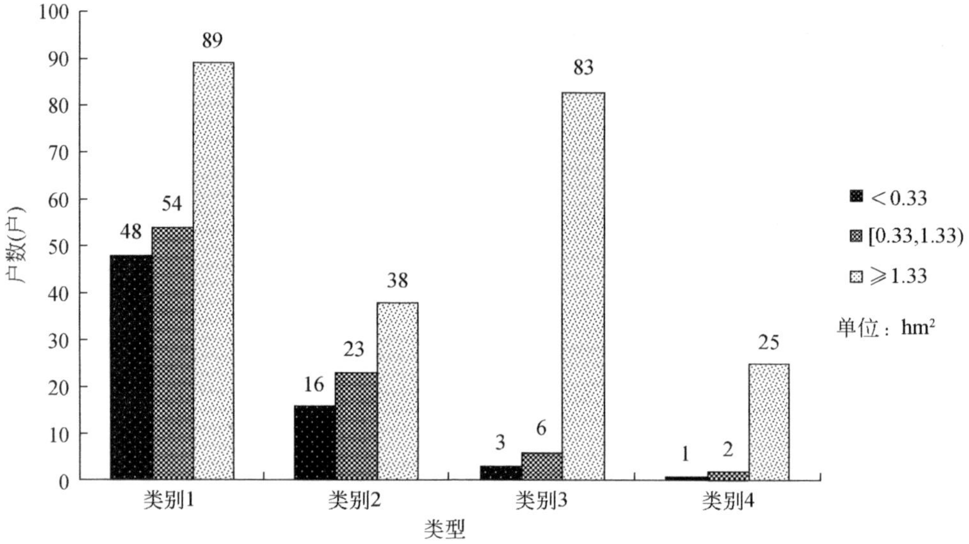

图 6-8 耕地面积对耕地利用可持续集约化利用类型农户的影响

4）地块破碎程度对不同耕地利用可持续集约化类型农户的影响。地块破碎程度对农户耕地利用的可持续集约化行为有正面效应，并在1%的水平下显著。从图6-9可以看出，类别1中，地块平均面积小于0.3hm² 的户数为178户，约占类别1总户数的93.2%；类别2中地块平均面积小于0.1hm² 的占比约为59.7%，小于0.3hm² 的占比约为26%；类别3中地块平均面积大于等于0.3hm² 的

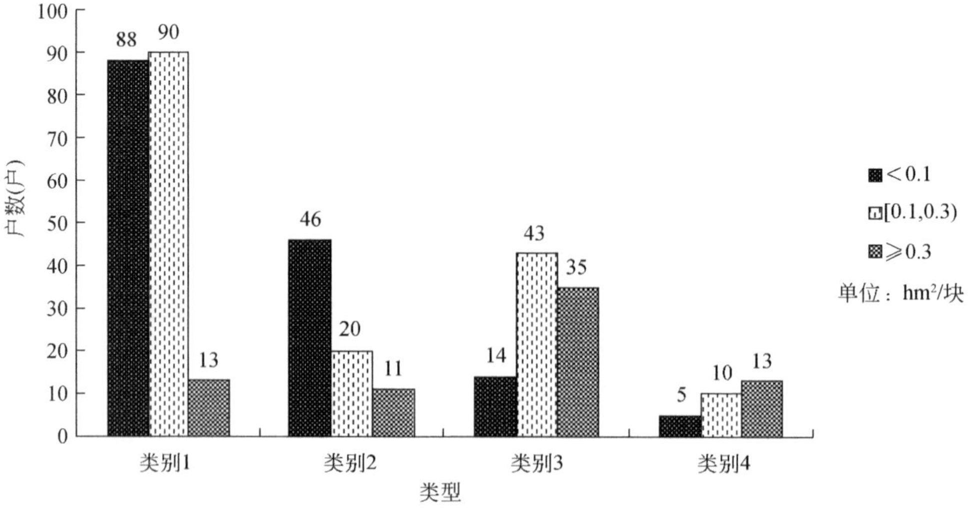

图 6-9 地块破碎程度对不同耕地利用可持续集约化类型农户的影响

农户占比约为38.0%；类别4中占比相对较高的为地块平均面积大于等于0.3hm²的农户。可见，地块破碎程度越低，农户耕地利用的可持续集约化水平越高。

5）到最近城镇的距离对不同耕地利用可持续集约化类型农户的影响

到最近城镇的距离对农户耕地利用的可持续集约化行为有正面效应，并在1%的水平下显著。从图6-10可以看出，类别1中耕地到最近城镇的距离为1～5km的农户所占比例最多，约为47.6%；类别2中到最近城镇的距离为1～5km的占比为55.8%，相对较高。类别3和类别4中到最近城镇的距离为1～5km的农户占比均处于较高状态，分别为54户和12户，占比分别约为58.7%和42.9%。可见，到最近城镇的距离处于越趋于1～5km，农户耕地利用的可持续集约化水平越高。

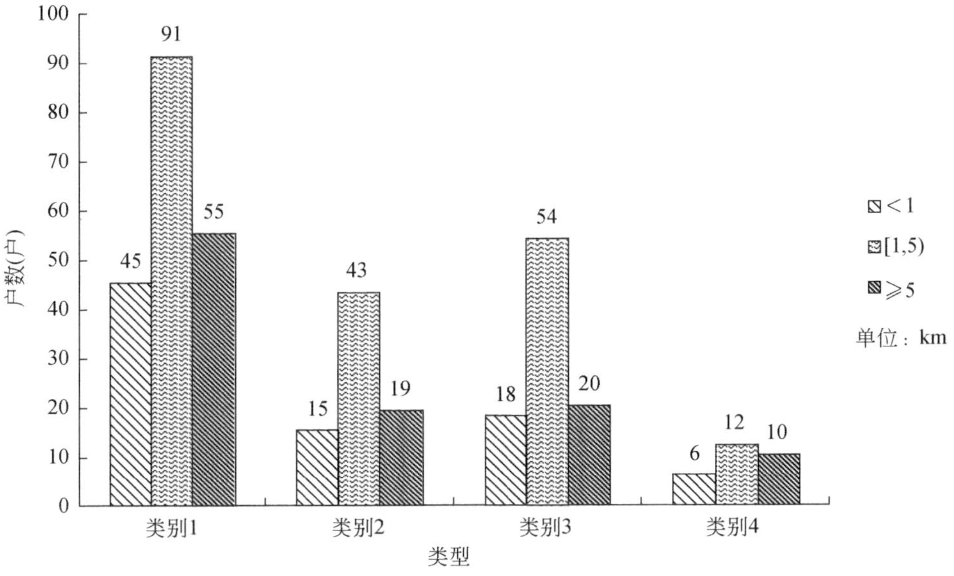

图6-10　到最近城镇的距离对不同耕地利用可持续集约化类型农户的影响

6.2　农户耕地利用可持续集约化及其规模经营决策

6.2.1　理论框架

心理科学在个体决策机制的研究中扮演重要角色，农户认知因素的考量丰富了在生态决策行为领域的研究成果[①]。可持续集约化这一复杂动态系统受利益相关群体认知信念和特定知识的影响[②]。例如，Lynne 和 Rola[③] 指出更强烈的保护态度增加了佛罗里达州潘汉德尔农民采取土壤保护行为的可能性。Vignola 等[④]发现哥斯达黎加农民的土壤保持行为受其对土壤侵蚀暴露程度的认识（信念，风险认知，价值）的影响。Singh 等[⑤]在以整体眼光定义和探索农民决策的背后机制时，发现社会认知因素是其采纳气候适应性行为的主要驱动力。然而，当前针对可持续集约化的农业发展干预措施和政策并没有充分考虑到农民的看法、信仰、优先事项或利益等认知因素[⑥]，不尊重农户意愿和选择容易导致规模经营不可持续[⑦]。如图 6-11 所示，围绕耕地利用的投入–产出指标，农户具有怎样的耕地利用可持续集约化认知和实践？这种认知和实践引起规模经济进而促进农户开展规模经营的机理是什么？按照这一思路，耕地利用可持续集约化的度量应包括农户的“主观认知”与“客观实践”两个层次，两层次正面效应的叠加会增强农户耕地转入意愿，有效扩大经营面积。

主观心理上，受自我效能[⑧]的影响，农户产生了“信念认知上的耕地利用可持续集约化”。按照本研究的设计思路，农户耕地利用可持续集约化心理认知主要包括国家政策认知、农产品质量认知、物质资料投入认知以及外溢性环境变化认知。若农户越了解国家农业生态环保政策，越知悉农药使用的负面危害，越能把握化肥合理使用量，越了解农业生产释放的环境压力，那么农户会认为自身越具备实现耕地利用可持续集约化的能力（即越高的可持续集约化自我效能），正

---

① Dessart F J, Jesús B H, René V B. Behavioural factors affecting the adoption of sustainable farming practices: A policy-oriented review [J]. European Review of Agricultural Economics, 2019, (3): 417-471.

② Micha E, Fenton O, Daly K, et al. The complex pathway towards farm-level sustainable intensification: An exploratory network analysis of stakeholders' knowledge and perception [J]. Sustainability, 2020, 12: 2578.

③ Lynne G D, Rola L R. Improving attitude-behavior prediction models with economic variables: Farmer actions toward soil conservation [J]. Journal of Social Psychology, 1988, 128 (1): 19-28.

④ Vignola R, Koellner T, Scholz R W, et al. Decision-making by farmers regarding ecosystem services: Factors affecting soil conservation efforts in Costa Rica [J]. Land Use Policy, 2010, 27 (4): 1132-1142.

⑤ Singh C, Dorward P, Osbahr H. Developing a holistic approach to the analysis of farmer decision-making: Implications for adaptation policy and practice in developing countries [J]. Land Use Policy, 2016, 59: 329-343.

⑥ Aravindakshan S, Krupnik T J, Shahrin S, et al. Socio-cognitive constraints and opportunities for sustainable intensification in South Asia: Insights from fuzzy cognitive mapping in coastal Bangladesh [J]. Environment Development and Sustainability, 2021, (5): 16588-16616.

⑦ 韩鹏云. 农业规模经营的实践逻辑及其反思 [J]. 农村经济, 2020, (4): 17-25.

⑧ Bandura (1977) 指出，自我效能是人们在加工、权衡反映其自身能力的各种信息的基础上形成和发展起来的，是人们对自身能否利用所拥有的技能去完成某项工作的自信程度。自我效能是一种认知因素，能够决定人们是否实施某种行为或做出某些选择。Bandura A. Self-Efficacy: Toward a Unifying Theory of Behavioral Change [J]. Psychological Review, 1977, 84 (2): 191-215.

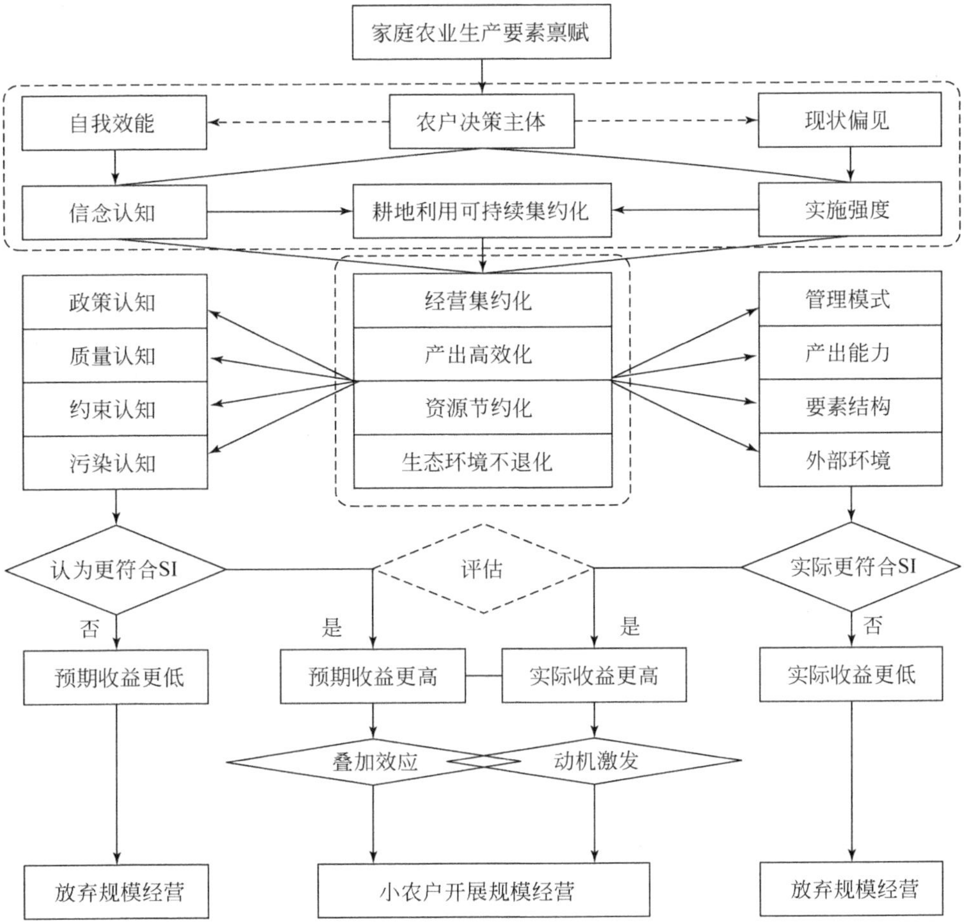

图 6-11　农户耕地利用可持续集约化及其规模经营决策框架

如 Perry 和 Davenport① 指出，在高自我效能情境下农户会加强耕地保护行为，从而提高农业预期收益，进而可能显著增强和扩大农户的耕地转入意愿及耕地经营面积。相反，当农户自我能力信心不足时，农户就会陷入无法实现耕地利用可持续集约化的自卑陷阱②，规模经营也无法实现。

① Perry V, Davenport M A. An inductive framework of self-efficacy to understand and support farmers in conservation agriculture [J]. Journal of Soil and Water Conservation, 2020, 75 (2): 198-208.

② Singh C, Dorward P, Osbahr H. Developing a holistic approach to the analysis of farmer decision-making: Implications for adaptation policy and practice in developing countries [J]. Land Use Policy, 2016, 59: 329-343.

客观实践上，受既往种植经验的影响①，农户具有“实施强度上的耕地利用可持续集约化”。此时，耕地利用的可持续集约程度表现为各类农业生产资料的投入—产出水平，若农户播种、施肥、撒药、灌水等要素投入越合理，那么农户在经济收入（粮食产量和粮食价格）、生态环境、社会反馈等方面就会得到正面收益，进而提高其规模经营的意愿与面积。若农户对耕地的物质要素投入实际更符合可持续集约化标准，要素优化配置的直接利好表现为单位面积粮食产量增加，间接利好则包括物质成本投入减少、农产品生态价值附加以及农田生态系统可持续生产能力增强，此时农户耕地利用的实际获益会更高。相反，生产过程中的无序投入、低效产出、生境恶劣等会导致农业实际收益降低，促进农户耕地规模经营的动力因此松懈。

6.2.2 研究方法与过程

6.2.2.1 数据与方法

本小节数据来源与6.1节相同，均为2017年课题组在日照市五莲县、东营市垦利区、泰安市东平县调研获取的388份有效问卷。在此基础上，本部分根据研究主题筛选出294份作为研究样本。

本小节主要通过回归直接检验耕地利用可持续集约化核心变量对农户规模经营的初步影响。

OLS函数表达式为：

$$f(x)=\beta_0+\beta_1 x_1+\beta_2 x_2+\cdots+\beta_n x_n+\varepsilon \tag{6-14}$$

式中，$f(x)$ 代表农户的耕地经营总面积；x_1，x_2，…，x_n 表示家庭农业生产要素禀赋、村庄土地市场发育状况、农户可持续集约化信念认知与农户可持续集约化实施强度指标；ε 代表随机扰动项。

式（6-15）经数学变换得到式（6-16），即二元logistic的函数表达式：

$$\ln\left(\frac{p_i}{1-p_i}\right)=\beta_0+\beta_1 x_1+\beta_2 x_2+\cdots+\beta_n x_n+\varepsilon \tag{6-15}$$

式中，$\ln\left(\frac{p_i}{1-p_i}\right)$代表农户的耕地规模经营意愿，农户愿意转入耕地的概率为 $p_i=e^{f(x)}/[1+e^{f(x)}]$，不愿意转入耕地的概率为 $1-p_i$；x_1，x_2，…，x_n与 ε 的含义与

① Lundstrom C，Lindblom J. Considering farmers' situated knowledge of using agricultural decision support systems（Agri DSS）to Foster farming practices：The case of CropSAT［J］. Agricultural Systems，2018，159（1）：9-20.

式（6-14）相同。

上述估计方法虽可得到耕地利用可持续集约化影响农户耕地规模经营的初步结果，但仅靠判断 P 值却无法完整表达显著性影响因子与因变量之间的动态响应关系，无法为增强规模经营意愿、扩大耕地经营面积提供准确的指标区间和阈值。

为弥补这一缺陷，通过引入增强回归树模型（Boosted Regression Tree，BRT），结合回归树算法与 Boosting 方法的优势①。BRT 会在运算过程中多次重复迭代随机抽取一定量的数据，用于分析解释变量对被解释变量的影响程度，该方法不需考虑自变量之间的交互作用，也能适应复杂的非线性关系，还可进一步输出自变量对因变量贡献份额的变化曲线。依据相对影响值与 0 值的大小，BRT 输出的图像有三种情况：①当自变量对因变量的相对影响值大于 0 时，自变量对因变量存在正向激励作用；②当自变量对因变量的相对影响值小于 0 时，自变量对因变量存在负向抑制作用；③当自变量对因变量的相对影响值等于 0 时，此时自变量与因变量没有相关关系。因此，利用依据二元 Logistic 与 OLS 回归得到的显著影响农户耕地转入意愿及耕地经营总面积的可持续集约化指标因子进行 BRT 分析，以显化农户可持续集约化显著因子与规模经营的关系。

6.2.2.2 变量选取

（1）纳入心理指标是对农户可持续集约化评估指标构建的跨学科尝试②

我国实施的化肥农药零增长计划已使国内水稻、小麦、玉米的化肥和农药利用率双双突破 40%。两者作为田间投入的主要生产资料，农户对其使用数量、使用频率、使用效果等具有切实认知和体会，围绕化肥与农药两类生产要素，我们设计了有关政策认知、质量认知、数量认知与污染认知的四个主观指标。并且，我们认为农户对化肥农药投入变动引起的产出波动等也有自我观点，进而影响其规模经营的意愿和面积。

（2）可持续集约化的不同维度内涵能够阐明农户实践的客观情况

在生产要素投入-产出导向的指标框架中，经营集约化强调要素利用高效化。据已有研究，良种③和农机④投入显著促进了可持续集约化。将亩均籽种投入

---

① Elith J，Leathwick J R，Hastie T. A working guide to boosted regression trees［J］. Journal of Animal Ecology，2008，77（4）：802-813.

② Irwin E G，Culligan P J，Marina F K，et al. Bridging barriers to advance global sustainability. Nature Sustainability，2018，1（7）：324-326.

③ Epper C A，Paul B，Burra D，et al. Nutrient flows and intensification options for smallholder farmers of the Lao uplands［J］. Agricultural Systems，2020，177：102694.

④ Aryal J P，Rahut D B，Thapa G，et al. Mechanisation of small-scale farms in South Asia：Empirical evidence derived from farm households survey［J］. Technology in Society，2021，65：101591.

(X_{15})、亩均农机投入（X_{16}）视为物质要素利用程度指标，亩均种子投入增加的可能原因是良种价格高于普通种子，亩均农机费用增多则意味着机械化程度上升，两者投入带来农业经济收益的增加，对规模经营产生正效应。产出高效化强调数量与质量的同等兼顾。产量是可持续集约化评价中最常用的指标，种植制度中的作物产量指单位面积土地的作物产量。同时，农业收入指标也是表征可持续集约化程度的必要经济指标。需说明的是，调研地区农户有两条粮食分配渠道：一是满足家庭成员及牲畜的口粮需求；二是剩余部分在粮食市场的销售。因此，选取亩均粮食产量与粮食市场交易总额（而非单位面积交易额）作为代表耕利用地可持续集约化实际产出的指标，避免忽视口粮损耗引起的偏差。此外，受经济利益的驱动（耕地单位面积粮食产量和粮食市场交易额增加），农户耕地转入意愿和耕地经营面积随之扩大。维度之三的资源节约化强调生产资料投入的减量化。农业劳动力①与灌溉②投入是代表可持续集约程度的关键指标，因此选取劳动力总投入、亩均灌溉投入作为反映要素节约程度的指标，前者越小代表农户机械化程度可能越高，后者越小代表水资源利用效率可能越高，此时会提高农户规模经营意愿和面积。维度之四的生态环境不退化强调将化肥农药造成的生态危害内部化，可能的方法即在达到产出边际后削减化肥农药投入量③，注重集约化生产与可持续生产的协调。因此，选取亩均化肥投入、亩均农药投入两个指标。在边际产出之前，亩均化肥农药投入量的增加会促进农户规模经营，突破临界值后，亩均化肥农药投入量的增加反而抑制农户的规模经营。

如表6-9所示，除核心自变量外，还选取户主年龄、平均受教育年限等家庭农业生产要素禀赋变量与土地产权稳定性、新型农业经营主体有无等村庄土地市场发育状况变量。农户规模经营情况选取农户是否愿意转入耕地和耕种总面积两个变量进行表征。

表6-9　变量类型与解释

变量类型			变量解释	预期作用方向
因变量	规模经营意愿	wiln	愿意转入耕地	/
	耕地经营总面积	area	耕种总面积（亩）	/

① Dahlin A S, Rusinamhodzi L. Yield and labor relations of sustainable intensification options for smallholder farmers in sub-saharan Africa. A meta-analysis [J]. Agronomy for Sustainable Development, 2019, 39 (3): 32.

② Kropp I, Nejadhashemi A P, Deb K, et al. A multi-objective approach to water and nutrient efficiency for sustainable agricultural intensification [J]. Agricultural Systems, 2019, 173: 289-302.

③ Holden S T. Fertilizer and sustainable intensification in Africa [J]. Global Food Security, 2018, 18: 20-26.

续表

变量类型			变量解释	预期作用方向
控制变量	家庭农业生产要素禀赋	age	户主年龄（岁）	-
		heal	户主健康	+
		job	户主职业	+/-
		popu	家庭总人口（人）	+/-
		educ	家庭平均受教育年限（年）	+/-
		dist	家庭到集镇距离（km）	+/-
	村庄土地市场发育状况	prop	村庄农地确权	-
		trap	村庄有鼓励土地流转的政策	+/-
		enti	村庄有家庭农场等新型农业经营主体	+
		tran	村庄组织过农地流转	+/-
核心自变量	可持续集约化主观认知	plan	听说过化肥农药零增长计划	+
		graq	农药对粮食品质的影响程度	+
		fero	过度使用化肥	-
		pese	农药会污染环境	+
	可持续集约化客观实践	seei	亩均籽种投入（元/亩）	+
		maci	亩均农机投入（元/亩）	+
		grqq	亩均粮食产量（斤/亩）	+
		grtp	粮食市场交易额（元）	+
		labi	劳动力总投入（天）	-
		irri	亩均灌溉投入（元/亩）	-
		feri	亩均化肥投入（元/亩）	+/-
		pesi	亩均农药投入（元/亩）	+/-

注：①耕地经营总面积，包括农户家庭转入耕地面积，不包括转出面积；②受教育年限，将样本的受教育程度换算为受教育年限，即文盲=0年、小学=6年、初中=9年、高中或中专=12年、大学=16年；③粮食市场交易额，即农户出卖粮食所获收益；④劳动力总投入，为自家劳动力与雇佣劳动力投入天数之和。从样本看，仅1例样本产生了30天的雇佣（基本可以忽略），可认为本研究中劳动力总投入仅指家庭内部劳动力的投入

6.2.2.3 描述统计

统计发现（表6-10），294个样本中，愿意转入耕地的样本占22.79%，耕地经营面积大于等于6.7亩的样本占14.63%。

(1) 规模经营意愿

核心变量组中，无耕地转入意愿组与有意愿组农户听说过化肥农药零增长计

划的比例分别为 14. 85%、29. 23%，两组中农户都认为农药对粮食品质产生了“较重”影响；无耕地转入意愿组与有意愿组认为过度使用化肥、农药会污染环境的样本占比分别为 40. 61% 与 44. 62%、75. 55% 与 76. 92%。同时，有耕地转入意愿组籽种投入均值为 53. 07 元/亩，较无意愿组投入高 4. 77 元/亩；有耕地转入意愿组亩均农机投入为 108. 85 元、劳动力总投入为 27. 83 天、亩均灌溉投入为 21. 24 元、亩均化肥投入为 167. 17 元、亩均农药投入为 36. 87 元。除化肥、农药外，无转入意愿组上述投入值都小于有转入意愿组。此外，有转入意愿组亩均粮食产量与粮食市场交易额均高于无转入意愿组。

（2）规模经营总面积

核心变量组中，经营面积小于 6. 7 亩组与经营面积大于等于 6. 7 亩组农户听说过化肥农药零增长计划的比例均较低，分别为 17. 06%、19. 35%，但越了解政策的农户经营面积越大；两组中认为农药对粮食品质产生不良影响的样本占比分别为 77. 06%、72. 58%；规模较小组农户认为化肥过度使用、农药会污染环境的样本占比分别比规模较大组高 0. 64% 与 7. 05%。据统计，经营面积较小组的亩均籽种投入、亩均农机投入、亩均灌溉投入、亩均化肥投入、亩均农药投入均值之和为 388. 84 元/亩，较经营面积较大组高 34. 10 元/亩，但劳动力平均少投入 10. 17 天；在产出上，经营面积较小组农户亩均粮食产量为 896. 39 斤/亩，经营面积较大组为 886. 24 斤/亩，两组粮食市场交易额则因经营面积不同而存在较大差距。

表 6-10　变量赋值与描述性统计

变量及说明		不愿意=0		愿意=1		面积<6. 7 亩		面积≥6. 7 亩	
		Mean	SE	Mean	SE	Mean	SE	Mean	SE
wiln	Ln（年龄）	4. 05	0. 18	3. 99	0. 19	4. 05	0. 19	4. 02	0. 16
area	0=较差，1=一般，2=良好	1. 80	0. 46	1. 95	0. 21	1. 79	0. 48	1. 90	0. 32
age	0=赋闲，1=农业，2=农业打工，3=非农打工，4=自主经营	1. 45	0. 93	1. 49	0. 82	1. 47	0. 92	1. 44	0. 89
heal	实际数值	4. 22	1. 83	4. 05	1. 65	4. 21	1. 89	4. 14	1. 65
job	实际数值	7. 28	2. 56	7. 26	2. 72	7. 00	2. 55	7. 65	2. 61
popu	实际数值	4. 38	2. 96	4. 26	3. 26	4. 29	2. 72	4. 44	3. 41
educ	0=不知道，1=否，2=是	1. 64	0. 59	1. 46	0. 64	1. 62	0. 61	1. 56	0. 60
dist	0=不知道，1=否，2=是	1. 28	0. 50	1. 42	0. 53	1. 34	0. 51	1. 27	0. 52
prop	0=否，1=是	0. 40	0. 49	0. 54	0. 50	0. 42	0. 50	0. 44	0. 50
trap	0=否，1=是	0. 32	0. 47	0. 48	0. 50	0. 36	0. 48	0. 34	0. 48

续表

变量及说明		不愿意=0		愿意=1		面积<6.7 亩		面积≥6.7 亩	
		Mean	SE	Mean	SE	Mean	SE	Mean	SE
enti	0=否，1=是	0.15	0.36	0.29	0.46	0.17	0.38	0.19	0.40
tran	0=不知道，1=没有，2=较轻，3=较重，4=严重	2.18	1.02	2.11	1.13	2.24	1.01	2.06	1.08
plan	0=否，1=是	0.41	0.49	0.45	0.50	0.42	0.49	0.41	0.49
graq	0=无所谓，1=否，2=是	1.71	0.54	1.72	0.55	1.75	0.52	1.67	0.57
fero	Ln（籽种总投入/耕种总面积+1）	3.81	0.46	3.88	0.48	3.81	0.42	3.85	0.52
pese	Ln（农机总投入/耕种总面积+1）	4.13	1.43	4.40	1.12	4.17	1.51	4.23	1.16
seei	Ln（粮食总产量/耕种总面积）	6.74	0.29	6.81	0.24	6.76	0.30	6.76	0.26
maci	Ln（粮食市场交易额+1）	7.68	2.33	8.85	2.52	7.32	2.46	8.80	2.09
grqq	Ln（劳动力投入总天数+1）	2.54	0.80	2.69	1.08	2.48	0.74	2.70	1.00
grtp	Ln（灌溉总投入/耕种总面积+1）	1.73	1.81	1.88	1.76	2.05	1.86	1.36	1.62
labi	Ln（化肥总投入/耕种总面积+1）	4.98	0.91	4.95	0.81	5.04	0.80	4.88	1.00
irri	Ln（农药总投入/耕种总面积+1）	3.17	0.86	3.36	0.80	3.23	0.76	3.19	0.95

注：①以往研究对耕地规模划分没有严格依据，划分结果差异较大。本部分根据调研地区样本耕地经营总面积的统计特征对农户进行分组。本次调研中，耕地经营规模在6.7亩以下的农户累计频率为57.82%，参考调研区农户的规模经营经验，以耕地经营总面积6.7亩为临界值划分“较小规模农户”和“较大规模农户”，较小规模农户耕地经营总面积小于6.7亩，较大规模农户耕地经营总面积大于等于6.7亩；②为避免异方差问题，我们对所用数据进行取对数处理；③限于篇幅，非核心变量的描述性统计结果不在文中列出。

6.2.3 结果分析

6.2.3.1 二元 Logistic 与 OLS 回归结果

表6-11中，模型1～模型3汇报了二元Logistic的回归结果，模型4～模型6汇报了OLS的回归结果，模型回归方法均为“输入”。

表6-11 影响农户耕地规模扩大的可持续集约化显著因子

变量	Y_1=规模经营意愿			Y_2=耕地经营总面积		
	模型1	模型2	模型3	模型4	模型5	模型6
wiln	−2.000** (0.971)	−2.091** (0.918)	−1.793* (0.977)	−0.559* (0.304)	−0.975*** (0.342)	−0.588* (0.302)

续表

变量	Y_1 = 规模经营意愿			Y_2 = 耕地经营总面积		
	模型 1	模型 2	模型 3	模型 4	模型 5	模型 6
area	1.333** (0.657)	1.440** (0.634)	1.196* (0.621)	0.052 (0.114)	0.181*** (0.129)	0.058 (0.113)
age	−0.161 (0.189)	−0.210 (0.180)	−0.134 (0.189)	0.000 (0.059)	−0.109* (0.065)	−0.004 (0.059)
heal	−0.088 (0.095)	−0.038 (0.090)	−0.082 (0.093)	−0.0041 (0.027)	0.005 (0.031)	−0.044 (0.027)
job	−0.085 (0.064)	−0.075 (0.061)	−0.066 (0.063)	0.037* (0.019)	0.037* (0.022)	0.038** (0.019)
popu	−0.024 (0.055)	−0.001 (0.052)	−0.037 (0.054)	0.028* (0.016)	0.044** (0.018)	0.026 (0.016)
educ	−0.268 (0.274)	−0.465* (0.239)	−0.347 (0.264)	−0.066 (0.087)	−0.198** (0.090)	−0.067 (0.085)
dist	0.117 (0.330)	0.249 (0.324)	0.179 (0.328)	−0.142 (0.103)	−0.086 (0.117)	−0.156 (0.102)
prop	0.356 (0.335)	0.507 (0.318)	0.377 (0.331)	0.178* (0.101)	0.241** (0.113)	0.181* (0.100)
trap	0.360 (0.346)	0.275 (0.339)	0.455 (0.338)	0.014 (0.110)	−0.025 (0.126)	0.033 (0.108)
enti	0.848** (0.385)	0.856** (0.366)		−0.053 (0.127)	0.065 (0.142)	
tran	−0.104 (0.163)	−0.069 (0.157)		−0.078 (0.051)	−0.053 (0.057)	
plan	0.078 (0.328)	0.165 (0.317)		−0.002 (0.100)	0.034 (0.114)	
graq	−0.062 (0.317)	−0.009 (0.304)		0.124 (0.097)	0.077 (0.110)	
fero	−0.085 (0.370)		−0.098 (0.359)	0.038 (0.109)		0.023 (0.108)
pese	−0.010 (0.161)		−0.048 (0.155)	−0.071* (0.041)		−0.074* (0.041)

续表

变量	Y_1 = 规模经营意愿			Y_2 = 耕地经营总面积		
	模型 1	模型 2	模型 3	模型 4	模型 5	模型 6
seei	0.003 (0.793)		0.073 (0.772)	−0.185 (0.214)		−0.207 (0.212)
maci	0.274 ** (0.122)		0.270 ** (0.118)	0.200 *** (0.024)		0.198 *** (0.024)
grqq	0.009 (0.190)		0.106 (0.183)	0.153 *** (0.059)		0.156 *** (0.056)
grtp	−0.052 (0.101)		−0.028 (0.098)	−0.130 *** (0.029)		−0.125 *** (0.029)
labi	0.004 (0.174)		0.001 (0.169)	−0.020 (0.054)		−0.019 (0.053)
irri	0.122 (0.232)		0.051 (0.226)	0.092 (0.065)		0.083 (0.064)
con	3.348 (6.274)	5.381 (4.197)	2.237 (6.039)	3.715 ** (1.786)	5.706 *** (1.529)	2.347 ** (0.020)
Model Sig	P=0.097	P=0.539	P=0.067	P=0.000	P=0.001	P=0.000

注：①模型 1 与模型 4 为全变量回归，模型 2 与模型 5 为控制变量参与下的农户可持续集约化信念认知回归，模型 3 与模型 6 为控制变量参与下的农户可持续集约化实施强度回归。② *、**、*** 分别表示在 10%、5%、1% 的水平上显著；括号内为标准误差；③Model Sig 表示模型整体的拟合优度。二元 logistic 模型的 P>0.05、OLS 模型的 P<0.05 代表模型整体检验显著，具有统计学意义，拟合效果好

(1) 分析影响农户耕地规模经营意愿的因素

模型 1 中，是否听说过化肥农药零增长计划和粮食市场交易额在 5% 的显著性水平上影响农户的耕地转入意愿。当农户听说过化肥农药零增长计划、粮食市场交易额每升高 1 个单位，农户愿意转入耕地是不愿意转入耕地的 2.33（$e^{0.848}$）与 1.32（$e^{0.274}$）倍。模型 2 中，是否听说过化肥农药零增长计划在 5% 的显著性水平上影响农户的耕地转入意愿。模型 3 中，粮食市场交易额在 5% 的显著性水平上正向影响农户的耕地转入意愿。

(2) 分析影响农户耕地规模经营面积的因素

模型 4 中，亩均农机投入与亩均灌溉投入对农户扩大耕地经营面积有负向影响，粮食市场交易额、劳动力总投入对农户扩大耕地经营面积有正向影响。亩均农机投入与亩均灌溉投入每增加 10%，农户减小耕地经营面积的概率会分别提高 0.71% 与 1.30%；而粮食市场交易额、劳动力总投入每增加 10%，农户扩大耕地经

营面积的概率会分别提高2%与1.53%。与模型4相似，模型6中亩均农机投入、亩均灌溉投入分别在10%、1%的显著性水平上负向抑制农户扩大耕地面积，而粮食市场交易额、劳动力总投入都在1%的显著性水平上促进农户扩大耕地经营规模。

此外，户主年龄、户主健康、户主职业、家庭平均受教育年限、家庭到集镇距离、村庄农地确权状况、村庄新型农业经营主体培育状况等变量也在不同条件下显著影响农户规模经营意愿与经营面积。

6.2.3.2 增强回归树模型结果

通过BRT模型进一步研究家庭农业生产要素禀赋、村庄土地市场发育状况以及可持续集约化指标因子与农户耕地规模经营的关系。BRT模型中输入的变量是模型1与模型4中显著影响农户耕地规模经营的变量，如表6-12所示。

表6-12 影响农户规模经营意愿及面积的显著性因子汇总

因变量	核心自变量	控制变量
wiln	plan	age
	grtp	heal
area	maci	age
	grtp	educ
	labi	dist
	irri	enti

在R 3.5.2软件中，调用Elith编写的R语言程序包（gbm packages），针对农户是否有耕地转入意愿，设置树的复杂性为5，学习速率为0.001，分割比例为0.5，随机抽取50%的数据做测试，剩余50%的数据做训练。最终，模型经过1850次分形达到最优，训练数据与验证数据的ROC值分别为0.843与0.709（标准误为0.044），说明算法结果真实有效。对于农户耕地规模经营总面积，模型经过4850次分形达到最优，平均总偏差为0.889，平均残差偏差为0.198，估计交叉验证偏差为0.386（标准误为0.069），训练数据相关性为0.887，交叉验证相关性为0.761（标准误为0.043），最终输出图像如图6-12与图6-13所示。

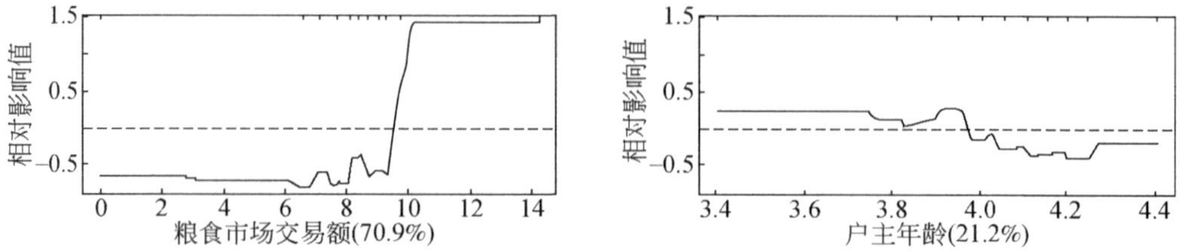

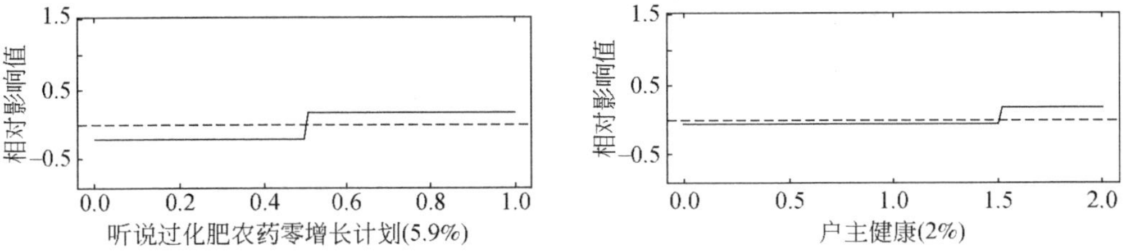

图 6-12 影响农户耕地转入意愿的因子曲线

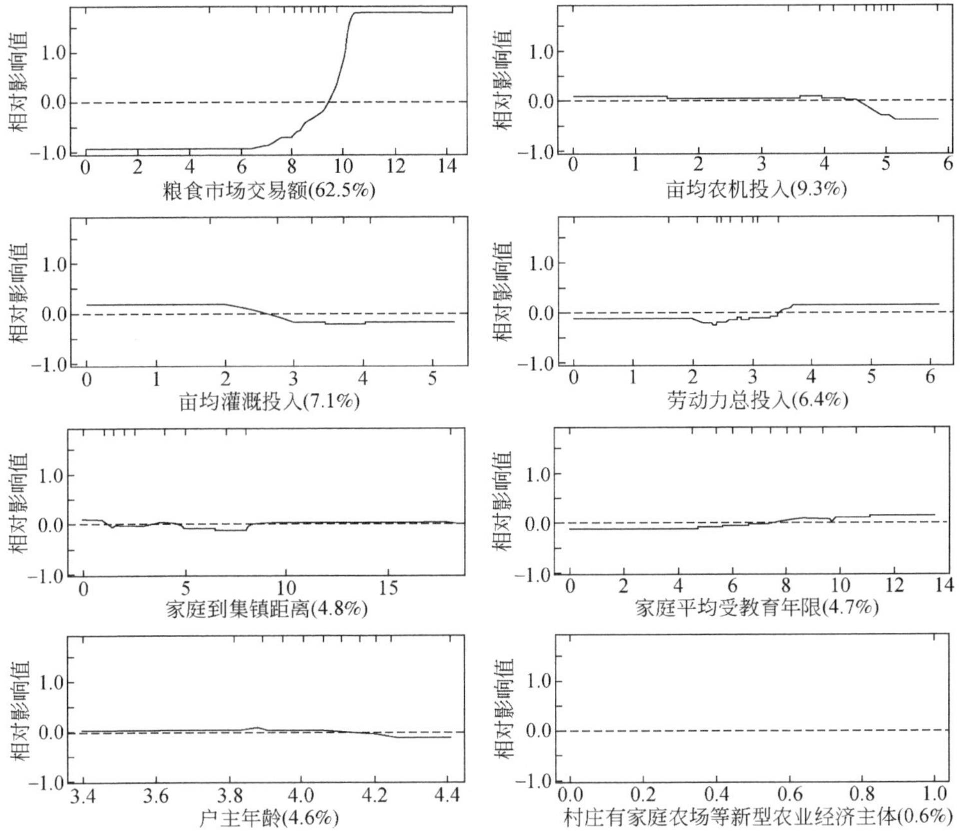

图 6-13 影响农户耕地经营总面积的因子曲线

依据图 6-12，核心变量中粮食市场交易额和农户是否听说过化肥农药零增长计划对农户耕地转入意愿的单因子贡献率分别为 70. 9% 和 5. 9% 。粮食市场交易额的影响力曲线变化特征较为复杂。在交易额小于 14 760 元时降低了农户耕地转入意愿，大于等于 14 760 元时稳定促进农户耕地转入意愿的增强。农户是否听说过化肥农药零增长计划大致在 0. 5 的取值上对耕地转入意愿的影响由负转正。户主年龄、健康状况对农户耕地转入意愿的单因子贡献率为23.2%。

依据图6-13，参与计算的4个核心自变量单因子贡献率排名占据前4位。粮食市场交易额对农户耕地经营总面积的贡献度最大，为62.5%，其影响力曲线表现为先负再正。当交易额小于1223.81元时与农户耕地经营总面积呈稳定的负相关关系，此后则发生剧烈变化并转为正向影响。亩均农机投入对农户耕地经营总面积的贡献度为9.3%，当亩均农机投入小于100元/亩时会促进农户扩大耕地经营面积，超过100元/亩时会减小农户耕地经营总面积。亩均灌溉投入影响力曲线的变化特征与亩均农机投入类似，亩均灌溉投入大致以12.5元/亩为临界值，小于该值时促进农户扩大耕地经营面积，大于等于该值时抑制农户扩大耕地经营面积。劳动力总投入对农户耕地经营总面积的贡献度为6.4%，总投入天数大致以34天为分界点，小于34天时与耕地经营总面积是负相关关系，大于等于34天时与耕地经营总面积是正相关关系。

6.2.3.3 分析与讨论

实证结果表明，农户对政策认知的高自我效能会提高其耕地转入意愿，实际获得农业收入的增长会扩大其种植面积，实证检验与理论分析的结果一致，同时也与Perry和Davenport关于支持政策制定者实施与农民目标和价值观更紧密一致的农业保护项目的建议相符合①。

相较于认知，农户耕地利用可持续集约化实践更会对其种植面积产生显著影响。第一，发现削减灌溉投入有利于扩大经营面积，削减农机投入则会产生相反效果，后者与研究假设不符。实际上先前关于农机投入的研究结果也有争议，刘超等②认为农业机械化促进了农业规模经营，郭贯成和丁晨曦③则认为农业规模经营不依赖于农业机械化。按照前者思路，农机费用的增加可能意味着农业生产环节的全程机械化，而机械化的提高有利于农户扩大经营面积，但这种观点通常以土地集中连片为基本前提。受耕地细碎化的影响，即使是在户均耕地面积较大的山东省，地块分布也绝不会达到类似美国农场的集中和广阔，农业机械作业在我国对劳动力的替代难以实现④。此外，农机服务的获取分为自我购置和社会外

---

① Perry V, Davenport M A. An inductive framework of self-efficacy to understand and support farmers in conservation agriculture [J]. Journal of Soil and Water Conservation, 2020, 75 (2): 198-208.

② 刘超，朱满德，陈其兰. 农业机械化对我国粮食生产的影响：产出效应、结构效应和外溢效应 [J]. 农业现代化研究，2018，39 (4)：591-600.

③ 郭贯成，丁晨曦. 土地细碎化对粮食生产规模报酬影响的量化研究——基于江苏省盐城市、徐州市的实证数据 [J]. 自然资源学报，2016，31 (2)：202-214.

④ 郑旭媛，应瑞瑶. 农业机械对劳动的替代弹性及区域异质性分析——基于地形条件约束视角 [J]. 中南财经政法大学学报，2017，(5)：52-58，136.

包，小农主导的经营模式决定了中国农民显然会放弃成本较高的农机购买而转向寻求专业社会化服务①。然而，目前我国农业机械化服务的外包内容、外包组织、外包模式发展不充分②，更多的是持有农业机械的大规模农民（而非提供外包服务的专业组织）向小规模农民提供农机作业服务③④，农机投入的高成本抑制了农户扩大种植面积。第二，劳动力投入的增加会促进农户扩大经营面积，这同样不符合假设。探究背后原因，在我国农村“男性外出打工，女性和年迈老人务农留守”的现象相当普遍⑤，劳动力可获得性不足制约了粮食供给安全⑥⑦。在农业机械化程度提升有限的情况下，农业劳动力增加会促进农户扩大耕地经营面积。第三，粮食市场交易额的提高也会促进农户扩大种植面积，但亩均粮食产量的增加却阻碍了农户的规模种植（虽然不具有统计显著性）。其原因在于，农户在小面积的耕地上以生产要素密集投入取得亩均高产，保持较小的耕作面积成为亩均高产的前提。调研数据显示，耕地经营总面积小于6.7亩的农户亩均粮食产量较面积大于等于6.7亩的农户高10.15斤/亩，表明规模经营并非一味强调粮食高产量，化肥、农药、种子、农机等规模采购带来的投入成本降低也是其追求目标，而成本降低与经济效益提高实质上是一致的⑧⑨。第四，还需关注的是，BRT模型结果表明，可持续集约化指标、家庭农业生产要素禀赋指标、村庄土地市场发育状况指标与农户耕地规模经营之间具有动态响应关系，各类指标都存在一个促进农户耕地规模经营的最佳区间。在可持续集约化的目标下实现规模经营依靠各类指标的协调而非单一指标的提升。

---

① 罗必良. 小农经营、功能转换与策略选择——兼论小农户与现代农业融合发展的“第三条道路”[J]. 农业经济问题，2020，(1)：29-47.

② 曹峥林，王钊. 中国农业服务外包的演进逻辑与未来取向[J]. 宏观经济研究，2018，(11)：116-127.

③ Diao X，Cossar F，Houssou N，et al. Emerging demand，and the search for alternative supply models [J]. Food Policy，2014，48：168-181.

④ 蔡键，刘文勇. 农业机械化发展及其服务外包的原因分析——源自冀豫鲁3省问卷调查数据的证明[J]. 中国农业资源与区划，2018，39（2）：230-236.

⑤ 冷智花，付永乐，钱龙. 农业劳动力性别结构对粮食生产的影响——基于CFPS数据的实证分析[J]. 财贸研究，2020，31（12）：36-48.

⑥ Morse S，Mcnamara N，Acholo M. Agricultural sustainability：Comparing external and internal perspectives [J]. Journal of Sustainable Agriculture，2002，20（4）：29-59.

⑦ 张志新，李成，靳玥. 农村劳动力老龄化、女性化与粮食供给安全[J]. 华东经济管理，2021，35（1）：86-96.

⑧ 金陶岚. 适度粮食安全成本与粮食总产出的实证分析——以江苏省为例[J]. 中国农业资源与区划，2016，37（8）：130-134，149.

⑨ 许庆，尹荣梁，章辉. 规模经济、规模报酬与农业适度规模经营——基于我国粮食生产的实证研究[J]. 经济研究，2011，46（3）：59-71，94.

6.3 农户生计转型与耕地利用可持续集约化

6.3.1 理论框架

本小节从农户行为和意识两个方面探讨农户生计转型与耕地利用可持续集约化之间的互馈关系（图6-14），即耕地资源禀赋通过影响农户生计资本的积累和存续影响农户生计转型的方向。农户生计转型会改变农户的耕地依存关系和土地意识，影响耕地利用行为，进而影响耕地利用可持续集约化水平，而农户的耕地利用行为会进一步反馈农户生计，影响生计转型的进度。

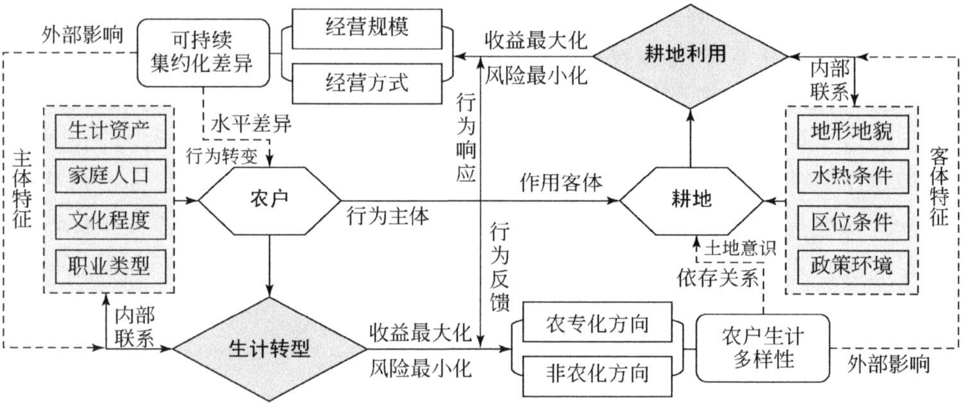

图6-14　农户生计转型与耕地利用可持续集约化的互馈关系

6.3.1.1 耕地外部环境和资源禀赋的差异

耕地外部环境和资源禀赋方面的差异，一是耕地生态系统外部环境在温度、光照、降水等自然条件和区位、市场、权属等社会经济条件的差异；二是耕地生态系统内部地形、土壤、微生物等方面的差异。由于较大尺度范围耕地外部环境和小尺度范围内耕地资源禀赋的差异，不同区域之间或区域内部农户在种植结构、经营方式、管理模式等耕地利用行为同样存在差异，从而影响农户早期生计资本的积累和存续。当既有外部环境和资源禀赋等外在条件发生变化，或其累积的生计资本已不能满足农户日益增长的预期需求时，面向生计转型的动力和阻力，作为有限理性的“经济人”——农户会出于利益最大化和风险最小化的双向考虑与权衡，综合做出的选择和决策，在适应环境变化或转变生计类型的过程中，往往交互伴随着耕地依存关系、土地意识的同步变化，并凭借差异化的耕地利用行为得以付诸。

耕地外部环境和资源禀赋较好的农户，由于产出效率高，农产品质量好，销售渠道便捷，市场经济适应性强，能够获得相对较高的经济效益，促进生计资本积累，从而支撑农户生计策略的选择和实现。一方面，农户可能出于风险最小化生计目标的考虑，选择维持现阶段的经营规模和耕作模式，生计类型保持稳定。另一方面，农户可能出于收益最大化生计目标的考虑，转变生计策略，逐步实现生计转型。一是，生计资本充裕、劳动力充足、土地权属稳定且市场适应灵活的农户通过转入土地，扩大经营规模、调整经营模式、优化种植结构，逐步具有农业专业化的发展倾向，并具备成为新型经营主体的发展潜力。二是，生活、教育、就业、医疗等多向需求驱动下，伴随着家庭年轻一代劳动力求学、务工等外流行为，增加了非农就业或兼业的比例，农户生计更倾向于非农化转型。耕地外部环境和资源禀赋较差的农户，种植结构和经营条件受限，农产品的产量、质量和市场竞争力较低，农业收入对于家庭资本积累和消费支出的支撑力度较弱。一方面，农户出于收益最大化生计目标，为扩大收入来源，被迫倾向于非农化生计转型。位于经济不发达地区，家庭劳动力充足的农户其非农化转型趋势最为明显，尤其是非农化转型后期在兼业化向非农化过渡的过程中，农户会考虑转出部分或全部耕地，耕地利用粗放经营，甚至发生撂荒现象。另一方面，家庭劳动力不足或务农劳力健康状况受限，难以达到从事非农就业的条件，出于风险最小化生计目标考虑，多选择维持现有生计。

6.3.1.2 耕地依存关系和土地意识的嬗变

农户生计转型是一个由传统农业生计类型向非农化或农业专业化方向发展的长期渐次演进过程。对于稳定的传统农业农户，尤其是位于平原农区的小农户，多为家庭经营模式，农业收入是家庭收入的最主要来源，耕地利用是其最主要的谋生方式和生产活动，对作物的选择和耕作方式多受长期习惯和地形、土壤、灌溉等自然条件的影响，种植结构相对更为多样，由于多经营自家耕地，农户对于耕地的依存关系，以及功能认知、产权和保护等土地意识相对较强，既要保证耕地利用短期内的高效产出，同时还要保障长期产出的持续性和稳定性，从而相对更倾向于基于主观认知和行为加强耕地保护与长期养护。但同时也存在经济不发达地区或农牧交错区的部分农户尽管未发生生计转型，但因交通不便或市场不畅出现的粗放经营或弃耕等现象。

对于非农化方向转型的农户，在逐步脱离传统农业生产和乡村依赖，发展成为农业兼业型农户并向非农兼业型农户转变，并可能最终发展成为非农型农户的过程中；随着非农化转型趋势的加强，非农收入占家庭收入的比例增加，劳动力逐渐脱离农业生产，部分年轻一代家庭成员实现了稳定的职业非农化和地域迁移。随着农户开始转出承包地或耕地利用的逐渐粗放化，耕地对农户的支持作用和联结关系逐渐弱化，尽管耕地仍是农户重要的生计资产和养老保障，但在主观上相对弱化了耕地的保护意识，对耕地的权属则更为重视。对于农业专业化方向转型的农户，农业已成为最主要的收入来源，农户对于耕地的依赖性较强，多通过农地流转，逐步增大经营规模，购置农用设施、改进种植技术、优化种植结构，以获得较大收益用于资金回笼或进一步扩大经营规模、改进经营模式。对于经营规模达到现有劳动力和资源资产下的最优配置较稳定的农业专业型农户，为保证可以获得长期收益，耕地保护意识和权属意识相对较强。也存在尚处于农专化转型过程中的农户，由于转入周期短且经营的耕地大多来自转入，耕地保护意识相对较弱，可能会以掠夺性增加投入的形式来换取短期内较高的农业产出和资金回报。

6.3.1.3 耕地利用水平和行为响应的转变

农户耕地依存关系和土地意识通过农户行为间接影响耕地利用可持续集约化水平，并进一步反馈农户生计。较高水平的耕地利用可持续集约化意味着适度的投入和合理的经营可以获得较高的经济效益，同时兼顾生态效益和社会效益。即农户通过经营集约化的手段在追求产出高效化的直接耕地利用行为过程中，间接承担了资源节约化和生态环境不退化的责任，同时为社会粮食安全和资源保护的可持续做出贡献，无论是对于耕地利用主体还是耕地生态经济复合系统均有助于耕地的长期、高效和可持续利用；从而促进传统农业型的农户继续保持现阶段的稳定状态，促进具有农业专业化转型潜力的农户改变生计策略；加快农业专业转型方向农户的转型进度，促进其继续扩大经营规模，促进仍处于非农方向转型阶段的农户继续经营耕地，减少耕地转出或弃耕的倾向。无论是主观耕地利用行为还是外部环境变化所引致的较低水平的耕地利用可持续集约化或不可持续集约化都意味着经济—生态—社会效益的低效或失衡，对于农户而言多表现为对生计长期支持的不稳定。农户在生计决策的过程中更多的是出于对风险最小化生计目标的考量。这会加快传统农业型农户非农化的转型倾向；加快非农化转型方向农户的生计转型进度，促进其减少经营规模或进一步转出耕地；减弱或劝退农业专业化转型方向农户的转型趋势，甚至可能会发生生计转型的逆向演替。

6.3.2 研究区域与数据来源

6.3.2.1 研究区概况

曲阜市位于山东省西南部，济宁市中东部，东经116°51′～117°13′，北纬35°29′～35°49′，辖区总面积815km^2，低山丘陵、平原、洼地分别约占总面积的

22%、71%和7%[①]。地形北高南低、东高西低，由东北向西南呈倾斜状。境内最高点海拔为548.1m，最低点海拔为47m，地貌按形态分为7个地貌类型及12个微地貌单元。

曲阜市属暖温带季风气候，春秋季多旱，夏季多雨（间有伏旱），冬季干冷少雪，多年平均降水量为698mm，水资源总量为$2.30\times10^{8}m^{3}$。2018年，曲阜市耕地面积为4.69万hm^2，占全市土地总面积的57.52%，人均耕地面积为0.125hm^2；高标准农田面积为2.29万hm^2，占耕地总面积的48.8%左右。耕地土壤分6个土类，其中褐土分布最广，潮土次之，砂姜黑土较少。

曲阜市是山东省辖县级市，由济宁市代管，市辖4个街道办事处、8个镇，2019年末常住人口为64.99万人，常住人口城镇化率为64.83%。2019年曲阜市GDP为355.06亿元，人均GDP为54 654元。2019年曲阜市农林牧渔业总产值为52.45亿元，其中农业产值为26.1亿元。2019年曲阜市粮食种植面积为6.39万hm^2，粮食产量为43.63万t。

6.3.2.2 数据来源

本研究所用的农户调研数据来源于2020年吕晓教授课题组自主组织开展的山东省曲阜市农户问卷调查。首先，阅读相关文献资料，结合山东省农业发展和耕地利用实际情况设计问卷，主要包括村庄问卷、农户问卷和农资问卷三类。其次，课题组在曲阜市选取部分农户开展预调研，对调研过程的反馈和初步获取的调研数据进行研讨，修改完善并确定最终的调查问卷。再次，开展农户访谈和问卷调查。在前期预调研和考察论证的基础上，综合考虑曲阜市各乡镇之间的自然资源情况、社会经济情况和农业发展情况，本次调查共选取吴村镇、石门山镇和息陬镇3个农业乡镇作为调研地，每个乡镇随机选取4个自然村，并在村内随机选取若干农户进行入户调查和问卷访谈。农户问卷的受访群体为一般农户，涉及农户的家庭构成与生计活动、耕地利用行为、农户环境认知与行为意愿等内容。村庄问卷的受访群体为村委会的村主任、会计或妇女主任等村干部，涉及村庄的自然资源、社会经济、农业发展等村庄概况。农资问卷的受访群体为乡镇或村内的农资店，主要内容为农药、化肥、地膜等农资用品的种类、价格、用量等基本情况。每份农户调查问卷平均用时1～1.5小时，每份村庄问卷和农资问卷平均用时约1小时。调研区域涉及曲阜市3个农业乡镇的12个自然村，共发放农户调查问卷380份、村庄问卷12份、农资问卷6份，可大致反映2019年的农户家庭生计、耕地利用、行为意愿等基本情况。

---

① 曲阜市自然资源情况和社会经济情况相关统计数据来源于《2019年济宁统计年鉴》《曲阜年鉴(2020)》《2019年曲阜市国民经济和社会发展统计公报》。

最后，为保证数据的客观准确，对问卷进行整理并剔除无效问卷后，共得到359份有效农户问卷作为研究样本，问卷有效率达94%，村庄问卷和农资问卷有效率为100%。

农户调查问卷共涉及3个农业乡镇12个村庄的359户农户，从样本概况（表6-13）来看，家庭人口方面，农户家庭人口在3～5人的居多，占比为57.66%。由于农村人口外流，常住人口明显少于家庭人口，从事农业劳动生产的人数下降，常住人口为1～2人和3～5人的占比分别为43.45%和46.52%，78.27%的农户家庭农业劳动力仅为1～2人。收入支出方面，78.83%的农户主要家庭收入来源为非农打工或自主经营。59.89%的农户2019年人均收入为1～3万元，66.85%的农户家庭支出在1～5万元。耕地经营方面，7.24%的农户不再经营耕地（农地转出），49.58%的农户经营面积在0～5亩，5.29%的农户经营面积超过了30亩。从受访者的个体特征来看，受访者以男性居多，占比为56.55%。受访者年龄多分布在60至75岁之间，占受访者总数的50.97%。71.03%的受访者健康状况较好。87.74%的受访者文化程度多为初中及以下水平。68.25%的受访者主要收入来源为务农，16.16%为非农打工。

表6-13　农户问卷数据样本总体概况

农户				受访者			
项目	类别	户数（户）	占比（%）	项目	类别	人数（人）	占比（%）
家庭人口（人）	[1, 2]	55	15.32	性别	男	203	56.55
	[3, 5]	207	57.66		女	156	43.45
	[6, 8]	97	27.02	年龄	[30, 45)	26	7.24
常住人口（人）	[1, 2]	156	43.45		[45, 60)	120	33.43
	[3, 5]	167	46.52		[60, 75)	183	50.97
	[6, 8]	36	10.03		[75, 90)	30	8.36
农业劳动人口（人）	0	26	7.24	健康状况	良好	255	71.03
	[1, 2]	281	78.27		一般	94	26.18
	[3, 5]	52	14.48		较差	10	2.79
主要收入来源	农业收入	72	20.06	文化程度	文盲	73	20.33
	打工收入	258	71.87		小学	111	30.92
	自主经营	25	6.96		初中	131	36.49
	其他	4	1.11		高中	26	7.24
人均收入（元）	[1000, 5000)	20	5.57		中专	10	2.79
	[5000, 10000)	59	16.43		大专及以上	8	2.23
	[10000, 30000)	215	59.89	主要收入来源	无业	33	9.19
	30000以上	65	18.11		务农	245	68.25
家庭支出（元）	10000以内	24	6.69		农业打工	4	1.11
	[10000, 50000)	240	66.85		非农打工	58	16.16
	[50000, 100000)	80	22.28		自主经营	13	3.62
	100000以上	15	4.18		公职/编制	6	1.67

续表

农户				受访者			
项目	类别	户数（户）	占比（%）	项目	类别	人数（人）	占比（%）
经营规模（亩）	0	26	7.24	职业类型	务农	234	65.18
	(0，5]	178	49.58		农业为主兼业	14	3.90
	(5，10]	86	23.96		非农为主兼业	60	16.71
	(10，30]	50	13.93		非农就业	18	5.01
	(30，400]	19	5.29		未就业	33	9.19

注：①家庭人口为一个户口本上的家庭成员。儿子已经结婚单独居住、经济独立，但是土地没分开，算作一户；女儿出嫁之后，地还留在娘家，但已经不在娘家生活了，不算作一户。②常住人口为常年居住在农村的具有农业户口的家庭成员。③农业劳动人口为农户家庭中参与农业劳动的家庭成员，包括长期从事农业劳动的成员（职业类型为务农）和中、短期参与农忙的成员（职业为农业为主兼业或非农为主兼业）。④健康状况：良好=身体健康，一般无疾病；一般=无重大疾病；较差=基本无法从事体力劳动

6.3.3 研究方法与过程

6.3.3.1 农户生计类型及转型趋势

(1) 农户生计类型划分

参考已有研究和样本农户特征，按照主要经济收入来源，农户生计模式可以分为农业活动为主和非农业活动为主，即农户从事农业活动的收入[①]占总收入的比例超过50%，则农户的生计模式以农业活动为主；农户从事非农业活动收入[②]占总收入的比例超过50%，则农户的生计模式以非农业活动为主。综合考虑生计策略、收入结构、劳动力投入方向和土地依赖程度等，将农户类型划分为农业专业型、传统农业型、农业兼业型、非农兼业型和非农型五类（表6-14），根据具体占比每类又可分为若干亚类（表6-15）。

---

① 农业收入：除从事农业生产获得的经济收入外，经营耕地所获得的农业补贴也被考虑纳入农业收入。

② 非农收入：除打工和自主经营等非农就业获得经济收入外，土地流转收益也被考虑纳入非农收入。

表 6-14　农户生计类型划分及主要依据

农户类型	主要生计策略	土地依赖程度	土地意识	劳动力投入方向	农业收入占比	非农收入占比
A. 农业专业型	规模经营、集约经营	强	较强	农业	90%及以上	10%以下
B. 传统农业型	集约经营、小农经营	强	强	农业	90%及以上	10%以下
C. 农业兼业型	集约经营、小农经营	较强	一般	农业	50%～90%	10%～50%
D. 非农兼业型	生计多样、集约经营	一般	较弱	非农业	10%～50%	50%～90%
E. 非农型	生计多样、小农经营	最弱	最弱	非农业	10%以下	90%及以上

表 6-15　农户生计亚类划分及主要依据

生计类型	生计亚类	占农业收入比例	占非农收入50%以上
A. 农业专业型/B. 传统农业型	1. 纯粮食作物种植型	粮食作物占90%及以上	无
	2. 纯经济作物种植型	经济作物占90%及以上	
	3. 纯家庭专业养殖型	养殖占90%及以上	
	4. 粮食作物为主型	粮食作物占50%～90%	
	5. 经济作物为主型	经济作物占50%～90%	
	6. 养殖为主兼种植型	养殖占50%～90%	
C. 农业兼业型	1. 粮食作物种植为主兼打工	粮食作物占50%～90%	打工
	2. 粮食作物种植为主兼自主经营	粮食作物占50%～90%	自主经营
	3. 经济作物种植为主兼打工	经济作物占50%～90%	打工
	4. 经济作物种植为主兼自主经营	经济作物占50%～90%	自主经营
	5. 养殖为主兼打工	养殖占50%～90%	打工
	6. 养殖为主兼自主经营	养殖占50%～90%	自主经营

续表

生计类型	生计亚类	占农业收入比例	占非农收入50%以上
D. 非农兼业型	1. 打工为主兼粮食作物种植	打工占50%～90%	粮食作物
	2. 打工为主兼经济作物种植	打工占50%～90%	经济作物
	3. 打工为主兼养殖	打工占50%～90%	养殖
	4. 自主经营为主兼粮食作物种植	自主经营占50%～90%	粮食作物
	5. 自主经营为主兼经济作物种植	自主经营占50%～90%	经济作物
	6. 自主经营为主兼养殖	自主经营占50%～90%	养殖
E. 非农型	1. 打工	打工占90%及以上	无
	2. 自主经营	自主经营占90%及以上	
	3. 打工为主兼自主经营	打工占50%～90%	
	4. 自主经营为主兼打工	自主经营占50%～90%	

1）农业专业型农户：主要为种粮大户或家庭农场，农业是农户家庭最主要的收入来源，对于土地的依赖性最强，土地意识①较强，农地流转参与程度高，绝大多数农户通过转入土地扩大经营规模，户均经营规模多在30亩及以上。大多数农户家庭拥有较为完备的农机设施，机械化程度较高，多为自主机械化经营或雇佣机械化经营；耕地利用和经营管理过程中的时序性和专业性较强，对于产量的保障性相对较高。对农产品类型或养殖品种的选择受市场经济和社会需求的影响较大，一般多有固定的销售或加工渠道，种植结构的专一化程度较高，分化程度相对较低，家庭劳动力中从事农业生产的比例较高。按照农业生产活动细分，可以分为种植业和养殖业两类；种植业又可细分为粮食作物为主型和经济作物为主型两类。

2）传统农业型农户：多为小农经营模式，农业是农户家庭最主要的收入来源，对土地的依赖程度强，土地意识强，家庭劳动力基本从事农业生产活动，经营规模相对较小，部分农户通过转入土地适当扩大经营规模，但转入的规模和参与程度多受制于家庭农业劳动力数量和家庭农用设施，因此多为雇佣机械化经营和自主经营，经营管理过程中受个人经验或家庭经验的影响较大，对作物的选择多受长期耕作习惯和地形、土壤、灌溉等自然条件的影响和限制较大，种植结构相对更为多样。根据种植结构和收入占比可分为6种亚类。

3）农业兼业型农户：主要从事农业生产，但也从事打工或自主经营等非农

① 土地意识：在此泛指农户在土地利用过程中对于土地的功能认知、产权意识和保护意识等感觉认知。

活动；农业收入仍然是农户的主要收入来源，占家庭总收入的50%及以上，对土地的依赖程度较强。农户经营的土地多为自家或亲戚家的承包地，土地流转的参与程度不高，农业劳动力年龄普遍较大，土地意识一般，非农收入主要来源于外出打工（农业打工、非农打工）和自主经营两类，非农收入类型较单一，随着非农收入占比增加，部分农户表现出非农兼业型的转变趋势和倾向。根据种植结构和收入占比可分为6种亚类。

4）非农兼业型农户：家庭劳动力主要从事打工或自主经营等非农活动，同时也从事农业生产活动；非农收入是农户的主要收入来源，占家庭总收入的50%及以上，对土地的依赖程度一般。农户经营的土地多为自家的承包地，部分农户通过转出土地缩小经营规模，仅余留提供自家口粮的承包地耕种，土地意识相对较弱，非农收入主要来源于外出打工（农业打工、非农打工）和自主经营两类，非农收入的类型相对较为多样，相比农业兼业型农户，向非农型农户转变的潜力和倾向更强。根据具体非农收入占比和种植结构可分为6种亚类。

5）非农型农户：农户基本脱离农业生产活动，绝大多数家庭成员在本地或外地从事非农打工或非农经营活动或从事较小规模的农业生产，90%及以上的家庭收入来源于非农活动，农业收入在家庭总收入中的占比不到10%。需要注意的是，非农型农户并非失地农户也并非完全不从事农业生产，农户仍然居住在农村，拥有宅基地和承包地，只是农业生产的收入在总收入中的占比很小，绝大多数非农型农户转出承包地或粗放利用，对土地的依赖程度和土地意识最弱，根据具体非农收入占比分为4种亚类。

基于上述农户生计类型的划分依据，对样本农户进行生计类型划分，考虑到农户生计与农户家庭劳动力和耕地利用密切相关，农户收入主要来源于农户的农业生产活动和非农就业活动。因此，农业收入除从事农业劳动所获得的经济收入外，还包括耕种土地所获得的农业综合补贴，非农收入除从事打工（农业打工、非农打工、公职/编制等）和自主经营外，还包括农户放弃自家经营，通过农地流转所获得的转出收入。对于可能出现的未从事非农就业，但流转收入占比超过10%极少数个别农户将其统计为传统农业型农户。

统计分析发现，359户样本农户5种生计类型均有所涉及（表6-16），但分布表现出较明显的不均衡性，约12.5%的农户为传统农业型，约3.9%的农户为农业兼业型，约40.9%农户为非农兼业型，约37.9%的农户为非农型，约3.6%的农户为农业专业型。另外，有4户农户的生计来源既不来自农业生产也非非农就业，全部收入来源为子女赡养、老年补贴等收入，因此并未列为5种农户生计类型。根据不同农户生计类型下的生计亚类分布来看（表6-16），农业专业型农户主要为纯粮食作物种植型农户，传统农业型农户主要为纯粮食作物种植型农户，农业兼业型农户主要为粮食作物种植为主兼打工型农户，非农兼业型农户主要为打工为主兼粮食作物种植型农户，非农型农户主要为打工型农户。

表 6-16　样本农户生计类型及亚类分布

生计类型	户数（户）	占比（%）	生计亚类	样本农户（户）	占比（%）
A. 农业专业型	13	3.6	A1. 纯粮食作物种植型	8	67
			A4. 粮食作物为主种植型	4	33
B. 传统农业型	45	12.5	B1. 纯粮食作物种植型	39	87
			B2. 纯经济作物种植型	1	2
			B5. 经济作物为主种植型	4	9
			B6. 养殖为主兼种植型	1	2
C. 农业兼业型	14	3.9	C1. 粮食作物种植为主兼打工型	6	13
			C2. 粮食作物种植为主兼自主经营型	3	21
			C3. 经济作物为种植主兼打工型	3	21
			C5. 养殖为主兼打工	1	7
			C6. 养殖为主兼自主经营	1	7
D. 非农兼业型	147	40.9	D1. 打工为主兼粮食作物种植型	125	85
			D2. 打工为主兼经济作物种植型	11	7
			D3. 打工为主兼养殖型	2	1
			D4. 自主经营为主兼粮食作物种植型	8	5
			D5. 自主经营为主兼经济作物种植型	1	1
E. 非农型	136	37.9	E1. 打工型	111	82
			E2. 自主经营型	14	10
			E3. 打工兼自主经营型	9	7
			E4. 自主经营兼打工型	2	1
其他	4	1.1	无	—	—

综合来看，本次调查的 539 户样本农户生计类型较为多样，但主要集中在非农兼业型和非农型两种类型；非农收入是绝大多数样本农户的主要生计来源，打工收入是最主要的非农收入；农业为主要家庭收入来源的农户数量仅占样本农户

总数的20%左右，粮食作物种植是最主要的农业收入来源。

(2) 农户生计转型阶段划分

根据农户个体主要生计来源和职业类型的差异和变化，农户生计转型阶段主要可以分为：萌芽阶段、初期阶段、发展阶段和成熟阶段四种生计转型阶段（图6-15）。农户个体生计转型是一个从农业为主到非农业为主或农业专业化的渐次转变过程，农户生计转型的目标是追求利益最大化和风险最小化，在这一过程中受到转型动力和阻力的双重影响。

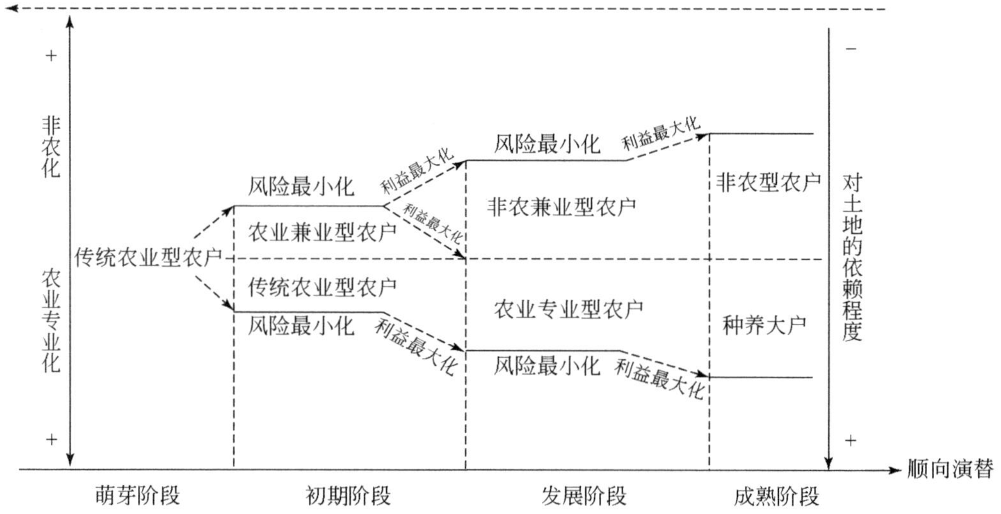

图6-15 农户生计转型阶段划分

1）萌芽阶段。对于传统农业型农户，对土地的依赖程度最大，当有家庭成员开始从事非农业生产活动并获得经济收益时，尽管其在家庭收入中占的比例较小，但从事非农就业的倾向已显现，农户生计转型进入萌芽阶段。一方面，基于风险最小化的生计目标，出于对家庭劳动力数量、年龄、身体状况等的综合考虑，在既有承包地和宅基地能够实现对生产和生活基本保障的前提下，农户可能选择维持现有状态，成为稳定的传统农业型农户。另一方面，出于利益最大化的生计目标倾向，农户家庭中的青壮年劳动力可能继续扩大非农活动的范围或农业经营规模，农户生计类型进入初期转型阶段。

2）初期阶段。进入生计转型初期阶段，农户生计转型的方向发生分化，一个普遍的转型方向是非农化方向发展，即随着非农收入的增加，农户生计类型变为农业兼业型。另一生计转型方向为农专化方向，农户通过农地流转，逐步增大经营规模。无论哪种方向的转型发展，农业和耕地在此阶段仍然是农户最主要的生计来源和基本保障。对于农业兼业型农户而言，尽管不是主要生计来源，非农就业收入已成为家庭收入中不可忽视的一部分。但受限于经济环境或个体能力，大多数从事非农就业的劳动力难以获得稳定且高报酬的岗位，在劳力配置上多为务农为主、非农为辅，非农就业的职业类型多为打工兼务农，地点多为本乡镇或本县，形成了“基于农时、亦工亦农”的就业模式。此时，相比传统农业型农户，农业兼业型农户具有较为明显的优势：一是农户不仅有稳定的农业收入，还有额外的打工收入；二是家庭成员有更长的劳动力生命周期，受劳动力市场对年龄限制的影响较小；三是家庭的生活成本较低，基本实现自给自足。因此，一方面，出于风险最小化的生计目标考虑，可能成为稳定的农业兼业型农户。另一方面，基于家庭劳动力的综合素质，出于利益最大化生计目标的考虑，一是沿着非农化生计转型方向发展，非农活动的范围和规模继续增加，转型动力来源于从事打工或自主经营等非农活动能获得更多的经济收入，以及非农就业更为自由的就业环境和更多样的形式，阻力来源于非农就业的不稳定性；二是受农业政策和市场经济需求的影响，转型向农业专业化发展，多以单一性较强的粮食作物、经济作物或养殖为主，转型动力来源于有足够的劳动力和农地转入来源，阻力来源于易受自然灾害影响、前期投入较大、回本周期较长、农产品价格的市场波动性等。当动力大于阻力时，农户生计继续转型，进入下一发展阶段。对于选择农业专业化发展的农户而言，此时尚未形成规模，农户生计类型仍为传统农业型，并且绝大多数农户继续扩大经营规模的意愿较强。

3）发展阶段。对于农业兼业型农户，随着非农收入占家庭收入比例增加，并逐渐取代农业收入成为主要家庭收入来源，农户生计类型转变为非农兼业型农户。非农打工和自主经营成为主要的非农就业活动，地点多为本县或本市，并由此形成了“工农兼顾、城乡兼跨”的就业模式。此时，一方面，出于风险最小化的生计目标考虑，可能成为稳定的非农兼业型农户。另一方面，出于利益最大化生计目标的考虑，继续发展为非农型农户，转型动力除非农收入外还来源于城镇生活的教育、医疗、养老等基础设施和公共资源，转型阻力除失业风险等不稳定性外还来源于生活成本（饮食、居住）的大幅提高。因此，由于面临较大的生计转型压力，农户可能长期处于生计转型的发展阶段，一些农户可能最终没能完成这个阶段的转型。对于扩大经营规模的传统农业型农户或农业专业化转型发展的农业兼业型农户，继续通过农地流转扩大经营规模，购置农用设施，改进种植技术，优化种植结构等，初步发展为农业专业型农户。

4）成熟阶段。非农兼业型农户发展成为非农型农户，农业收入对于整个家庭收入的影响最小，依靠打工和自主经营获得非农收入成为支柱，部分家庭成员非农就业的地点扩大至本省或省外，部分农户的年轻一代家庭成员实现了稳定的职业非农化和地域迁移，与土地和乡村的依赖程度最低，非农型农户逐渐变为稳定非农型农户，并在未来有较大可能发展为城镇居民。农业专业型农户的经营规模达到现有家庭劳动力和资源资产下的最优配置即种养大户，并逐渐成为稳定的农业专业化农户，在较长一段时间内不会发生大的调整或改变。

基于农户生计转型阶段演进的理论分析，假设农户在生计转型过程中生计环境没有大的变化，生计转型为顺向演替且不分户，样本农户中处于萌芽阶段、初期阶段和发展阶段的农户都可以划分为稳定型农户和转型倾向型农户两类；处于成熟阶段的农户可以分为稳定型和增强型两类。稳定型农户出于风险最小的生计目标，除外界环境和家庭内部发生较大变化，短期内生计类型一般不会发生变化，转型倾向农户则可能在未来一段时间内发展进入下一转型阶段；增强型农户处于生计转型的发展后期或成熟阶段且逐渐趋于稳定。因此，传统农业型和农业兼业型农户的转型倾向可划分为稳定型、非农化倾向型和农业专业化倾向型三类；非农兼业型农户的转型倾向可划分为稳定型和非农化倾向型两类；非农型农户划分为稳定型和非农化增强型两类；农业专业化农户分为稳定型和农业专业化增强型两类。

对于农户生计转型倾向的划分，在收入来源依据的基础上，增加农户耕地流转意愿与行为及经营规模作为主要依据，从静态和动态两方面综合考虑农户生计转型倾向，并参考不同生计类型农户的特征分析，将其作为衡量生计转型倾向划分的检验依据（表6-17）。具体来看：①对于传统农业型农户，农业收入来源均超过90%，因此以耕地流转意愿与行为及经营规模作为主要依据。满足于现有经营规模，暂无耕地转入行为和耕地转出意愿，务农劳动力年龄较大的农户一般较为稳定。现有经营规模较小，无耕地转入意愿，有耕地转出意愿或行为，务农劳动力年龄较小，健康状况较好的农户非农化倾向较强。有耕地转入行为或意愿，无耕地转出意愿，经营规模普遍高于一般传统农业型农户，务农劳动力年龄较小，健康状况较好的农户农业专业化倾向较强。②对于农业兼业型农户，综合考虑农业收入占比和耕地流转意愿与行为。农业收入所占比例较大，暂时无耕地转入行为和耕地转出意愿，经营规模小于农业兼业型农户平均经营规模，务农劳动人口年龄较大的农户一般较为稳定。农业收入所占的比例相对较小，无耕地转入意愿，有耕地转出意愿或行为，经营规模相对较小，务农劳动力年龄较小，健康状况较好的农户一般非农化倾向较强。有耕地转入意愿或行为，无耕地转出意愿，经营规模普遍高于一般农业兼业型农户，务农劳动力年龄较小，健康状况较好的农户农业专业化倾向较强。③对于非农兼业型农户，综合考虑非农业收入占比和耕地流转意愿与行为。非农收入所占的比例相对较小，无耕地转出意愿，非农劳动力年龄较大的农户，一般较为稳定。非农收入占比相对较大，无耕地转入意愿，有耕地转出意愿或行为，且年龄相对较小、健康状况较好的农户非农化倾向较强。④对于非农型农户，以耕地流转意愿与行为作为主要依据。无耕地转出意愿或耕地流转意愿，年龄相对较大的农户一般较为稳定。无耕地转入意愿，有耕地转出意愿或行为的农户非农化增强的倾向较强。⑤对于农业专业化农户，以耕地流转意愿与行为作为主要依据。无耕地转入意愿或耕地流转意愿，年龄相对较大的农户较为稳定。有耕地转入意愿或行为，无耕地转出意愿的农户农专化增强的倾向较强。

表 6-17　样本农户生计类型转型倾向划分

<table>
<tr><th rowspan="2">农户类型</th><th rowspan="2">转型倾向</th><th colspan="2">收入来源</th><th colspan="2">耕地利用行为</th><th colspan="2">农户特征</th></tr>
<tr><th>农业收入占比</th><th>非农收入占比</th><th>耕地流转意愿与行为</th><th>经营规模</th><th>务农/非农平均年龄</th><th>务农/非农健康良好占比</th></tr>
<tr><td rowspan="3">传统农业型</td><td>稳定型</td><td colspan="2" rowspan="3">—</td><td>转入 2 或转入 3，转出 3</td><td>小于 5.6 亩</td><td>大于 60 岁</td><td>—</td></tr>
<tr><td>非农化倾向</td><td>转入 3，转出 1 或转出 2</td><td>小于 5.6 亩</td><td>小于 60 岁</td><td>大于 61%</td></tr>
<tr><td>农业专业化倾向</td><td>转入 1 或转入 2，转出 3</td><td>大于 5.6 亩</td><td>小于 60 岁</td><td>大于 61%</td></tr>
<tr><td rowspan="3">农业兼业型</td><td>稳定型</td><td>70%～90%</td><td rowspan="3">—</td><td>转入 2 或转入 3，转出 3</td><td>小于 32 亩</td><td>大于 41 岁</td><td>—</td></tr>
<tr><td>非农化倾向</td><td>50%～70%</td><td>转入 3，转出 1 或转出 2</td><td>小于 32 亩</td><td>小于 41 岁</td><td>大于 89%</td></tr>
<tr><td>农业专业化倾向</td><td>70%～90%</td><td>转入 1 或转入 2，转出 3</td><td>大于 32 亩</td><td>小于 41 岁</td><td>大于 89%</td></tr>
<tr><td rowspan="2">非农兼业型</td><td>稳定型</td><td rowspan="2">—</td><td>50%～70%</td><td colspan="2">转出 3</td><td>大于 40 岁</td><td>—</td></tr>
<tr><td>非农化倾向</td><td>70%～90%</td><td colspan="2">转入 3</td><td>小于 40</td><td>大于 88%</td></tr>
<tr><td rowspan="2">非农型</td><td>稳定型</td><td colspan="2" rowspan="4">—</td><td colspan="2">转出 3</td><td>大于 40</td><td>—</td></tr>
<tr><td>非农化增强</td><td colspan="2">转入 3，转出 1 或转出 2</td><td>小于 40</td><td>大于 87%</td></tr>
<tr><td rowspan="2">农业专业型</td><td>稳定型</td><td colspan="2">转入 3</td><td>大于 38</td><td>—</td></tr>
<tr><td>农业专业化增强</td><td colspan="2">转入 1 或转入 2，转出 3</td><td>小于 38</td><td>大于 85%</td></tr>
</table>

注：转入 1＝愿意，并且已经转入；转入 2＝愿意，但没有转入；转入 3＝不愿意；转出 1＝愿意，并且已经转出；转出 2＝愿意，但没有转出；转出 3＝不愿意

基于此，①传统农业型农户优先考虑耕地流转意愿，即有转入意愿且无转出意愿，或无耕地流转意愿，经营规模小于5.6 亩的农户为稳定型农户。无转入意愿且有转出意愿或行为，经营规模小于5.6 亩的农户为非农倾向型农户。有转入意愿或行为，无转出意愿，经营规模大于5.6 亩的农户为农业专业化倾向型农户。农户特征为辅助检验依据，对于满足以上条件的农户倾向与辅助检验指标相差较大的农户，综合考虑其他特征进行划分。②农业兼业型农户优先考虑农业收入占比情况，其次为耕地流转意愿与行为，农业收入占比在70%~90%，有转入意愿，且无转出意愿，或无耕地流转意愿，经营规模小于32 亩的农户为稳定型农户。农业收入占比在50%~70%，无转入意愿，且有转出意愿或行为，经营规模小于32 亩的农户为非农倾向型农户。农业收入占比在70%~90%，有转入意愿或行为，且无转出意愿，经营规模大于32 亩的农户为农业专业化倾向型农户。对于符合非农收入占比，但不符合耕地流转意愿要求的农户，以耕地流转意愿与行为为主要依据，农户特征为辅助检验依据。③非农兼业型农户优先考虑非农收入占比情况，其次为耕地流转意愿，即非农收入占比在50%~70%，无转出意愿的农户为稳定型农户。非农收入占比在70%~90%，无转入意愿的农户为非农倾向型农户。对于符合非农收入占比，但不符合耕地流转意愿要求的农户，以耕地流转意愿为主要依据，农户特征为辅助检验依据。④非农型和农业专业型农户主要考虑耕地流转意愿与行为，农户特征为辅助检验依据。无转出意愿的非农型农户稳定性较强，无转入意愿且有转出意愿或行为的农户非农化增强倾向较强。无转入意愿的农业专业型农户稳定性较强，无转出意愿且有转入意愿或行为的农户农业专业化增强倾向较强。

为方便统计分析，将非农型和农业专业型农户的非农化增强倾向型和农业专业化增强倾向型在统计时分别设为非农化倾向型和农业专业化倾向型。表6-18 显示，根据农户转型倾向的划分依据，55% 的样本农户表现为非农化倾向，41% 的农户为稳定型，4% 的农户表现为农业专业化倾向。综合宏观层面样本农户的生计转型阶段来看，样本农户生计转型已经进入了中后期阶段，且正逐渐向转型的后期阶段过渡，目前样本农户的生计转型的主要趋势为非农化转型趋势。

根据不同生计类型农户的转型倾向，传统农业型农户中，约51% 的农户为稳定型，40% 的农户具有非农化转型倾向，9% 的农户具有农业专业化转型倾向，相对比较稳定。农业兼业型农户中，50% 的农户为稳定型，14% 的农户具有非农化倾向，36% 的农户具有农业专业化倾向，稳定型和农业专业化倾向型较强。非农兼业型农户中，约31% 的农户为稳定型，69% 的农户具有非农化倾向，非农化倾向较强。非农型农户中，约47% 的农户为稳定型农户，53% 的农户为非农化增强型农户。农业专业化农户中，约54%的农户为稳定型农户，46%的农户为农业专业化增强型农户。

表6-18 样本农户生计类型转型倾向分布

农户类型	转型倾向	户数（户）	占比（%）
样本农户	稳定型	146	41
	非农化倾向型	194	55
	农业专业化倾向型	15	4
传统农业型农户	稳定型	23	51
	非农化倾向型	18	40
	农业专业化倾向型	4	9
农业兼业型农户	稳定型	7	50
	非农化倾向型	2	14
	农业专业化倾向型	5	36
非农兼业型农户	稳定型	45	31
	非农化倾向型	102	69
非农型农户	稳定型	64	47
	非农化增强型	72	53
农业专业型农户型	稳定型	7	54
	农业专业化增强型	6	46

6.3.3.2 基于能值的农户层面耕地利用可持续集约化评价

(1) 确定系统边界

基于农户尺度确定耕地利用系统边界，即研究对象为样本农户，每个农户在生产周期内的耕地利用行为都可以视为在一个相对独立的耕地利用系统内进行，农户基于自然界资源环境（太阳辐射、降水、风能等），在既定耕地面积上（经营规模），通过其差异化的耕地利用行为（种植结构、投入比例、经营方式等），获得农业产出（粮食作物、经济作物），同时不可避免地产生废弃和流失。根据作物生长到收获的周期性，以及样本农户种植结构和数据获取情况，划定研究的时间边界以一年为基准，即样本农户2019年的耕地利用情况。

（2）收集数据资料

基于官方统计数据、农户调查数据，系统收集研究区域的自然资源和社会经济数据及耕地利用数据，进行整理分类和计算。主要包括：研究区域的自然资源环境条件（太阳辐射、降水量、风速、海拔、土壤类型、土壤侵蚀、土壤有机质含量等）和社会经济数据（GDP等）；耕地利用过程中农户的资源投入量和投入结构（种子、化肥、机械、农药、地膜、劳动力等）及物质产出（粮食作物、经济作物等）。自然资源数据和社会经济数据主要来自《全国农产品成本收益资料汇编》《山东农村统计年鉴》《济宁统计年鉴》《曲阜年鉴》等官方统计数据，以及农业农村、自然资源等部门走访获取。农户在耕地利用过程中的投入产出数据来源于2020年对曲阜市3个农业乡镇333户经营耕地样本农户的实地调研和问卷调查。

（3）绘制能量系统图

基于能量系统语言，绘制耕地利用系统能量图，形成能量图解，概括各组分之间的关系，综合考察能量流、物质流及货币流等主要来源。首先，列出耕地利用系统的主要能量类型和能量来源。其次，确定系统的主要组分和类型，根据对应的符号进行表示。最后，列出耕地利用系统内外的主要物质、能量、货币和信息的流动、传递、储存等过程和相互作用绘出耕地利用系统图解全图，具体内容可参见本书第4章“4.3.1研究方法（1）能值系统图”。

（4）编制能值分析表

基于耕地利用系统能量图解，参考能值分析相关研究，根据能量输入性质和属性的差异，可更新环境资源（R）包括太阳能、雨水化学能等自然资源环境投入。不可更新环境资源（N）主要指表土损耗能值。不可更新工业辅助能（F）主要包括化肥、农药（含除草剂）、地膜、农业机械等物质、能量和服务投入。可更新的有机能（R_1）主要包括种子、劳力、灌溉水和秸秆还田等。废弃流失（W）主要指耕地利用过程中化学投入的损耗，主要包括地膜残留、化肥流失、农药流失及柴油燃烧等。根据样本农户的作物种植结构，产出能值（Y）包括小麦、玉米、花生、蔬菜、水果等农业产出。因耕地利用行为差异（投入-产出的数量和结构等），不同农户之间均存在差异。通过能量折算系数及能值转化率（表6-19～表6-21），将样本农户的投入产出能量转化为统一标准的太阳能值。基本计算方法参见本书第4章“4.3.1研究方法（2）能值分析表”，具体项目能值计算公式来源详见附录。

表 6-19　农户层面耕地利用系统能值投入及能值转化率

能值投入类型			耕地利用环节	能量项目	单位	能值转换率（sej）	来源
总投入能值（*T*）	环境资源总投入（*I*）	可更新环境资源（*R*）	所有环节	太阳能	J	1.00	Odum（2000）
				风能	J	2.45×10^{3}	Odum（2000）
				雨水化学能	J	3.10×10^{4}	Odum（1996）
				雨水势能	J	8.89×10^{3}	蓝盛芳（2002）
				地球旋转能	J	2.90×10^{4}	蓝盛芳（2002）
		不可更新环境资源（*N*）	所有环节	表土损耗能	J	6.25×10^{4}	蓝盛芳（2002）
	总辅助能值（*U*）	不可更新工业辅助能（*F*）	施肥	氮肥	kg	4.62×10^{12}	Odum（1996）
				磷肥	kg	1.72×10^{13}	Odum（1996）
				钾肥	kg	1.74×10^{12}	Odum（1996）
				复合肥	kg	2.80×10^{12}	Odum（1996）
			杀虫、除草	农药	kg	1.62×10^{12}	Odum（1996）
			增温、保墒	地膜	kg	3.80×10^{11}	Odum（1996）
			播种、翻耕耙平、收割	机械服务/农机动力	J	6.04×10^{12}	王小龙（2016）
					J	7.50×10^{7}	王小龙（2016）
			灌溉	电力	J	1.59×10^{5}	Odum（2000）
		可更新有机能（R_1）	所有环节	劳力/雇佣	J	7.56×10^{6}	Odum（2000）
			播种	种子	J	6.60×10^{4}	Odum（1996）
			还田	秸秆	J	2.70×10^{4}	王小龙（2016）
			灌溉	灌溉水	J	2.45×10^{5}	朱冰莹（2019）

资料来源：Odum H T. Handbook of Emergy Evaluation Folio 2：Emergy of Global Processes [R]. Gainesville：Center for Environmental Policy，Environmental Engineering Sciences，University of Florida，2000；Odum H T. Environment Accounting：Energy and Environment Decision-Making [M]. NY：John Wiley and Sons Inc，1996；蓝盛芳，钦佩，陆宏芳. 生态经济系统能值分析 [M]. 北京：化学工业出版社，2002；王小龙. 基于生命周期评价与能值分析的循环农业评价理论、方法与实证研究 [D]. 北京：中国农业大学博士学位论文，2016；朱冰莹，董佳，沈明星，等. 基于能值分析的秸秆-羊-田循环系统生产效率与可持续性评估 [J]. 农业工程学报，2019，35（6）：235-243.

表 6-20　农户层面耕地利用系统能值产出及能值转化

能值产出类型		能量项目	能值转换率（sej/J）	来源
农业产出（Y）	粮食作物（Y_1）	小麦	6.80×10^4	王金照（2011）
		玉米	5.81×10^4	王金照（2011）
	经济作物（Y_2）	花生	8.60×10^4	王金照（2011）
		蔬菜	2.70×10^4	Odum（1996）
		瓜果	4.30×10^4	林晓霞（2018）

资料来源：王金照．基于能值分析的陕西小麦、玉米、苹果、大枣比较优势研究［D］．杨凌：西北农林科技大学博士学位论文，2011；Odum H T. Environment Accounting：Energy and Environment Decision-Making［M］．NY：John Wiley and Sons Inc，1996；林晓霞．基于能值分析的鄱阳湖区耕地生态安全评价［D］．南昌：江西农业大学硕士学位论文，2018.

表 6-21　农户层面耕地利用系统能值废弃流失分类及能值转化率

废弃流失能值类型		能量项目	能值转换率（sej/J 或 sej/kg）	来源
废弃流失（W）	地膜残留（W_1）	地膜	3.80×10^{11}	Odum（1996）
	化肥流失（W_2）	氮肥	4.62×10^{12}	Odum（1996）
		磷肥	1.79×10^{13}	鲁的苗（2017）
		钾肥	2.96×10^{12}	鲁的苗（2017）
		复合肥	2.80×10^{12}	Odum（1996）
	农药流失（W_3）	农药	1.62×10^{12}	Odum（1996）
	柴油燃烧（W_4）	废气	6.66×10^5	鲁的苗（2017）

资料来源：Odum H T. Environment Accounting：Energy and Environment Decision-Making［M］．NY：John Wiley and Sons Inc，1996；鲁的苗．基于能值分析的无锡市生态系统健康评价研究［D］．南京：南京大学硕士学位论文，2017.

6.3.3.3　基于能值的农户层面耕地利用可持续集约化评价体系

（1）能值指标

耕地利用可持续集约化评价指标主要包括基本指标和综合指标两部分（表 6-22）。基本指标能够有效反映在耕地利用过程中的投入产出结构和能量流动方向；综合指标在基本指标的基础上进一步换算，能够综合反映耕地利用的经营集约化、产出高效化、资源节约化、生态环境不退化和社会可持续性等方面。综合指标共计 15 个，能值投资率（EIR）、能值自给率（ESR）、能值产出率（EYR）、能值损失率（ELP）、可更新比率（RR）、不可更新比率（UR）、能值密度（EPA）、环境负载率（ELR）、可持续发展指数（ESI）、环境经济效率（EE）、农产品质量指标（PQI）和可更新资源贡献（RRC）等 13 个能值指标的计算可参见本书第 4 章“4.3.1 研究方法（3）能值指标”。此外，考虑到农户层面研究数据的获取情况以及同一县域尺度下不同农户耕地利用外部自然资源环境差异较小，因此对能值产出率（EYR）和对耕作效率（WE）的计算进行了调整，并引入粮食自给指数（GSI）用于衡量农户耕地利用的社会效益。具体介绍和计算如下：

1）能值产出率（Emergy Yield Ratio，EYR）。耕地生态经济系统农业产出能值（Y）与总辅助能值（U）的比值，反映耕地利用投入产出效率。

2）耕作效率（Work Efficiency，WE）。农业产出能值（Y）与系统机械投入能值（M）和劳力投入（L）能值两者之和的比值，可以反映耕地利用过程中劳动力和机械投入的有效经济产出价值。

表 6-22　基于能值的农户层面耕地利用可持续集约化评价指标

指标类型	指标名称	简写	表达式	指标释义
基本指标	可更新环境资源（sej）	R		可更新资源环境的能值
	不可更新环境资源（sej）	N		不可更新资源环境能值
	环境资源总投入（sej）	I	$I=R+N$	资源环境总投入的能值
	不可更新工业辅助能（sej）	F		燃料、服务等投入能值
	可更新有机能（sej）	R_1		劳力、种子等投入能值
	总辅助能（sej）	U	$U=F+R_1$	经济购买总投入的能值
	总投入能（sej）	T	$T=I+U$	系统各类型总投入能值
	粮食作物产出（sej）	Y_1		系统粮食作物产出能值
	经济作物产出（sej）	Y_2		系统经济作物产出能值
	农业产出（sej）	Y	$Y=Y_1+Y_2$	系统农业总产出的能值
	地膜残留（sej）	W_1		系统地膜使用残留能值
	化肥流失（sej）	W_2		系统化肥施用流失能值
	农药流失（sej）	W_3		系统农药施用流失能值
	柴油燃烧（sej）	W_4		系统柴油燃烧损失能值
	废弃流失（sej）	W	$W=W_1+W_2+W_3+W_4$	系统总废弃流失的能值

续表

指标类型	指标名称	简写	表达式	指标释义
综合指标	能值投资率（%）	EIR	$EIR=U/I$	反映外部经济投入程度
	能值自给率（%）	ESR	$ESR=I/T$	反映自然资源保障强度
	能值产出率（%）	EYR	$EYR=Y/U$	反映耕地利用生产效率
	能值损失率（%）	ELP	$ELP=W/T$	反映耕地利用资源浪费
	可更新比率（%）	RR	$RR=(R+R_1)/T$	反映耕地利用恢复潜力
	不可更新比率（%）	UR	$UR=(N+F)/T$	反应耕地利用环境威胁
	能值投入密度（sej/亩）	EPAI	$EPAI=T/S$	反映单位面积投入强度
	能值产出密度（sej/亩）	EPAY	$EPAY=Y/S$	反映单位面积农业产量
	耕作效率	WE	$WE=Y/(M+L)$	反映耕地利用耕作效率
	环境负载率	ELR	$ELR=(N+F)/(R+R_1)$	反映资源环境承载压力
	环境经济效率	EE	$EE=W/R$	反映耕地利用环境污染
	可更新资源贡献	RRC	$RRC=Y/(R+R_1)$	反映可更新资源产出率
	农产品质量	PQI	$PQI=Y/W$	反映耕地农业产出质量
	可持续发展指数	ESI	$ESI=EYR/ELR$	反映耕地利用可持续性
	粮食自给指数（sej/人）	GSI	$GSI=Y_1/P$	反映粮食自给保障程度

注：S 为耕地面积（m^2），M 为系统机械投入能值（sej），L 为系统劳力能值（sej），P 为农户家庭人口（人）

3）粮食自给指数（Grain Self-sufficiency Index，GSI）。系统粮食作物产出（Y_1）与农户家庭人口（P）的比值，可以反映耕地利用系统粮食产出对于家庭粮食的自给保障程度。由于样本农户经营规模差异较大，采用分级标准化处理，对经营规模在（0，1]、(1，5]、(5，10] 等不同范围内农户的粮食自给指数进行极差标准化处理（GSI′），有助于更好衡量同一经营规模范围内，不同农户耕地利用对于自家粮食供给和社会粮食安全的贡献程度，对于不种植粮食作物的农户和标准化后粮食自给指数小于0.1的农户，统一取0.1；对于种粮大户（经营规模大于100亩）的粮食自给指数统一取1。

（2）指标体系

基于耕地利用可持续集约化概念辨析、内涵解析和目标设定的理论分析，集成能值指标构建耕地利用可持续集约化评价体系，评价体系由目标层、准则层和指标层组成（表6-23）。总目标为耕地利用可持续集约化，分目标为生态效益、经济效益和社会效益，每个分目标均对应着耕地利用可持续集约化五方面内涵形成准则层，并存在交叉关系。准则层分为经营集约化、产出高效化、资源节约化、生态环境不退化和社会可持续五个方面，每个准则层分别对应三个评价指标。

表 6-23　基于能值的农户层面耕地利用可持续集约化评价体系

总目标层	分目标层	准则层	反映方向	指标层	反映方向
耕地利用可持续集约化	经济效益	经营集约化	正向	EIR	正向
				EPAI	正向
				WE	正向
		产出高效化	正向	EYR	正向
				EPAY	正向
				RRC	正向
	生态效益	资源节约化	正向	ESR	正向
				RR	正向
				ELP	负向
		生态环境不退化	正向	ELR	负向
				UR	负向
				EE	负向
	社会效益	社会可持续	正向	ESI	正向
				GSI′	正向
				PQI	正向

1）准则层评价。经营集约化的评价指标为能值投资率（EIR）、能值投入密度（EPAI）和耕作效率（WE），可以有效反映耕地利用的外部经济和劳力的投入程度、强度和耕作效率。产出高效化的评价指标为能值产出率（EYR）、能值产出密度（EPAY）和可更新资源贡献率（RRC），可以有效反映耕地利用产出效率、强度和可持续性。资源节约化的评价指标主要为能值自给率（ESR）、可更新比率（RR）和能值损失率（ELP），可以有效反映耕地利用过程中自然资源的贡献程度、保障强度和外部投入的资源浪费情况。生态环境不退化的评价指标为环境负载率（ELR）、不可更新比率（UR）和环境经济效率（EE），可以有效反映耕地利用的资源环境承载力和不可更新辅助投入对生态环境的负面影响。社会可持续的评价指标主要为可持续发展指数（ESI）、粮食自给指数（GSI′）和农产品质量（PQI），可以有效反映农户粮食自给程度、农业产出质量以及稳定性。

为衡量各准则层下指标的综合反映程度，参考第 4 章山东省耕地利用可持续集约化能值评价，构建经营集约化指数（SIM）、产出高效化指数（SIY）、资源节约化指数（SIR）、生态环境不退化指数（SIE）和社会可持续指数（SIS），计算公式如下：

$$SIM = EIR \times EPAI \times WE \tag{6-16}$$

$$SIY = EYR \times EPAY \times RRC \tag{6-17}$$

$$SIR = \frac{ESR \times RR}{ELP} \tag{6-18}$$

$$SIE = \frac{1}{ELR \times UR \times EE} \tag{6-19}$$

$$SIS = ESI \times GSI' \times PQI \tag{6-20}$$

2）目标层评价。首先，进行极差标准化处理；其次，通过标准化后的5个准则层指数计算耕地利用可持续集约化综合指数（Sustainable Intensification Index，SII）。具体公式可参见本书第4章“4.3.2 评价体系（2）目标层评价”。

6.3.4 评价结果分析

6.3.4.1 耕地利用能值概况与投入产出分析

（1）耕地利用能值概况

每个农户在耕地利用过程中都属于一个相对独立的耕地利用系统。从而可以在一个相对完整的耕地利用周期内将耕地利用所涉及的能量、物质、资金和服务的流动、传递和交换以相对统一的太阳能值进行统一核算、衡量和比较。农户通过各项能值的投入、组合和搭配获得农业产出，满足家庭需要并进入市场获得收益，从而凭借剩余资本购买新的辅助能值，并在上一轮的反馈下，调整投施结构和置配关系，继续新一轮的耕地利用。农户在耕地利用过程中更多关注于投入-产出结构所获得的经济效益，在施加化石能源为主的工业辅助投入时会不可避免地对生态环境造成损害，同时耕地利用过程中的投入开销及劳动力组合都伴随着农户家庭生计的变化，并在农产品进入商品市场的同时显化社会效益。

根据样本农户2019年的户均耕地利用能值概况（表6-24），环境资源投入方面，为避免重复计算，可更新环境资源主要为雨水化学能和地球旋转能。由于曲阜市土壤侵蚀主要为轻度或中轻度的水蚀，土壤质地多为褐土，不可更新的表土损耗能相对较少。辅助能值方面，相对于无偿获得的环境资源能值投入，人为施加的有偿辅助投入明显较高，是耕地利用过程中最主要能量投入来源。以化肥、机械动力、农药等为主的不可更新工业辅助能投入高于以劳动力、有机肥、种子等为主的可更新有机能投入。农业产出方面，粮食作物产出能值明显高于经济作物。另外，辅助能值在投入的过程中不可避免地会产生废弃和残留，降低有效利用效率，根据废弃流失能值，化肥和农药是主要的废弃流失来源。

表 6-24 样本农户耕地利用系统能值概况

项目			太阳能值（sej/户）					
			样本农户	传统农业型	农业兼业型	非农兼业型	非农型	农业专业型
可更新环境资源（R）	1	太阳能	1.33×10^{11}	4.94×10^{10}	2.90×10^{11}	7.76×10^{10}	3.46×10^{10}	1.74×10^{12}
	2	风能	7.56×10^{12}	2.82×10^{12}	1.65×10^{12}	4.42×10^{12}	1.97×10^{12}	9.93×10^{13}
	3	雨水化学能	1.06×10^{15}	3.96×10^{14}	2.32×10^{15}	6.22×10^{14}	2.77×10^{14}	1.40×10^{16}
	4	雨水势能	5.38×10^{13}	1.86×10^{13}	1.29×10^{14}	3.02×10^{13}	1.44×10^{13}	7.10×10^{14}
	5	地球旋转能	2.88×10^{14}	1.07×10^{14}	6.30×10^{14}	1.69×10^{14}	7.52×10^{13}	3.79×10^{15}
不可更新环境资源(N)	6	表土损耗能	9.01×10^{13}	3.36×10^{13}	1.97×10^{14}	5.27×10^{13}	2.35×10^{13}	1.18×10^{15}
不可更新工业辅助能（F）	7	化肥	5.17×10^{15}	2.04×10^{15}	1.22×10^{16}	2.90×10^{15}	1.27×10^{15}	6.85×10^{16}
	8	农药	5.97×10^{13}	2.01×10^{13}	1.40×10^{14}	3.46×10^{13}	1.69×10^{13}	7.76×10^{14}
	9	地膜	4.82×10^{11}	6.38×10^{11}	1.79×10^{11}	2.61×10^{11}	6.39×10^{10}	4.72×10^{12}
	10	机械	3.53×10^{15}	1.25×10^{15}	6.97×10^{15}	2.15×10^{15}	9.80×10^{14}	4.60×10^{16}
	11	电力	2.95×10^{14}	9.69×10^{13}	5.59×10^{14}	1.43×10^{14}	5.27×10^{13}	4.55×10^{15}
可更新有机能（R_1）	12	劳力	2.18×10^{15}	1.76×10^{15}	4.21×10^{15}	2.17×10^{15}	1.29×10^{15}	9.44×10^{15}
	13	种子	2.39×10^{14}	7.46×10^{13}	6.40×10^{14}	1.23×10^{14}	5.51×10^{13}	3.30×10^{15}
	14	有机肥	2.50×10^{15}	7.70×10^{14}	5.09×10^{15}	1.34×10^{15}	5.74×10^{14}	3.58×10^{16}
	15	灌溉水	1.24×10^{15}	3.22×10^{14}	2.95×10^{15}	4.63×10^{14}	2.00×10^{14}	2.06×10^{16}
农业产出(Y)	16	粮食作物	1.20×10^{16}	3.72×10^{15}	2.46×10^{16}	6.52×10^{15}	2.77×10^{15}	1.72×10^{17}
	17	经济作物	4.77×10^{14}	7.65×10^{14}	1.98×10^{15}	3.81×10^{14}	1.39×10^{14}	1.95×10^{15}
废弃残留(W)	18	地膜残留	4.67×10^{10}	6.19×10^{11}	1.74×10^{12}	2.53×10^{11}	6.20×10^{9}	4.58×10^{11}
	19	化肥流失	3.10×10^{15}	1.22×10^{15}	7.30×10^{15}	1.74×10^{15}	7.70×10^{14}	4.11×10^{16}
	20	农药流失	3.59×10^{13}	1.21×10^{13}	8.38×10^{13}	2.08×10^{13}	1.05×10^{13}	4.65×10^{14}
	21	柴油燃烧	1.55×10^{11}	4.87×10^{10}	3.16×10^{11}	8.87×10^{10}	4.04×10^{10}	2.12×10^{12}
环境资源总投入（I）			1.44×10^{15}	5.37×10^{14}	3.15×10^{15}	8.44×10^{14}	3.76×10^{14}	1.90×10^{16}
总辅助能值（U）			1.52×10^{16}	6.34×10^{15}	3.28×10^{16}	9.33×10^{15}	4.44×10^{15}	1.89×10^{17}
总投入（T）			1.66×10^{16}	6.87×10^{15}	3.59×10^{16}	1.02×10^{16}	4.82×10^{15}	2.08×10^{17}

注：由于风能、雨水化学能和雨水势能都是太阳光的转化形式，为避免相同来源的能值重复计算，可更新环境资源投入能值只取雨水化学能和地球旋转能

综合考虑农户生计差异，根据不同生计类型农户 2019 年耕地利用系统能值概况，由于经营规模差异对于农户耕地利用行为和农业产出存在限制，不同生计类型农户投入和产出的能值差异与经营规模差异存在较明显的相似特征。非农型农户的户均经营规模最小，其各类型的户均投入和产出能值最小；农业专业型农户的户均经营规模最大，其各类型的户均投入和产出能值最大。具体来看，与样本农户相似，不同生计类型农户耕地利用过程中的不可更新辅助能值投入以化肥、机械和农药为主，可更新的能值投入以劳动力和有机肥为主，农业产出以粮食作物为主。

（2）耕地利用系统投入产出分析

亩均耕地投入–产出能值概况有助于更好反映样本农户在耕地利用各环节中的投入强度和配置关系（图 6-16），即将经营耕地的 333 户样本农户视为一个耕地利用系统，通过测算亩均能值利用和产出情况来衡量耕地利用各项环节的行为和选择差异（表 6-25）。

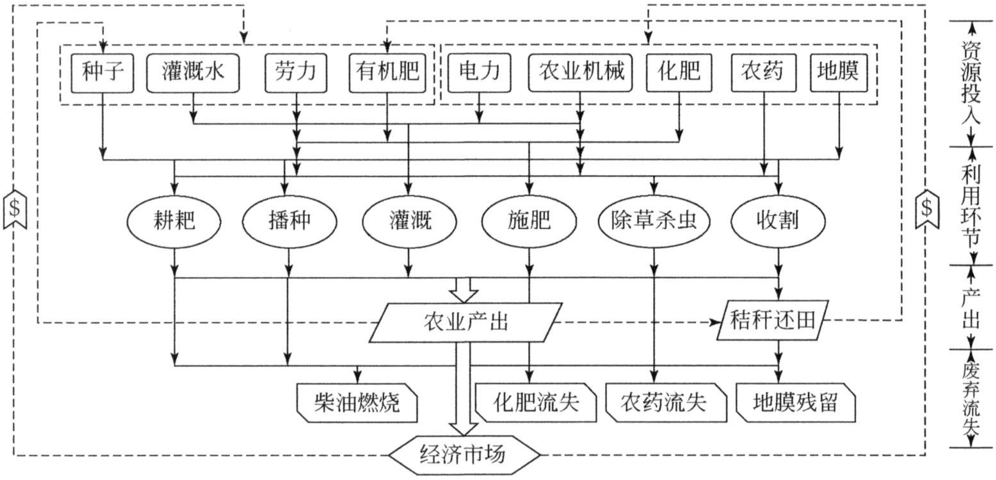

图 6-16　耕地利用投入–产出能量流动示意图

不可更新工业辅助能值投入方面，化肥作为用量最多的增产性投入，农业机械作为最重要的省工性投入，成为最主要的不可更新工业辅助能投入。根据调研，研究区域样本农户的施肥方式主要有底肥和底肥+追肥两种方式，粮食作物的化肥选用以氮肥和复合肥为主。农业机械耕作环节主要分为耕耙、播种和收割三个环节，绝大多数农户的农业机械投入来自于机械服务，部分农户使用自家的农机或与其他农户合作进行机械耕作。对于种植冬小麦–夏玉米的大多数样本农户，将施肥和机械耕作环节搭配进行，能够有效节省投入成本，即上一季的玉米

表 6-25　样本农户耕地利用投入–产出能值概况

项目			耕地利用	太阳能值（sej/亩）					
				样本农户	传统农业型	农业兼业型	非农兼业型	非农型	农业专业型
不可更新工业辅助能（F）	1	化肥	施肥	3.46×10^{14}	3.68×10^{14}	3.73×10^{14}	3.33×10^{14}	3.26×10^{14}	3.50×10^{14}
	2	农药	施药	4.01×10^{12}	3.61×10^{12}	4.29×10^{12}	3.97×10^{12}	4.35×10^{12}	3.96×10^{12}
	3	机械	耕耙	5.56×10^{13}	6.17×10^{13}	4.99×10^{13}	6.29×10^{13}	6.33×10^{13}	5.10×10^{13}
			播种	4.74×10^{13}	3.74×10^{13}	4.26×10^{13}	4.30×10^{13}	4.24×10^{13}	5.24×10^{13}
			收割	1.34×10^{14}	1.25×10^{14}	1.21×10^{14}	1.41×10^{14}	1.46×10^{14}	1.31×10^{14}
	4	地膜	保温	3.23×10^{12}	1.15×10^{11}	5.50×10^{10}	2.99×10^{10}	2.85×10^{10}	1.64×10^{10}
	5	电力	灌溉	1.98×10^{13}	1.75×10^{13}	1.72×10^{13}	1.63×10^{13}	1.36×10^{13}	2.33×10^{13}
可更新有机能（R_1）	6	劳力	耕耙	6.71×10^{12}	1.94×10^{13}	9.61×10^{12}	1.03×10^{13}	1.47×10^{13}	1.74×10^{12}
			播种	1.11×10^{13}	2.49×10^{13}	8.25×10^{12}	1.77×10^{13}	2.60×10^{13}	4.32×10^{12}
			施肥	2.15×10^{13}	4.77×10^{13}	1.94×10^{13}	3.86×10^{13}	4.60×10^{13}	6.51×10^{12}
			施药	3.02×10^{13}	1.23×10^{14}	4.45×10^{13}	1.09×10^{14}	1.47×10^{14}	1.75×10^{13}
			灌溉	2.40×10^{13}	4.56×10^{13}	2.49×10^{13}	3.75×10^{13}	4.15×10^{13}	1.19×10^{13}
			收割	2.13×10^{13}	5.56×10^{13}	2.26×10^{13}	3.56×10^{13}	4.55×10^{13}	6.22×10^{12}
	7	种子	播种	1.60×10^{13}	1.34×10^{13}	1.96×10^{13}	1.41×10^{13}	1.42×10^{13}	1.69×10^{13}
	8	有机肥	施肥	1.68×10^{14}	1.39×10^{14}	1.56×10^{14}	1.53×10^{14}	1.48×10^{14}	1.83×10^{14}
	9	灌溉水	灌溉	8.32×10^{13}	5.79×10^{13}	9.05×10^{13}	5.30×10^{13}	5.17×10^{13}	1.05×10^{14}
农业产出（Y）	10	粮食作物	产出	8.07×10^{14}	6.70×10^{14}	7.54×10^{14}	7.47×10^{14}	7.12×10^{14}	8.76×10^{14}
	11	经济作物	产出	3.20×10^{13}	1.38×10^{14}	6.07×10^{13}	4.36×10^{13}	3.57×10^{13}	9.96×10^{12}

收割时秸秆一并打碎还田，在小麦播种前进行耕地和耙地（犁地），少部分农户在耕地前还会对还田的玉米秸秆进一步碎化处理。借助农业机械进行耕地和耙地，通过翻松土壤表层并将大的土块细碎化，以疏松板结土壤，增加土壤空隙，促进土壤微生物的呼吸和繁殖；部分农户在耙地后还会进行翻晒，改良土壤环境。样本农户底肥的施用主要有两种方式，均与机械耕作环节搭配和衔接，一种是在耕地前施用底肥，通过机械耕地和耙地将化肥翻入地下，能够提高化肥利用效率，减少蒸发；一种是种肥同播，借助农业机械将施用底肥和播种同时进行。就样本农户农业机械能值投入来看，由于耕地利用过程中的机械化程度较高并以机械服务为主，机械服务的价格取决于机械动力、经营规模及具体机械服务环节的繁简等，我们不再进行细分，仅统计主要机械环节的能值投入。根据实地调研，收割环节的机械服务价格最高，耕耙次之，播种最低，能值投入的大小差异

也较为相似，收割环节的机械投入最大，播种最小，但播种与耕耙之间的差额明显小于两者之间的机械服务价格的差额，原因是调研地区绝大多数种植玉米的农户在播种前不再借助机械进行耕地，而是在小麦收割秸秆打碎还田后的耕地直接施加底肥和播种，因此耕耙和播种的机械投入能值较为接近。

样本农户的可更新有机能亩均投入以劳动力和有机肥为主。劳动力投入主要分为耕耙、播种、施肥、施药、灌溉和收割等六部分。由于研究区域地形以平原为主，种植结构较为单一，耕作方便且农业机械化程度较高，方便管理，节省了大量劳动力投入。劳动力投入各项环节的安排和搭配与自然环境及农户的经营规模、种植结构、耕作习惯等密切相关。例如，部分村庄的农户在玉米播种时，不采用机械播种，主要采用人工播种；而部分地形为坡地和地下水埋藏较深的村庄，灌溉条件相对较差，在施药和灌溉环节的劳动力投入相对较大。综合来看，样本农户劳动力的各项环节能值投入安排较为均衡，施药劳动力投入和农田灌溉投入占比相对较大。另外，由于研究区域农户在粮食作物收割过程中将秸秆进行还田，因此其有机肥的投入能值成为主要的可更新有机能投入。

综合考虑不同生计类型农户耕地利用亩均投入能值（表6-25），将每种生计类型下的所有农户视为一个耕地利用系统进行能值测算。不同生计类型农户在亩均不可更新辅助能值投入上，传统农业型和农业专业型农户相对较高，非农兼业型和非农型农户相对较低。具体来看，农业兼业型、传统农业型和农业专业型农户的化肥能值投入高于非农兼业型和非农型农户，主要是由于农业专业型和农业兼业型农户中的种粮大户在种植粮食作物时追施氮肥的比例较高。亩均农药（含除草剂）投入能值方面，非农型和农业兼业型农户略高于其他农户。农业机械投入能值方面，耕耙和收割环节，农业专业型和农业兼业型农户的亩均投入较小，原因可能是一方面经营规模较大且集中连片，便于机械耕作，机械服务的价格低于小规模经营农户；另一方面，对于自家拥有农业机械的种粮大户往往自家进行机械耕作，因此其机械成本要小于一般农户。播种环节，农业专业型农户的亩均机械投入能值明显高于其他农户，原因可能是一方面部分村庄的传统农业型和非农型等小规模经营农户在玉米播种时依靠人工播种，而农业专业型农户中的种粮大户由于经营规模较大，因此在玉米播种时仍借助农业机械；另一方面，对于部分农户耕地利用过程中施用农药和化肥所使用的农业机械投入，由于不是绝大多数农户采用的主要机械投入环节，因此纳入耕种环节的机械投入，没有单独统计，这也是农业专业型农户播种环节亩均机械投入能值高于其他农户的原因之一。另外，传统农业型农户在收割环节的机械投入能值同样较小，原因可能是种植经济作物的占比高于其他农户，蔬菜、瓜果等作物多以人工进行采摘。这也是地膜亩均投入能值方面，传统农业型农户高于其他农户的主要原因。电力能值投入方面，研究区域样本农户多依靠抽取河水或地下水进行农业灌溉，成为耕地利用过程中电力投入能值的主要来源，农业专业型、传统农业型和农业兼业型农户的灌溉保证率较高，因此电力投入能值相对高于其他农户；非农型农户在耕作过程中多依靠雨水灌溉，因此其电力投入能值相对较少。

不同生计类型农户在亩均可更新有机能投入上，传统农业型和非农型农户相对较高，农业专业型和农业兼业型农户较低。具体来看，由于经营规模较大，农业机械化程度高，农业专业型和农业兼业型农户的各项亩均劳动力投入环节明显低于其他农户，尤以农业专业型农户的劳动力投入最低。耕耙、播种、施肥环节，传统农业型农户和非农型农户的亩均劳动力投入能值较高，可能与机械播种亩均投入能值较小的原因相同，部分小规模经营农户通过人工播种种植玉米和施用底肥。施药、灌溉和收割环节，传统农业型和非农型农户的亩均劳动力投入能值也相对较高，原因可能是，传统农业型农户家中缺少年轻的劳动力，非农型农户由于家中年轻的劳动力多为非农打工，打工地点较远，且农业收入对于家庭收入的影响很小，年轻劳动力在农忙时很少返家参加施药、灌溉、收割等环节，因此这两种生计类型的农户从事农业生产的劳动力主要是年龄较大的老年人，劳动力投入相对较大。而非农兼业型农户，农业收入仍是重要收入来源，因此在农忙时，家中非农为主兼业的劳动力往往参与农业活动，青壮年的劳动效率明显高于中老年人。种子、有机肥和灌溉水的投入方面，农业兼业型和农业专业型农户高于其他农户。

根据不同生计类型农户的亩均农业产出能值来看，主要受种植结构的影响，粮食作物明显高于经济作物，农业专业型农户的亩均粮食作物产出能值最高，经济作物产出能值最低；传统农业型农户与其相反，亩均经济作物的产出能值最高，粮食作物产出能值最低。就农业总产出能值来看，农业专业型和农业兼业型农户相对较高，非农型和非农兼业型农户相对较低。

6.3.4.2　耕地利用可持续集约化评价

(1) 准则层评价

1）经营集约化评价。经营集约化评价侧重于综合考虑耕地利用过程中资源的投入强度，投施结构及利用效率，主要选取能值投资率、能值投入密度和耕作效率三项能值评价指标（图 6-17）。能值投资率用于衡量耕地利用过程中人工辅助有偿投入和外部资源环境无偿投入共同构成的投入结构。能值投资率越大，说明耕地系统外部经济发展程度越高，耕地利用过程中的人为干预和外部投入越强；其值越小则表明对环境资源的依赖越强，耕地利用越粗放。样本农户的能值投资率为 13.19，耕地利用开发程度较高，主要依靠外部投入；传统农业型农户的能值投资率最高，为 14，对于外部投入的依赖性较强；农业专业型农户的能值投资率最低，为9.95。能值投入密度能够有效衡量单位面积的投入强度，能值投入密度越大，表明耕地开发利用的集约化程度越高，但同时也存在较大的环境压力。传统农业型农户的能值投入密度最高，农业专业型农户的能值投入密度最低。机械耕作和人力劳作是耕地利用和农业生产最主要的动力来源，涉及耕地利用过程中的多个环节，同时也是主要的工业辅助能投入和可更新有机能投入。投入强度和密度越高，并不一定意味着集约，可能会出现过度集约化现象。因此，耕作效率能够有效反映机械和劳动力搭配的产出效率，从而综合评价经营集约化水平。耕作效率越高，机械和劳动力投入在耕地利用过程中的有效贡献率越大。样本农户的耕作效率为 1.48；农业专业型农户的耕作效率最高，为 3.02；非农型农户的耕作效率最低，为 1.25。综合来看，传统农业型农户、非农型农户的能值投入强度和对外部投入的依赖较强，但耕作效率相对较低，尽管农业专业型农户和农业兼业型农户的能值投入强度相对较低，但耕作效率较高。

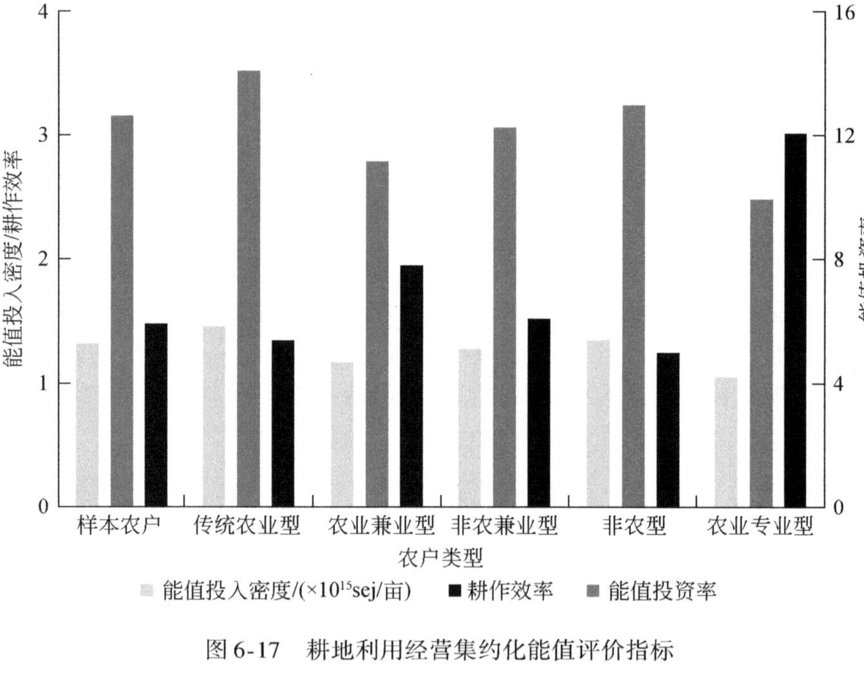

图 6-17　耕地利用经营集约化能值评价指标

2）产出高效化评价。产出高效化评价侧重于耕地利用投入的有效产出率、单位面积产量和产出的可持续性，主要选取能值产出率、能值产出密度和可更新资源贡献三项能值评价指标（图 6-18）。能值产出率类似于经济分析中的“产投比”，能够反映耕地利用过程中人为施加的外部经济投入的有效利用程度，能值产出率越高，耕地利用生产效率越高，所获得的经济效益越大；能值产出率越低说明获得同等产出所需要消耗的外部经济投入较高，经济效益越小。样本农户的能值产出率为0.70，资源有效利用程度较高，产出相对较好。农业专业型和农业兼业型农户的能值产出率较高，非农型和传统农业型农户相对较低。能值产出密度能够有效衡量耕地利用单位面积的生产效率，能值产出密度越大，说明耕地利用的生产力水平越高。农业专业型和传统农业型农户的能值产出密度较高，非农型农户最低。可更新资源贡献能够反映自然资源环境和可更新有机能对于农业产出的贡献程度，可更新资源贡献越大，农业生产的可持续性越强。样本农户的可更新资源贡献为1.29，农业专业型和农业兼业型农户的可更新资源贡献较高，传统型和非农型农户较低。

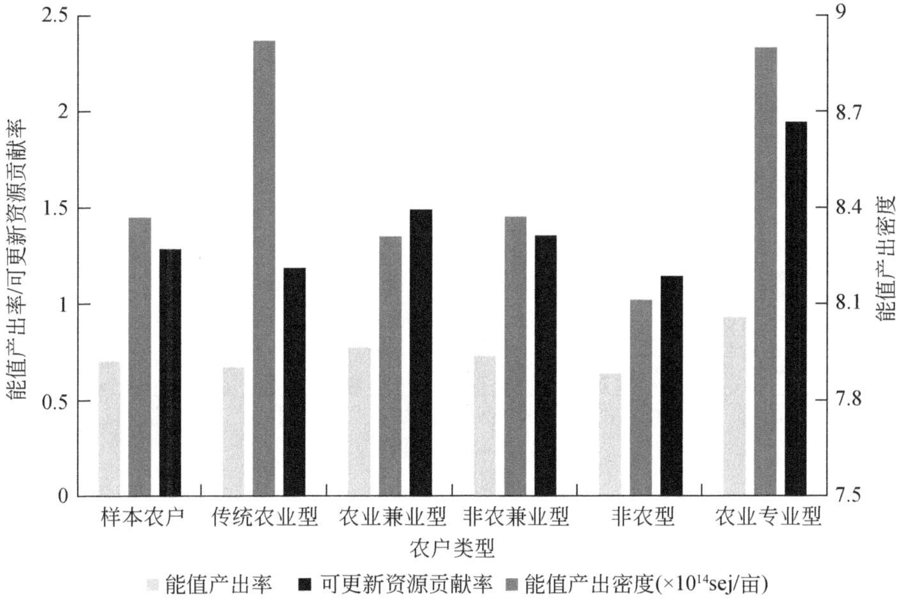

图 6-18　耕地利用产出高效化能值评价指标

3）资源节约化评价。资源节约化评价主要选取能值损失率、可更新比率和能值自给率三项能值评价指标（图 6-19）。能值损失率能够有效衡量化肥、农药等不可更新资源在耕地利用中的损耗程度，能值损失率越大，资源的有效利用程度越低，废弃和流失越大。样本农户的能值损失率为0.16，相对较低，农业专业型和农业兼业型农户的能值损失率较高，非农型农户的能值损失率较低。可更新比率用于反映可更新投入在耕地利用过程中的参与程度，可更新比率越大，说明耕地利用对不可更新资源的依赖程度低，不可更新资源浪费低，系统可恢复力较高。样本农户的可更新比率为0.52，说明耕地利用系统的可更新资源参与程度较高，系统的可恢复力相对较高。传统农业型和非农型农户的可更新比率较高，农业专业型和农业兼业型农户的可更新比率相对较低。能值自给率用于衡量自然资源环境的支持程度。样本农户的能值自给率为0.07，说明由于人为活动的干预，自然环境的支持程度明显较低，如果仅依靠自然环境投入，耕地生态系统的农业产出将大幅下降。农业专业型和农业兼业型农户的能值自给率略高于其他生计类型农户。

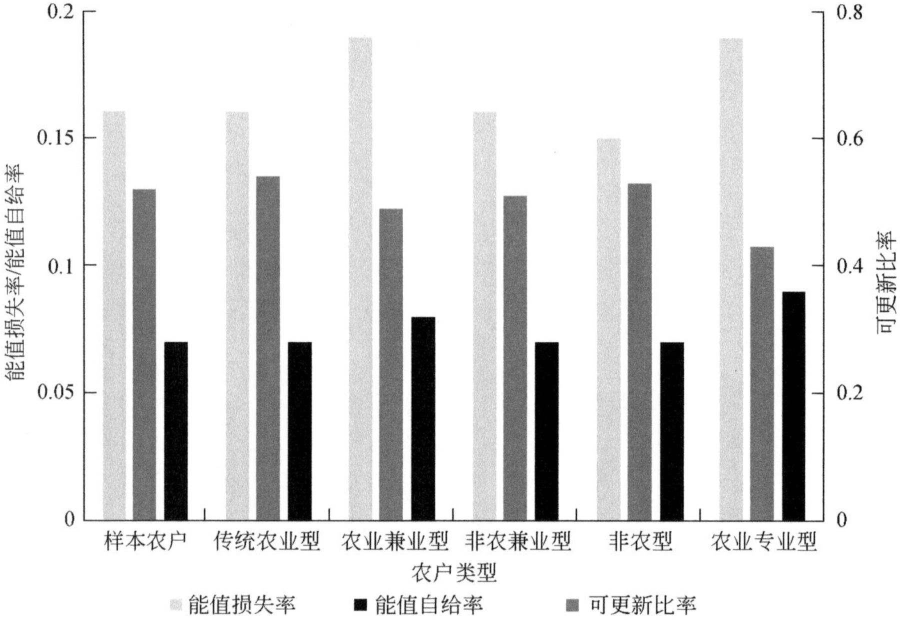

图6-19　耕地利用资源节约化能值评价指标

4）生态环境不退化评价。生态环境不退化评价主要侧重于耕地利用过程中对生态环境的负面影响和环境压力，主要选取不可更新比率、环境负载率和环境经济效率三项能值评价指标（图6-20）。不可更新比率用于衡量耕地利用过程中不可更新投入对生态环境的影响，不可更新比率越大，说明耕地利用对于不可更新资源的依赖程度越大，可能产生的废弃和污染物越多，对生态环境的负面影响越大。样本农户的不可更新比率为0.48，低于可更新比率。农业专业型和农业兼业型农户的不可更新比率较高，分别为0.57和0.51；传统农业型农户的不可更新比率最低，为0.46。环境负载率用于反映耕地利用对生态环境造成的压力，环境负载率越大表明在耕地利用系统中能值利用强度越高，对环境系统的压力越大，一般环境负载率小于 2 表示具有较小的环境压力。样本农户的环境负载率为 0. 99，对于生态环境的压力较小，农业专业型和农业兼业型农户的环境负载率较大，分别为 1. 32 和 1. 10，非农型农户和传统农业型农户的环境负载率较小，为 0. 91。环境经济效率用于衡量废弃流失的污染物对于生态环境产生的负面影响程度，环境经济效率越大，对于资源环境的负面影响越大。样本农户的环境经济效率为 2. 28；传统农业型农户的环境经济效率最大，为 2. 57；非农兼业型和非农型农户的环境经济效率较小，分别为 2. 22 和 2. 24。

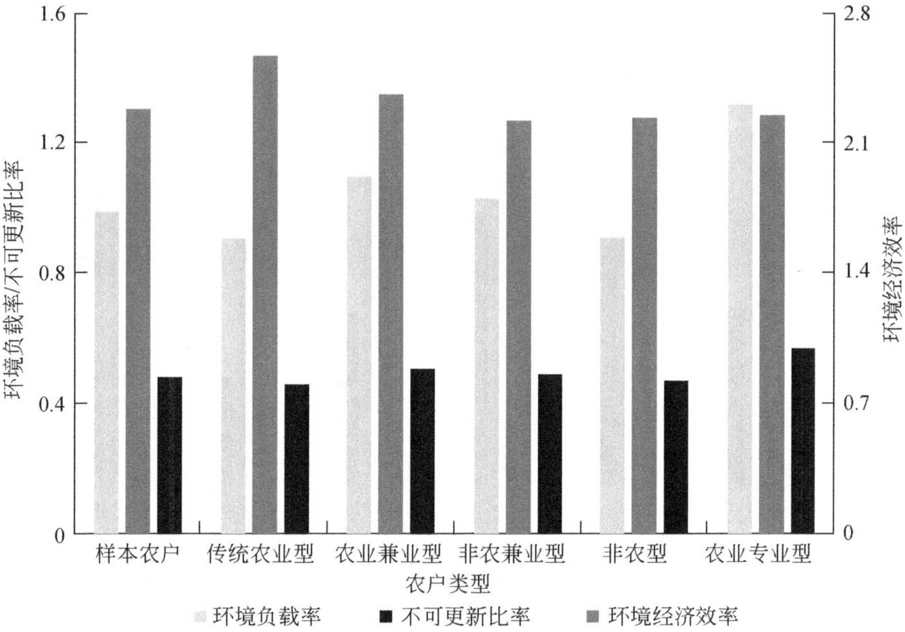

图 6-20　耕地利用生态环境不退化能值评价指标

5）社会可持续评价。社会可持续评价主要侧重于耕地利用系统的稳定性、农产品质量以及粮食自给和保障程度，主要选取可持续发展指数、农产品质量指数和粮食自给指数三项能值分析指标（图 6-21）。社会可持续发展指数用于综合衡量耕地利用的生态经济效益，指标值越高，意味着单位环境压力下的社会经济效益越高，可持续性能越好。样本农户的可持续发展指数为 0. 79；传统农业型和非农型农户的可持续发展指数较高，分别为 0. 82 和 0. 81；农业专业型农户的可持续发展指数最低，为 0. 71。农产品质量可以衡量农业产出的综合质量，该指标值越大，表明系统每生产单位农产品所流失的废弃物越少，农产品生产所附着的农业面源污染越少，对农产品质量的副作用越小。样本农户的农产品质量指数为

4.3；农业兼业型农户的农产品质量指数最低，为4.0；农业专业型农户的农产品质量指数最高，为4.44。粮食自给指数用于衡量粮食作物产出对于农户家庭的保障程度，粮食自给指数越大，家庭粮食自给保障程度越高，对于社会的粮食安全贡献越大。分经营规模标准化处理后，样本农户的粮食自给指数为0.42；农业专业型农户的粮食自给指数最大，为0.91；非农型农户的粮食自给指数最小，为0.26。

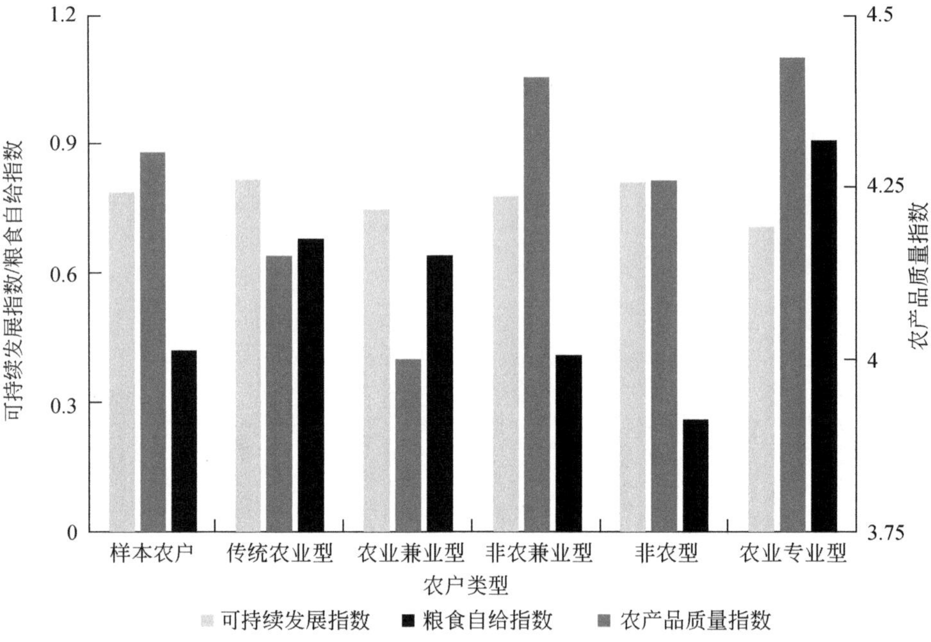

图6-21　耕地利用社会可持续能值评价指标

(2) 总体评价

根据准则层指数计算公式，计算各准则层指数，剔除极个别极端值后进行极差标准化处理，从而每户农户耕地利用都对应5个准则层指数（图6-22），样本农户准则层评价指标的分布较为均衡，各准则层评价指标值主要分布在0～0.6，0.8以上的相对较少，进一步借助准则层评价指标进行目标层评价，进而综合衡量333户样本农户的耕地利用可持续集约化水平。

图6-23显示，样本农户的SII分布相对较为均衡，但绝大多数农户主要分布在中下部，耕地利用可持续集约化水平整体不高。根据耕地利用可持续集约化评价体系，当5项准则层评价指标均达到最大为1时，SII约为2.38，但在实际耕地利用中必然难以达到这种可持续集约化水平，由于评价体系5项准则层评价指

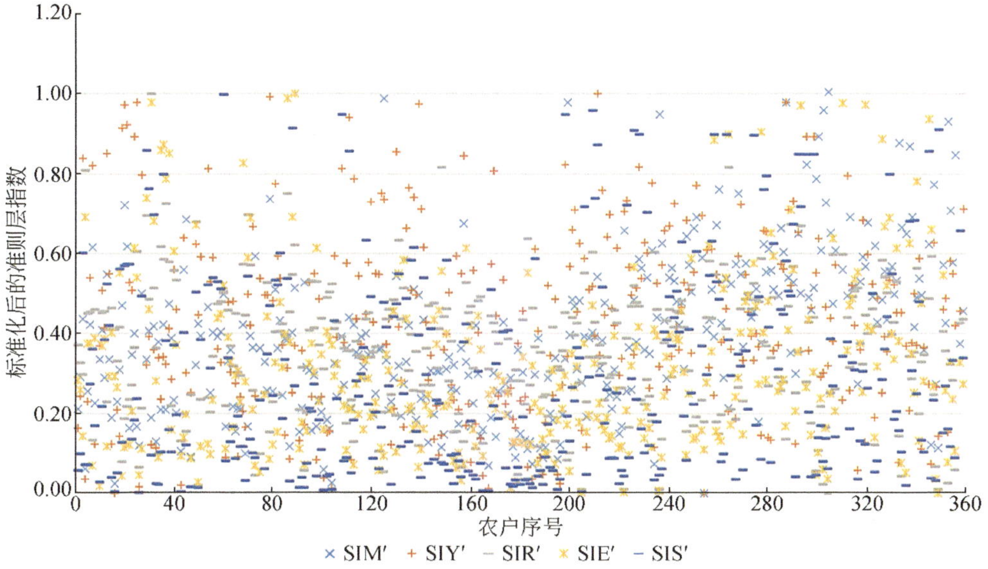

图 6-22　样本农户耕地利用可持续集约化准则层评价指标分布

标的测算彼此之间存在制衡关系，各项准则层评价指标不会同时达到最大。例如，产出高效化是农户耕地利用的主要目的，经营集约化是农户以既有资源条件获得高产出最先考虑也是较为容易实现的主要形式，具体表现为耕地利用投入结构和经营管理的变化，同时也伴随着对生态环境干扰程度的改变和对社会经济发展贡献的影响。从投入的角度来看，经营集约化指数的增加意味着人工辅助能值投入的增加，增加物质投入是最直接的做法，工业辅助能的增加又意味着不可更新能值投入和废弃流失能值的增加，这对于资源节约化和生态环境这两项评价指标的测算均表现为负向影响。若要资源节约化和生态环境不退化这两项评价指标增加，外部自然环境不变的前提下，则需要减少外部施加的辅助能值的投入，这样势必会削弱产出高效化评价指标，进而影响社会可持续化，因此需要削弱工业辅助能值投入，增加可更新有机能投入，但工业辅助能值投入因为对于农业生产的不可替代性不能大范围削弱。另外，减少农药、化肥乃至农业机械的投入则意味着需要更多的远超于所削弱的那部分工业辅助能值投入的劳动力投入，降低了耕作效率，经营集约化评价指标同样受到影响。因此，由于耕地利用实际，以及评价体系各指标之间的协同性和制衡性，各项准则层评价指标无法同时达到最大，这也符合边际报酬递减规律。同时也与本研究在理论分析部分所提出的耕地利用可持续集约化假设和目标相一致，耕地利用可持续集约化转型的目标不是为了追求生态效益、经济效益和社会效益的最大化，而是追求三者之间的最优解，维持一个动态的平衡，从而使耕地利用所产生的复合效益达到最佳状态。

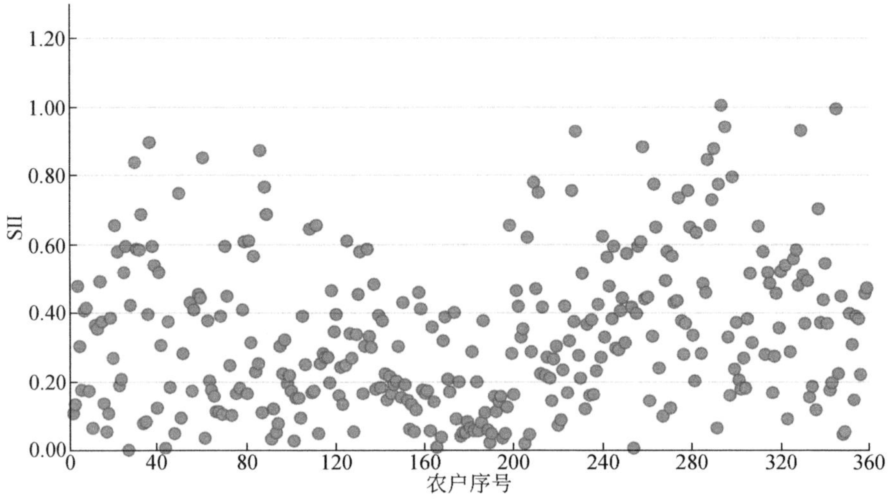

图 6-23　样本农户 SII 分布

基于此，若假设各项准则层评价指标分别同时为 0.2、0.4、0.6 和 0.8，则对应的 SII 约为 0.1、0.38、0.86 和 1.52。参考以上测算，将样本农户耕地利用可持续集约化水平划分为不可持续集约化（0，0.1]、低度可持续集约化（0.1，0.4]、中度可持续集约化（0.4，0.8］和高度可持续集约化（0.8，1.2]。经计算样本农户的平均 SII 为 0.34，说明当前农户耕地利用可持续集约化的整体水平相对较低，各项准则层评价指标的平均值不足 0.5。

根据样本农户 SII 区间分布及其结构（表 6-26）来看，约 14% 的农户耕地利用为不可持续集约化，平均 SII 仅为 0.06；约 52% 的农户为低度可持续集约化，平均 SII 为 0.24；约 30% 的农户达到中度可持续集约化，平均 SII 为 0.56；仅约 4% 的样本农户达到高度可持续集约化，平均 SII 为 0.91。

耕地利用的不可持续集约化、低度可持续集约化、中度可持续集约化和高度可持续集约化之间，不仅是 SII 大小的差异，其内部结构也具有较大差异。表 6-26 中的 SII 结构是不同耕地利用可持续集约化水平下各准则层评价指标的均值，因此其所构成的五边形在形态上更为规整，而每户农户单独形成的五边形在形态上倾向性更强，但能够有效反映不同 SII 在耕地利用侧重方面的差异。根据样本农户在不同 SII 区间的评价结构来看，不可持续集约化的农户耕地利用评价结构中各准则层指标都较低，就各指标之间来看，SIR′相对较高，SIM′次之，

SIY′和 SIE′相对较低，SIS′最低。低度可持续集约化的农户耕地利用评价结构中各评价指标均未超过 0.4，相对较低，就各指标之间来看，SIY′最高，SIM′次之，SIR′和 SIE′相对较低，SIS′最低。中度可持续集约化的农户耕地利用评价结构中，各评价指标在 0.5 左右，指标间的差异缩小，分布趋于平衡，SIY′最高，SIM′和 SIS′次之，SIR′和 SIE′略低。高度可持续集约化的农户耕地利用评价结构中，各评价指标均超过 0.5，SIS′最高，SIE′次之，SIM′、SIR′和 SIY′略低。

从可持续和集约化两个维度来看，不可持续集约化属于不可持续-不集约模式，耕地利用所带来的生态、经济和社会效益都较低。低度可持续集约化属于低集约-低可持续的模式，耕地利用的经济效益高于生态效益和社会效益。中度可持续集约化属于集约-低可持续的模式，耕地利用的经济效益、生态效益和社会效益较为均衡，但仍有一定的增长空间。高度可持续集约化属于较为理想的集约-可持续模式，即通过集约化的经营，用适度的资源，达到较高的产出，同时对生态环境的影响较小，并对社会发展具有贡献，耕地利用的复合效益达到较优状态。

表 6-26　样本农户 SII 区间分布及内部结构

项目	不可持续集约化	低度可持续集约化	中度可持续集约化	高度可持续集约化
SII 区间	(0，0.1]	(0.1，0.4]	(0.4，0.8]	(0.8，1.2]
平均 SII	0.06	0.24	0.56	0.91
户数（户）	45	174	102	12
占比（%）	14	52	30	4
SII 结构	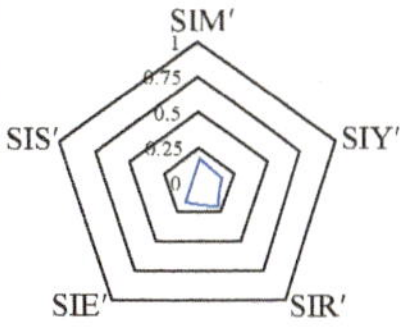	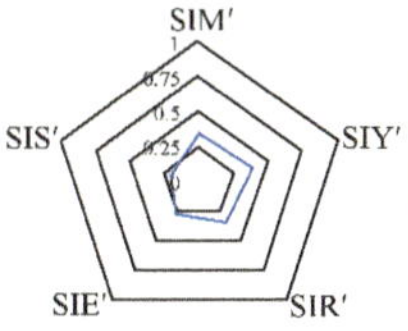	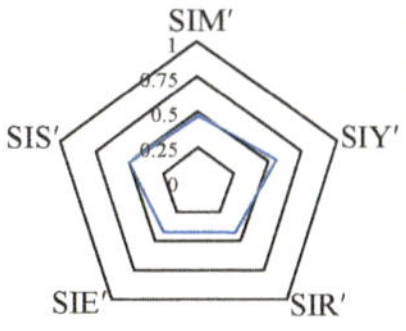	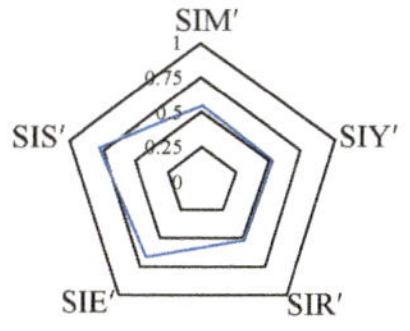

另外，假设样本农户在耕地利用中可持续集约化水平是一个不断提高的动态过程，可以推测耕地利用可持续集约化水平在从低到高发展的过程中，经历了从集约化主导到可持续主导的演变，前期经济效益较为明显，生态效益和社会效益并不显著，随着耕地利用可持续集约化水平的提高，经济效益增长放缓，甚至适当回落，生态效益和社会效益逐渐显化，并最终达到三者之间的相对均衡状态。

6.3.4.3 农户生计转型与耕地利用可持续集约化的互馈影响

(1) 不同生计类型农户耕地利用可持续集约化差异

根据不同生计类型农户的平均 SII 和耕地利用可持续集约化水平分布（表 6-27），农业专业型农户 SII 最高，为 0.50；传统农业型农户次之，为 0.42；农业兼业型农户和非农兼业型农户的 SII 分别为 0.36 和 0.32；非农型农户的 SII 最低，为 0.30。具体来看，农业专业型农户分布较为集中，约有 85% 的农户耕地利用水平都属于中度可持续集约化，无不可持续集约化和高度可持续集约化的农户。传统农业型农户中有约 78% 耕地利用水平属于低度可持续集约化或中度可持续集约化，高度可持续集约化的占比相对较高，为 9% 左右。农业兼业型农户中有约 75% 耕地利用水平属于低度可持续集约化或中度可持续集约化，高度可持续集约化的占比相对较高，为 8% 左右。非农兼业型农户中有约 65% 耕地利用可持续集约化水平为低度可持续集约化，约 26% 的农户为中度可持续集约化，高度可持续集约化仅占 3% 左右。非农型农户中不可持续集约化农户的占比最高，约为 24%，低度可持续集约化的农户占比为 46% 左右，中度可持续集约化占比为 28% 左右，高度可持续集约化占比为 2% 左右。

表 6-27 不同生计类型农户耕地利用可持续集约化水平分布

项目	传统农业型	农业兼业型	非农兼业型	非农型	农业专业型
平均 SII	0.42	0.36	0.32	0.30	0.50
不可持续集约化（%）	13	17	6	24	0
低度可持续集约化（%）	42	33	65	46	15
中度可持续集约化（%）	36	42	26	28	85
高度可持续集约化（%）	9	8	3	2	0

根据样本农户不同生计类型农户耕地利用可持续集约化的评价结构（图 6-24），样本农户 SIY′和 SIM′较强，SIR′次之，SIE′和 SIS′相对较弱。农业专业型农户 SIY′明显高于其他指标，SIM′和 SIS′较高，SIE′和 SIR′明显较低，表现出明显的不均衡性。较高水平的 SII 主要来自 SIY′的贡献，理论上来看属于集约-低可持续模式，但实际情况可能并非如此，主要原因是农业专业型农户经营规模大，农业机械化程度高，耕作效率和农业生产率较高，劳动力投入明显低于其他生计类型农户，导致其可更新有机能投入相对较低，不可更新比率和环境负载率较高，因此其 SIE′较低，SIS′与 SIY′、SIE′之间关联性较强，尽管 SIE′较低，由于较高的 SIY′，SIS′也相对较高。但从 SIR′来看，农业专业型农户相比其他农户较低，说明其对于不可更新资源的依赖程度仍较强。这也可以解释农业专业型农

户中耕地利用多为中度可持续集约化水平，却没有达到高度可持续集约化水平的情况。因此，可以通过完善投施配比关系，适度减少化肥、农药等不可更新资源投入，通过不可更新辅助能的减量化，提高可更新比率，从而提高 SIE′和 SIR′的水平。但对于农业专业型农户，农业收入是家庭收入的主要来源，经济效益是其主要目的，而经营的耕地主要来自于其他农户，尽管对于土地的依赖性最强，但土地保护意识要弱于传统农业型农户。因此，可以通过减施补贴或农业技术培训等形式，加强引导，提高农业专业型农户的认知，从而促进其转变耕地利用行为。

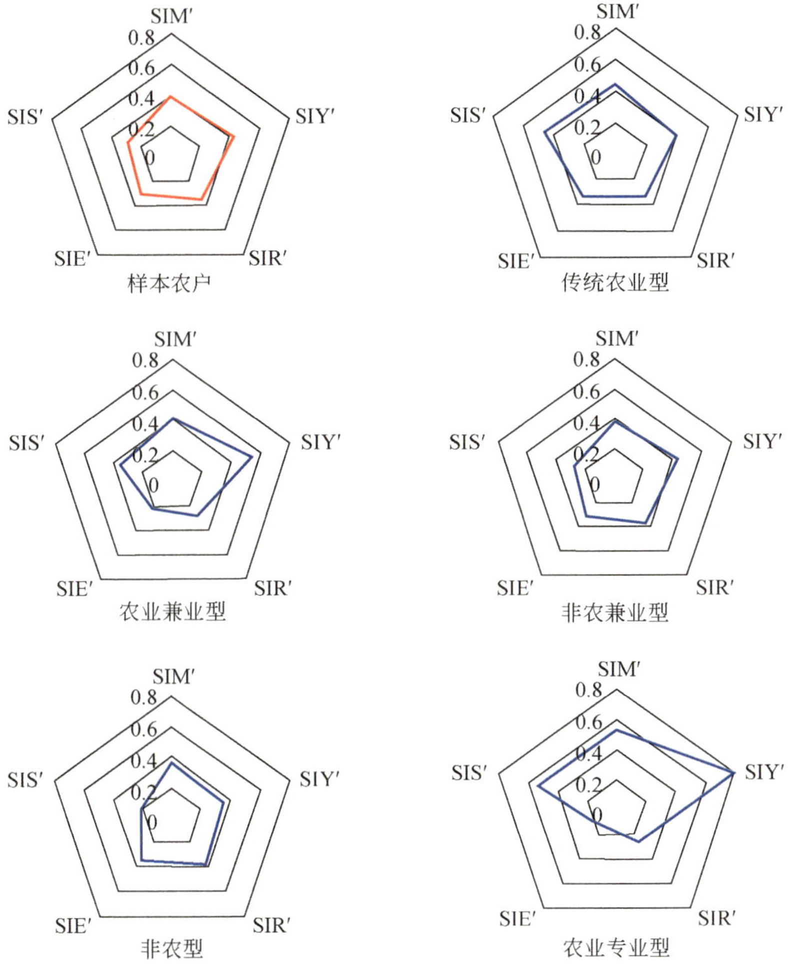

图 6-24　不同生计类型农户耕地利用可持续集约化评价结构

对于农业兼业型农户，由于其中有部分是种粮大户，因此其评价结构与农业专业型农户较为相似，SIY′、SIS′和 SIM′较高，SIE′和 SIR′较低，但因仍有小规模经营农户，因此其 SIE′和 SIR′要高于农业专业型农户。

对于传统农业型农户，农业收入是最主要的家庭收入来源，尽管其经营规模较小，但种植结构的多样性较强，在耕地利用上多为精耕细作，因此 SIM′、SIS′和 SIY′较高，经营较为集约，产出较高且粮食自给程度较高，SIE′和 SIR′相对较低，尽管总体的可持续集约化水平低于农业专业型农户，但对于年龄较大的农户来说已是较好的状态，需要考虑的是如何通过政策优化，加强对于传统农业型农户在农资购买、农产品交易和生活保障等方面的问题。

对于非农兼业型农户，农业仍然是家庭收入的主要来源，因此其 SIM′和 SIY′相对较高，由于主要劳动力多为非农为主兼业型就业，其可更新有机能投入低于传统农业型农户，因此其 SIR′、SIE′和 SIS′相对较低。

非农型农户可以视为非农兼业型农户转型的结果，属于较高阶段的农户生计类型，SIM′和 SIY′要小于非农兼业型农户，SIR′和 SIE′相对较大。可能的原因是，一方面，农业收入占家庭收入的比例较低，因此一部分农户耕地利用相对粗放；另一方面，非农型农户多为祖孙三代人的家庭模式，年轻劳动力外出务工，多从事非农工作，是家庭收入的主要来源，而老年人仍留在农村，照顾孩子的同时经营耕地，因此老年人的劳动力投入要多于非农兼业型农户。尽管 SIR′和 SIE′要高于其他农户，但由于家庭人口较多且 SIY′较低，因此其 SIS′较低。

（2）耕地利用可持续集约化差异下的农户生计转型趋势

根据样本农户耕地利用可持续集约化水平差异下的生计转型倾向（图 6-25），耕地利用不可持续集约化的农户中，约 40% 的农户为稳定型农户，约 58% 的农户为非农化型农户，约 2% 的农户为农业专业化型农户。耕地利用低度可持续集约化的农户中，约 38% 的农户为稳定型农户，约 59% 的农户为非农化型农户，约 3% 的农户为农业专业化型农户。中度耕地利用可持续集约化的农户中，约 52% 的农户为稳定型农户，约 40% 的农户为非农化型农户，约 8% 的农户为农业专业化型农户。耕地利用高度可持续集约化的农户中，约 67% 的农户为稳定型农户，33% 的农户为非农化型农户。

综合来看，样本农户耕地利用可持续集约化水平的差异对于其生计转型倾向可能存在影响：主要表现为耕地利用可持续集约化的水平越低，农户越倾向于非农化转型，耕地利用可持续集约化水平越高，农户生计越稳定，生计转型的倾向越小。耕地利用不可持续集约化和低度可持续集约化的农户非农化倾向较强；耕地利用中度可持续集约化农户较为稳定，农业专业化倾向相对较强。耕地利用高度可持续集约化农户稳定性最强。在五个耕地利用可持续集约化准则评价指标

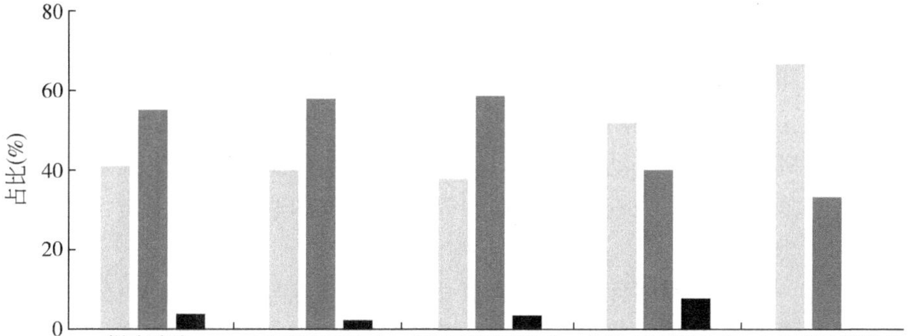

	样本农户	不可持续集约化	低度可持续集约化	中度可持续集约化	高度可持续集约化
稳定型	41	40	38	52	67
非农化型	55	58	59	40	33
农业专业化型	4	2	3	8	0

图 6-25　不同耕地利用可持续集约化下的农户生计转型倾向

中，经营集约化和产出高效化方面的侧重性相对较强。而经营集约化和产出高效化又与农户的投入-产出行为密切相关。农户作为理性的“经济人”，耕地利用可持续集约化水平越高，农业产出越高，进入经济市场所获得的收益越高，农业收入在家庭收入中所占的比例越高；反之，耕地利用可持续集约化水平越低，农业产出越低，经济收益就越低。农户出于收益最大化和风险最小化生计目标的综合考虑，一方面，耕地利用可持续集约化水平相对较高的农户既希望扩大经营规模，获得更高的农业产出，同时受限于家庭资产、人口、年龄、劳动力、认知等农户特征及个体特征，一部分农户表现出农业专业化的转型倾向，绝大部分农户会保持现有的稳定生计类型，还有一部分农户为了追求更高的经济收益，已不满足于现有农业收入来源，表现出非农化的转型倾向；另一方面，耕地利用可持续集约化水平较低的农户，既希望能够获得其他更高的收益来源，同时也受限于农户特征与个体特征，一部分农户选择维持现有相对稳定的生计状态，大部分农户则表现出非农化的转型倾向。

6.4　农户视角下耕地利用可持续集约化调控

（1）地方政府管理与调控

一是，强化耕地利用和保护主体责任，积极开展政策普及与宣传教育，多措并举优化调控多元经营主体耕地利用和保护行为。面向生态文明建设要求和三位一体耕地保护需求，地方政府要充分考虑区域耕地资源优势和乡村振兴战略，科学调整土地管理政策，发挥地方政府引导协调作用，创新宣传形式，普及农业培训，提高经营主体的环境保护认识和土地政策认知，进而引导其转变行为，响应节约集约和可持续利用土地的号召，落实最严格的耕地保护政策。

二是，加强耕地利用监督管理，通过监测平台与数据库建设，将卫星遥感监测、无人机航测等区域动态监测与实地抽查监测相结合，集成技术支撑、信息采集、实时监测、数据核查、执法查处等多位一体的联动系统，防止耕地的“非农化”和“非粮化”。

三是，将耕地利用保护相关政策及其配套标准与国土空间规划、农村土地制度改革、农地三权分置等进行有机结合，协同治理，助推耕地利用可持续集约化转型。建立严格的政策约束和耕地保护激励机制，提升耕地利用和保护的稳定性和长期性，实现“藏粮于地”。

（2）市场机制构建与完善

一是，构建“政府引导、农民主体、社会参与”的多方共建市场机制。发挥地方政府在政策支持、技术帮助和市场交易引导与监管等方面的作用。强化传统农户、兼业农户、种粮大户等多元经营主体在耕地利用和保护等方面的主体地位，引导其关注耕地利用的生态效益和社会效益，巩固发展专业大户，培育家庭农场，推广农业合作社，鼓励支持发挥其协同带动作用。拓宽社会群体的参与程度，扩大信息交换、资金筹措、要素流动和资源流通渠道。

二是，推进农地确权登记，构建信息交易监管平台。明晰土地产权及产权主体的权责义务，强化农民产权意识，创新农地三权分置的多种实现形式。借助互联网等信息技术构建信息交易监管平台，提高农地流转、农资购买、技术交流、机械服务、商品交易等的便捷性和快捷性，提高农民收益。

三是，健全农地流转市场，完善涉农信贷服务体系。强化政府引导和政策支持，加强规划引领和财政扶持，稳妥推进农地流转。建立价格指导和审查机制，完善纠纷调处和退出机制，保障农地流转规范有序。简化、优化涉农信贷服务程序及审批环节，完善农村金融服务体系，普及小额贷款，放宽限制条件。

四是，要结合绿色农业发展战略推进历程，科学调整农业生产及土地利用政策，积极倡导耕地利用可持续集约化战略，努力形成以家庭承包为基础、集约化经营为手段、可持续性发展为目的的立体式复合型农地利用可持续集约化政策体系。积极响应国家关于农业可持续发展及生态文明建设的号召，减小耕地生态系统和环境的压力，实现农业现代化。明确因地制宜、具有适应性的可持续集约利用典型模式，完善相关政策，引导各类经营主体转变资源利用方式，提高农业可持续发展能力。

五是，加快推进农地确权颁证，鼓励土地承包经营权的退出或流转，明晰产权，明确农地所有权的主体，维护农村集体、承包农户、经营主体的权益。落实农村土地确权工作，尊重农民保留土地承包权、流转土地经营权的意愿。探索市场调节、政府补贴、生态补偿等多种途径相结合，制定差别化的流转程序及补偿标准，建立合理的收益分配机制，提高耕地利用可持续集约化水平。

（3）农业技术支撑与创新

一是，加大农业技术创新资金投入和扶持力度。通过技术创新和普及，加大宣传力度和试点探索，降低使用成本和农户顾虑，综合推广节水灌溉、保护性耕作、测土配方施肥、生态农业等农业生产技术。

二是，研发并推广高效、便捷、低污染、低损耗的农药和除草剂，增施有机肥、生态肥等作为替代性肥料，降低化肥施用强度，提高土壤有机质含量，并通过价格补贴等形式，降低农民投入成本，提高农民生产积极性。限制高污染农业化学用品的使用条件和用量，分类分策制定使用标准，限定用量，并通过减施补贴等政策，引导农民合理调配投入结构和时间配置。

三是，优化耕地利用模式和经营方式，根据区域资源优势和市场经济形势，因地制宜地确定经营规模和种植结构，加强耕地利用全过程、全要素的统筹调配和系统开发，实现“藏粮于技”。

四是，加大宣传力度，提高农户耕地保护意识，使农户深刻认识到耕地资源的有限性，以及耕地可持续利用的重要性。政府在进行耕地保护政策法规的宣传教育的同时，增强农户对耕地利用的忧患意识。同时，加强农户的环境保护意识，增强对可持续发展的认知。引导农户正确、适度地使用农药、化肥等化学产品，在生态环境不退化的基础上，实现耕地利用可持续集约化。

（4）农民生计保障与提高

一是，稳定土地承包关系，用好惠农政策。坚持土地承包关系稳定并长久不变，保证农民基本的生计来源。完善优化系列惠农政策，加强粮食市场和农资市场的价格监测和宏观调控，保障农民获得稳定的农业收入，促进外出务工人口回流。

二是，充分依托区域资源优势，发挥特色农产品优势，探索农产品深度开发和“农业+”耕地利用模式，将农业生产与农业观光、体验农业、电子商务等产业有机结合，同时引进社会资本，打造具有区域特色的实践样板，进而从耕地利用主体出发，关注耕地利用的生态效益和社会效益。

三是，完善农村配套基础设施建设，优化农民生活条件，扩大本地就业机会，减少人口外流；对于生计困难的农户进行建档立卡，给予补贴或农业扶持。

四是，加快培育农业新动能，发展多种形式的耕地利用可持续集约化。在一定时间阶段内，政府部门应组织农业科技入户活动，培育家庭农场、专业大户、合作社、农业龙头企业等新型农业经营主体的带头人，培养现代青年农业科技带头人，强化农业经营基础支撑，助推农业现代化。通过专家讲座与问题咨询等形式，培育职业经理人等新型农民，引进新的生产方式与经营模式。同时，要健全农业信贷担保体系，为农业新动能发展提供资金支持，为农业生产提供保障，进而加快农业新旧动能的转换。

6.5 本章小结

本章基于农户视角，构建耕地利用可持续集约化的理论框架，以山东省农户调查问卷为样本进行实证探究，运用物质流分析方法和能值分析方法对耕地利用可持续集约化水平进行测度；分析农户耕地利用可持续集约化对其耕地转入意愿和耕种面积的影响，甄别促进农户耕地规模经营的可持续集约化显著因子并测算其贡献度；通过构建 Tobit 模型分析耕地利用可持续集约化的影响因素及作用机理，探究农户生计转型与耕地利用可持续集约化的互馈影响，尝试提出耕地利用可持续集约化的调控建议。主要得出以下结论：

1）基于区域资源配置、乡村发展、生态环境质量和土地利用方式等土地利用效应导向下的综合性分析视角，从可持续发展的视角来看，耕地利用可持续集约化强调生产要素投入的有效性，提高区域农用地的生产能力，节约资源，减小环境压力，进而提高耕地资源的自然资本和环境服务能力，实现资源利用的代际公平。耕地利用可持续集约化包含生态效益、经济效益和社会效益三个现实目标，具有经营集约化、产出高效化、资源节约化、生态环境不退化和社会可持续发展五方面内涵。农户生计转型与耕地利用可持续集约化在耕地依存关系和土地意识、耕地利用水平和行为响应等方面存在互馈关系。

2）耕地利用可持续集约化测度方面，耕地利用可持续集约化水平可划分为不可持续集约化、低度可持续集约化、中度可持续集约化和高度可持续集约化四类。以山东省日照市五莲县、东营市垦利区、泰安市东平县调研获取的 388 份有效问卷为研究对象，根据基于物质流的评价模型，研究得到相应的结果：耕地利用不可持续集约化的农户占样本总数的比例最大，约占样本农户总数的 49.2%；低度耕地利用可持续集约化的农户占比约为 19.8%；中度耕地利用可持续集约化的农户的占比约为 23.7%；高度耕地利用可持续集约化的农户数量较少，占比为 7.2% 左右。总体来看，研究区域的耕地利用可持续集约化水平不高，不可持续集约化的农户较多。以曲阜市的 333 户农户调查问卷为研究对象，根据基于能值的耕地利用可持续集约化评价结果，研究发现样本农户耕地利用可持续集约化水平整体较低：约 14% 的农户为不可持续集约化，约 52% 的农户为低度可持续集约化，约 30% 的农户为中度可持续集约化，仅约 4% 的农户为高度可持续集约化。同时发现，农业专业化农户耕地利用的可持续集约化水平最高，传统农业型农户次之，农业兼业型农户再次，非农兼业型农户第四，非农型农户最低。耕地利用可持续集约化水平越低，农户生计越倾向于非农化转型，耕地利用可持续集约化水平越高，农户生计越趋于稳定。

3）以山东省日照市五莲县、东营市垦利区、泰安市东平县调研的有效问卷中的 294 份作为研究样本进行 BRT 分析。研究发现：农户对政策认知的高自我效能会提高其耕地转入意愿，实际获得农业收入的增长会扩大其种植面积；可持续集约化指标、家庭农业生产要素禀赋指标、村庄土地市场发育状况指标与农户耕地规模经营之间具有动态响应关系，各类指标都存在一个促进农户耕地规模经营的最佳区间；在耕地可持续集约化的目标下实现规模经营，需要依靠各类指标的协调而非单一指标的提升。

4）农户尺度耕地利用可持续集约化的影响因素分析表明，农户的性别和年龄、耕地面积、地块破碎程度、到最近城镇的距离对农户耕地利用可持续集约化行为有正面效应。随着耕地利用可持续集约化水平的提高，农业生产中男性占比减少，女性占比逐渐增加；同时，年龄分布趋于年轻阶段。耕地面积越大、地块破碎程度越低、到最近城镇的距离趋于 1 ~ 5km，农户耕地利用可持续集约化水平越高。

5）根据耕地利用可持续集约化的理论分析和实证探究，从地方政府管理与调控、市场机制构建与完善、农业技术支撑与创新、农民生计保障与提高等四个方面尝试提出耕地利用可持续集约化的调控建议。

7 综合应对

随着我国资源环境问题日趋复杂，“高投入、高消耗、高污染”的传统耕地利用方式已难以适应新形势，为破解耕地资源环境约束，实现经济社会生态三方面的协调可持续发展，需要将重点放在推进耕地利用可持续集约化方面，采取多种措施综合应对。未来要进一步厘清耕地利用可持续集约化研究的科学问题，构建耕地利用可持续集约化的长效机制，加快实现耕地利用可持续集约化的政策集成，从而形成可持续集约化与全球变化的双向动态响应，切实确保粮食安全与资源保护。本章主要围绕耕地利用可持续集约化的科学问题，从长效机制、政策集成、动态响应的不同方面，提出面向耕地利用可持续集约化的综合应对措施。

7.1 科学问题

随着“人类世”的邻近①，粮食安全、耕地健康、重大公共事件、高品质三生空间、生态文明、融合性区域战略和国土空间规划等汇聚成亟待破解的热议难题，以及资源要素、生产关系、科学创新与人类需求之间的叠床架屋关系，倒逼社会治理和政府决策的转型趋近至可持续发展的路径中来。而农业可持续发展作为全球可持续战略的重要议题，以及新时期发展地理学研究的核心内容之一，深入理解耕地利用的可持续集约化成为追求人类福祉和资源永续利用的关键。因此，作为地球上最基本、最重要、最可持续的资源，耕地利用的可持续集约化势必成为未来发展的主流。遵照“过程—格局—机制—效应”的逻辑，以“农业生态空间—人地关系—耕地利用可持续集约化”为横轴，以地理学命题的基本范畴“因素+机理、功能+系统、过程+格局、尺度+界面”为纵轴②，梳理了耕地利用可持续集约化研究的若干科学问题（表 7-1）。

当前我国正处于供给侧结构性改革的深水区，以质量、效率和动力变革为表征的改革内涵，已然更加关注耕地的生态安全，即在生态文明建设和乡村振兴进

---

① 刘海猛，方创琳，李咏红．城镇化与生态环境“耦合魔方”的基本概念及框架［J］．地理学报，2019，74（8）：1489-1507.

② 樊杰．人地系统可持续过程、格局的前沿探索［J］．地理学报，2014，69（8）：1060-1068.

程中，注重形成与资源环境承载能力、国土空间开发适宜区间相匹配，兼具绿色高效、低碳集约、循环生态的耕地利用新特征，从而通过以“新三农”内里动力的科学挖潜，促成改革、发展、稳定的全面协调可持续。与此同时，面对特定统一的供给约束、不断变化的发展需求、区域禀赋差异、学科交叉整合、科学理论与技术革新的响应适应、人类活动与自然环境之间的互馈等，成为摆在可持续发展面前的亟待解决的问题。因此，在满足共性、兼顾个性的原则下，以多元化、宽视角和新共识的角度切入，全面探究耕地利用可持续集约化的交互嵌套影响与耦合协调机制，对于推动诸如美丽中国、乡村振兴等更多绿色发展战略的实施具有重要意义。

表 7-1　耕地利用可持续集约化研究的若干科学问题

	农业生态空间—人地关系—耕地利用可持续集约化
因素+机理	农业有机生命体、耕地系统变化的时空分异规律，影响因素及其演化机理、耕地环境承载—响应—适应、人文因素作用的不确定性
功能+系统	耕地资源利用生态系统的功能与质量、耕地多功能权衡、区域性耕地生态系统（本体、母体、受体）、耕地质量—产能—健康、多位阶效力的政策节理
过程+格局	耕地利用和多元经营主体互馈机制、土壤肥力和资源要素（水、肥、药）协变关系、生态环境与可持续集约化空间耦合、耕地可持续集约化系统的流空间分析（物质流、信息熵、特征算法）
尺度+界面	耕作单元到空间结构的集成，不同空间尺度耕地功能和结构的自转换、人文—自然界面对可持续集约化过程和格局的反馈、人文界面对耕地利用可持续集约化的响应

面对可持续发展的迫切需求和科学问题的逐层明晰，加之生态文明建设战略影响和国际科学前沿的牵引，重视现代农业共同体，以科学研究、工程技术和相关政策为“共有体”，求解耕地利用可持续集约化的科学问题越来越成为学界共识。在资源环境科学理论研究中，叠合复杂系统的自然科学、人文科学、经济科学和管理科学，建构多学科融合的基础理论；在科学技术创新方面，不断研发可随理论发展、学科变化和知识演进而自适应的研究方法体系，注重对综合科学机理进行剖析阐释和学术价值提炼，而不是简单机械地移植其他方法理论；在政策制定层面，紧扣顶层设计的战略目标，减少政策模糊地带，提高可操作性，填补政策盲区。因此，不妨把耕地利用的可持续集约化设为预解的科学方程式，寻找地理学命题下的多元目标函数，设定一系列约束条件，筛选出相关变量，或成为近期耕地利用可持续集约化研究创新和科学跨越的关键前提。总而言之，当前对耕地利用可持续集约化的研究处在科学认知和问题计算的层面上，即明晰科学认知的未来布局，识别研究的基本单元和关键节点，重新审视新变量与新增量的逻辑关联，认知领域内新概念和新原则的科学理路。

7.2 长效机制

无论是从理论的分析还是各地区的实际情况来看，我国耕地资源有限，粮食安全存在隐忧，未来一段时期，我国耕地仍将继续减少，粮食消费需求则将刚性增长，宜耕后备土地资源日趋匮乏，加之全球人口、资源、环境矛盾日益突出，要保护耕地资源，保障粮食安全，亟待探索构建耕地可持续集约化的长效机制。

（1）构建资本投入与作物产出平衡机制

实现耕地利用的可持续集约化，一方面，要完善投入保障机制，加大政府投入，改善农业基础生产条件；引导社会投入，按照市场取向、政府引导的原则，出台鼓励政策，吸引社会资本从事农业生产；调整农民投入，减少无效投入和不必要外部输入，统筹资源利用比例，科学调配投施结构，科学增加有效投入，对生产要素进行合理的、适度的集中和优化组合。另一方面，要推进产出高效，通过实施中低产田改造，提高作物综合生产能力；引进先进生产技术，降低生产成本，确保高效高产；促进投入与产出相协调，改进农业生产环节，加强对水、土、种、肥、药、电等各要素的统筹调配和系统开发，实现既有经营面积上综合生产效率的最大化，解决农业生产低产低质、高产低效的发展难题，科学提高耕地生产率。

（2）构建耕地利用与生态环境协同机制

坚持生态优先的发展战略和源头治理思维，重视环境问题，将对负面环境影响降至最低；充分考虑人类行为对田间生态环境带来的影响，减少不必要的人为干预①；加强生态耕种、免耕种植等保护性农业实践，建立循环经营模式，合理高效地利用耕地资源，实现耕地利用与生态环境协调发展。

（3）构建耕地利用与现代化进程双赢发展机制

在国家层面上通过创造有利于耕地可持续利用的政策环境，严格保护耕地，坚持资源开发与节约利用并重，在城镇化加快推进时期坚决遏制耕地“非农化”，形成一条工业化、城镇化与耕地可持续发展“双赢”的路子，保证现代化进程不因耕地支撑能力不足而中断，实现耕地利用与现代化进程协调发展②。

（4）强化耕地数量、质量与生态三位一体保护监管机制

进一步强化耕地占补平衡管理，严格落实耕地补偿制度；建立以保护耕地数

---

① 彭文龙，吕晓，辛宗斐，等．国际可持续集约化发展经验及其对中国耕地保护的启示［J］．中国土地科学，2020，34（4）：18-25.

② 张浩，冯淑怡，曲福田．耕地保护、建设用地集约利用与城镇化耦合协调性研究［J］．自然资源学报，2017，32（6）：1002-1015.

量、质量为中心，协调耕地保护与生态发展的保护模式，加快耕地保护立法，完善耕地保护目标任务考核制度；科学监测耕地质量变化，建立完善的土地整治区耕地质量评价指标体系，改造中、低等级耕地，开展耕地质量等级变化动态监测；加强土地整治的后期建设及管护，促进作物产能水平稳定①。

（5）构建耕地利用可持续集约化激励机制

采取有效措施，创新耕地利用可持续集约化机制，考虑耕地利用效率，激励不同地区合理利用耕地资源，减少高效耕地的非农化态势，构建耕地资源整理的有效路径，实现耕地利用从“数量型”逐渐向“效益型”转变②；推广节约集约用地，根据不同区域的地形条件、耕地资源状况，确定可持续集约化的重点区域；根据重点区域的农业生产情况，注重技术的开发与集成；建立耕地利用可持续集约化的财政激励机制，合理分担耕地利用的成本，提高农民耕地利用可持续集约化的积极性。

7.3 政策集成

（1）“多管齐下”，助推耕地保护“三位一体”纵深发展

改革开放40多年来，我国经济取得了举世瞩目的成就，土地要素在其中扮演着重要角色③。随着耕地保护形势变化和认识深化，我国耕地保护政策经历由宽松到严格，再到最严格三个阶段的转变，耕地的重要性不言而喻。当前我国耕地保护已形成了数量、质量、生态相统一的“三位一体”格局。可持续集约化有助于进一步夯实数量基础，强化质量提升，促进实现生态目标。

目前，中国已经形成包括国土空间规划、永久基本农田保护制度、国土空间用途管制制度、耕地占补平衡制度和土地开发整理复垦制度等内容严格的耕地保护制度体系，但仍未遏止住全国耕地面积不断减少和局部地区耕地质量持续恶化的态势，耕地持续“非农化”“非粮化”和粗放利用等问题仍然严重④。可持续集约化旨在同一土地上用更少的投入和更科学合理的种植模式获得更多的产出，缓冲耕地数量下降对粮食安全带来的威胁，避免开垦更多的耕地，保护自然土

---

① 韩璐，孟鹏，蒋仁开，等．新时代耕地占补平衡的逻辑根源、模式探索与管理创新——基于“新时代耕地占补平衡方式改进与管理创新研讨会”的思考［J］．中国土地科学，2018，32（6）：90-96.

② 张荣天，焦华富．中国省际耕地利用效率时空格局分异与机制分析［J］．农业工程学报，2015，31（2）：277-287.

③ 程鹏，江平，张杨，等．我国改革开放40年的耕地保护政策演进分析——基于“间断—平衡”框架［J］．中国农村研究，2020，（1）：230-245.

④ 刘彦随，乔陆印．中国新型城镇化背景下耕地保护制度与政策创新［J］．经济地理，2014，34（4）：1-6.

地。因此，新时期耕地保护要以理念重塑为切入点，构建耕地资源多元共同体的系统保护理念，推动各方主体在逐利博弈中遵循“奥尔森集体行动”的共容利益理论逻辑，以政府和市场的双重手段，健全责任补偿、生态补偿与利益调节等机制，营造正向的耕地保护激励氛围①。

充分发挥耕地保护制度的政策效力，形成目标一致、生态优先和双重激励的耕地保护制度平台。在数量保护上，以国土空间规划的刚性管控与弹性管理为基础；在质量管理上，以优化城乡土地资本空间配置，深化耕地占补平衡制度，厘清整备和储备的政策内涵，持续推进高标准基本农田建设为目标；并基于生态系统服务对耕地资源占用和补充的主体实施经济补偿和政策激励，开展生态补偿立法与筹建专项基金等工作。

（2）从“新”从发，破解耕地利用可持续集约化的现实问题

耕地利用的可持续集约化为保障粮食安全、农业绿色发展和资源永续利用提供了新思路，对于深化农民主体地位、夯实农业发展的现代化导向、破解“新三农”复杂的问题集合具有重要的现实意义②。2020 年《中共中央 国务院关于抓好“三农”领域重点工作确保如期实现全面小康的意见》强调持续抓好农业稳产保供和农民增收，推进农业高质量发展。不难发现，新时期我国的耕地利用正在面临重要转型，对耕地集约利用的部分观点和发展规律也渐渐得以制度性澄清和法制性修正。

着眼我国“新三农”问题的价值意蕴，需要坚持思想认知与科学实践相统一：一是坚持问题导向，继续提高农民的主体地位、深化农业的现代化程度、促进农村空间的包容增长；二是坚持目标导向，强化农民对资源的控制能力，引导、培育农民成为农业产业体系的现代化主体，继而转向耕地利用可持续集约化的系统实践。耕地资源作为农业的自然资本，其利用方式转型是农业发展新特征的具体表象。总体而言，“新三农”背景下推动耕地利用的可持续集约化，有助于夯实农业基础、推行绿色发展模式、培育新型职业农民、提高资源利用效率、提升农村生态宜居水平、激发农村内生动力，最终形成农业高效、农民富裕和农村美丽的新发展格局。因此，在满足共性、兼顾个性的原则下，以多元化、宽视角和新共识的角度切入，全面探究“新三农”问题领域内的耕地利用可持续集约化的交互嵌套影响与耦合协调机制，对于推动类如乡村振兴、美丽中国等更多绿色发展战略的实施具有重要意义。

---

① 牛善栋，方斌．中国耕地保护制度 70 年：历史嬗变、现实探源及路径优化［J］．中国土地科学，2019，33（10）：1-12.

② 吕晓，牛善栋，谷国政，等．“新三农”视域下中国耕地利用的可持续集约化：概念认知与研究框架［J］．自然资源学报，2020，35（9）：2029-2043.

(3)“以政促农”，构建耕地利用可持续集约化新模式

首先，推动实现耕地保护主体从政府向农民转变，形成政府引导，农民和企业参与的耕地保护新模式①，进而实现耕地利用可持续集约化。具体来看，为实现耕地利用可持续集约化目标，各级政府要加大培养农民的耕地保护意识和耕地可持续利用意识，积极鼓励农民参与耕地治理、修复和保护等相关工作。政府在此过程中应充分发挥政策导向作用，积极调动企业和社会等中坚力量参与到耕地保护等相关工作上来。此外，地方政府还应积极鼓励社会组织积极承担社会责任，广泛宣传耕地保护思想，为实现耕地利用可持续集约化发展提供必要的政策与物质支持。

其次，可通过多项政策的联合“发力”，形成政策联动的有机统一体。耕地利用可持续集约化涉及农业、经济、社会等多方面内容，应从不同层面、不同视角出台相关法律法规。因此，在政策制定和施行过程中应注重构建“长效机制”，实现耕地保护与耕地利用可持续集约化的有机统一，在落实“在保护中利用，在利用中保护”战略思想基础上，完善“差异化”的耕地利用结构。具体就是，对于高质量的耕地以实现可持续集约化为目标；对于中低质量的耕地秉持“用养结合”的理念实行间作、轮作等措施，以恢复土壤肥力，进而实现可持续集约化发展；对于污染、破坏严重的耕地以修复、治理、保护为主要目标，在恢复生态平衡的基础上再考虑实现可持续集约化的发展。此外，还可以通过构建耕地资源的大数据管理平台，将“耕地大数据”落实到耕地保护等相关政策法规上，充分实现“耕地大数据”的信息化、实时化、透明化发展；同时，将耕地资源监测数据充分应用到实际耕地资源的利用管理过程中，从而有效避免耕地粗放利用甚至违法犯罪活动等，以实现对耕地资源的常态化保护、修复与综合治理。

7.4 动态响应

(1) 保障粮食安全

粮食安全关乎人类生存和社会经济发展，是人类社会实现永续发展的根本保障②③。联合国粮食及农业组织等发布的《世界粮食安全和营养状况》强调世界

① 刘丹，巩前文，杨文杰．改革开放40年来中国耕地保护政策演变及优化路径［J］．中国农村经济，2018，(12)：37-51.

② 王浩，杨贵羽，杨朝晖．水土资源约束下保障粮食安全的战略思考［J］．中国科学院院刊，2013，28 (3)：329-336，321.

③ 刘宪锋，傅伯杰．干旱对作物产量影响研究进展与展望［J］．地理学报，2021，76 (11)：2632-2646.

应加快和扩大行动，增强人们及其生计抵御和适应气候变异和极端气候的能力，实现2030年消除饥饿和一切形式营养不良的目标①。粮食安全受土地资源、水资源、气候变化、农业技术水平、区域可达性、居民购买力、食品质量及政治与社会经济稳定性等诸多因素影响②，由于新型冠状病毒肺炎疫情、非洲沙漠蝗虫灾害、极端天气及气候变暖等全球性问题的不断出现，全球粮食安全面临极大的威胁和挑战③。粮食安全是实现可持续发展整体目标的基础④，保障粮食安全的根本途径需针对耕地这一主体展开，从提高耕地利用效率、减少耕地环境污染出发，促进粮食产量的提升，从供给侧保障粮食安全。耕地利用可持续集约化强调耕地产出效率提升与生态环境保护同步协调，以自然资本的内外互促集约提升生产效益与环境服务效能，也考虑粮食系统的社会和政治层面问题⑤，既能满足当下人类需求又能满足子孙后代的发展需要⑥。

（2）应对气候变化

气候变化对农业的影响是全球气候变化研究领域的热点问题之一⑦⑧，主要表现为热量资源、水分资源和光资源变化的影响，进而导致农业生产过程中种植措施的调整与改变，最终影响农作物的种植制度、品种布局、生长发育及产量形成⑨⑩。全球CO_2浓度已由1840年的280mmol/L上升到2018年的410mmol/L，预计到2050年大气CO_2浓度将升高到550mmol/L⑪。在全球气候变暖的背景下，“暖冬”等极端气候事件不断增加，由此导致干旱、高温等极端气候事件的发生

---

① Food and Agriculture Organization of the United Nations. The state of food security and nutrition in the world 2018［OL］. https：//data. unicef. org/resources/sofi-2018［2020-01-01］.

② 马恩朴，蔡建明，林静，等. 2000—2014年全球粮食安全格局的时空演化及影响因素［J］. 地理学报，2020，75（2）：332-347.

③ 梁鑫源，金晓斌，孙瑞，等. 粮食安全视角下的土地资源优化配置及其关键问题［J］. 自然资源学报，2021，36（12）：3031-3053.

④ 同②。

⑤ Mahon N，Crute I，Simmons E，et al. Sustainable intensification-“oxymoron” or “third- way”? A systematic review［J］. Ecological Indicators，2017，74：73-97.

⑥ 吕晓，牛善栋，谷国政，等. “新三农”视域下中国耕地利用的可持续集约化：概念认知与研究框架［J］. 自然资源学报，2020，35（9）：2029-2043.

⑦ Barry S. Climate change and agriculture in China［J］. Global Environmental Change，1996，6（3）：205-214.

⑧ Piao S L，Ciais P，Huang Y，et al. The impacts of climate change on water resources and agriculture in China［J］. Nature，2010，467（2）：43-51.

⑨ 郭建平. 气候变化对中国农业生产的影响研究进展［J］. 应用气象学报，2015，26（1）：1-11.

⑩ 李新华，张蕾，姜树坤，等. 未来中高排放情景下松嫩平原农业气候资源变化分析［J］. 中国农业气象，2021，42（10）：811-822.

⑪ 张璐，张伟，陈新平. 气候变化对蔬菜品质的影响及其机制［J］. 中国生态农业学报（中英文），2021，29（12）：2034-2045.

频率和强度提高、影响范围扩张，对各国农业生产系统都产生不可避免的破坏，严重威胁国家粮食安全①。耕地利用可持续集约化在有效推进农业节能减排措施的实施、农业生产效率的提高、农业经济和社会产出的增加等方面有积极意义。耕地利用可持续集约化为应对全球气候变化带来一系列问题提供新思路，能够高效地减少温室气体、稳定生态系统服务和维护地区粮食安全。

（3）强化区域合作

强化区域合作是推动我国耕地利用可持续集约化的内在要求。受供需影响，为维持本国粮食价格的稳定，世界各粮食主产国（如印度、阿根廷、俄罗斯等）通过形式多样的出口限制政策限制粮食出口。这使得国际粮食出口量大幅度降低，推动了国际粮食价格攀升②，而粮食进口国期待通过国际市场增加粮食进口量从而填补国内供给缺口的机会降低。我国在提升自身耕地利用可持续集约化水平的基础上也要重视区域粮食合作，推动与“一带一路”沿线各国“利益共同体”和“命运共同体”的构建，持续推进农业合作。

推进“一带一路”框架下的区域粮食合作，应超越短期“谋利”的出发点，坚持着眼长远、循序渐进、开放包容、互利共赢的原则，以现有多边合作机制为基础，分区施策。着力构建中国与域内地区经济合作组织和有关国家的多层协商机制，形成区域组织、国家和企业全方位、多层次的粮食合作格局，建立相互信任，在提升国家粮食安全保障能力的同时，提高发展中国家的粮食综合生产能力，为世界粮食安全做贡献③。新常态下促进中国参与区域粮食合作问题发展要求积极开展区域粮食合作行动，营造互动频繁、平等共赢的国际区域粮食合作环境，提升粮食生产、加工、储备能力和农业科技水平，创新区域粮食合作方式并建立起相适应的政策支撑体系④，减少因贫困和缺乏获取粮食的能力等因素而导致的粮食不安全。

（4）增进人类福祉

耕地利用可持续集约化要求考虑到生活在农业生态系统内并依赖农业生态系统提供的多种功能的人的愿望和需要。粮食对人类福祉具有根本重要性，确保粮食安全、增进人类福祉是耕地利用可持续集约化不可或缺的内涵之一。向可持续

---

① 高雁鹏，陈文俊．1984—2020年辽宁省极端气温时空变化及粮食产量响应研究［J］．地理科学，2021，41（11）：2052-2062.

② 孙林，唐锋．粮食出口限制、粮食安全与区域合作框架下的约束机制［J］．国际经贸探索，2012，28（10）：25-35.

③ 赵予新，马琼．基于多边合作机制推进“一带一路”区域粮食合作［J］．国际经济合作，2015，（10）：69-73.

④ 魏欢．中国参与区域粮食合作问题研究［D］．武汉：武汉轻工大学硕士学位论文，2017.

农业系统过渡是确保到2050年全球近100亿人口有足够的粮食而不严重退化自然资源的一个优先事项，这需要一个可持续的粮食生产系统和实施有弹性的农业做法，以提高生产力，同时维持生态系统，而不降低水和土壤质量。采用耕地利用可持续集约化技术，如精准农业、循环农业等，可通过产量增加、成本降低、工作条件好转、环境管理改善等机制增进农民福祉。

导致粮食不安全的其他因素也很重要，包括地区争端、粮食浪费、贫困和缺乏获取粮食的能力等。由粮食生产和分配方式引起的环境问题不仅危害到现在和未来生产所需粮食的能力，也危及生物多样性的存在，随着人口的增长和人均消费的增加使得这些问题更加复杂和恶化。在耕地利用可持续集约化框架中应进一步关注分配公平和程序正义的内涵，综合考虑相关的其他具有社会价值的商品和服务的分配公平，如生物多样性、文化景观等将有助于与可持续发展更好结合。

附　　录

1. 可更新环境资源（*R*）

太阳能值(sej)＝耕地面积(m^2)×太阳光平均辐射量($J/m^2 \cdot a$)×(1－反射率)×能值转换率，反射率为20%

风能值(sej)＝耕地面积(m^2)×风速(m/s)×空气密度($1.23kg/m^3$)×风阻系数①(0.002)×时间/2($3.154\times10^7 s/a$)×能值转换率

雨水化学能值(sej)＝耕地面积(m^2)×降水量(m/a)×雨水密度($10^3 kg/m^2$)×雨水吉布斯自由能($4.94\times10^3 J/kg$)×能值转换率

雨水势能值(sej)＝耕地面积(m^2)×年降水量(m/a)×雨水密度($10^3 kg/m^2$)×重力加速度($9.8m/s^2$)×平均海拔高度(m)×能值转换率

地球旋转能值(sej)＝耕地面积(m^2)×热通量($J/m^2 \cdot a$)×能值转换率，稳定地质区域地球热通量为$1\times10^6 J/m^2 \cdot a$

灌溉用水能值(sej)＝年均灌溉定额($3000t/hm^2$)×当年实灌面积(hm^2)×河水吉布斯自由能②(4.77J/g)×能值转换率(sej/J)

2. 不可更新资源环境（*N*）

表土损耗能值(sej)＝耕地面积(m^2)×表土侵蚀率($250g/m^2 \cdot a$)×土壤平均有机质含量(2%)×有机质能量③($2.9\times10^4 J/g$)×能值转换率

3. 不可更新工业辅助能（*F*）

化肥投入能值(sej)＝种植面积(亩)×[单位面积氮肥使用量(kg/亩)×氮肥能值转换率＋单位面积磷肥使用量(kg/亩)×磷肥能值转换率＋单位面积钾肥使用量(kg/亩)×钾肥能值转换率＋单

---

① Chen B, Chen Z M, Zhou Y, et al. Emergy as embodied energy based assessment for local sustainability of a constructed wetland in Beijing[J]. Communications in Nonlinear Science and Numerical Simulation, 2009, 14(2): 622-635.

② 倪广亚，刘学录．基于能值分析的甘肃省耕地可持续利用时空分异研究[J]．西北农林科技大学学报(自然科学版)，2015，43(2)：149-158.

③ 朱君．基于能值分析的广河县农田生态系统可持续发展评价[D]．兰州：甘肃农业大学硕士学位论文，2018.

位面积复合肥使用量(kg/亩)×复合肥能值转换率]

农药、地膜投入能值(sej)=种植面积(亩)×单位面积农药、地膜使用量(kg/亩)×农药、地膜能值转换率

农用机械能值(sej)=农业机械(马力)×换算系数①(0.74kW·h/马力)×能量折算系数(3.60×10^6J/kW·h)×能值转换率

机械服务能值(sej)=机械耕种面积(亩)×单位面积机械服务价值($/亩)×能值货币比率，人民币和美元的汇率为2019年的平均货币汇率6.90，2019年能值货币比率根据2005年中国能值货币比率②(9.86×10^{12}sej/$)推算，能值货币比率(2019)=能值货币比率(2005)×(不变价价格指数比/可变价价格指数比)=6.04×10^{12}sej/$，不变价价格指数比和可变价价格指数比均根据《中国统计年鉴2020》相关数据进行计算

农用柴油能值(sej)=农用柴油量(kg)×能量折算系数③(2.40×10^3J/kg)×能值转换率(sej/J)

电力能值(sej)=农田生产用电(kW·h)×能量折算系数④(3.60×10^6J/kW·h)×能值转换率

4. 可更新有机能（R_1）

劳力能值(sej)=劳力人数(人)×劳动时间(天)×能量折算系数⑤(1.26×10^7J/d)×能值转换率

种子能值(sej)=种植面积(亩)×单位面积种子用量(kg/亩)×能量折算系数⑥(1.60×10^7J/kg)×能值转换率

灌溉水能值(sej)=种植面积(亩)×单位面积灌溉水用量(kg/亩)×能量折算系

---

① 朱君．基于能值分析的广河县农田生态系统可持续发展评价[D]．兰州：甘肃农业大学硕士学位论文，2018.

② 王小龙．基于生命周期评价与能值分析的循环农业评价理论、方法与实证研究[D]．北京：中国农业大学博士学位论文，2016.

③ Odum H T. Environment Accounting：Energy and Environment Decision-Making[M]. New York：John Wileyand Sans Inc，1996.

④ 林晓霞．基于能值分析的鄱阳湖区耕地生态安全评价[D]．南昌：江西农业大学硕士学位论文，2018.

⑤ 王小龙．基于生命周期评价与能值分析的循环农业评价理论、方法与实证研究[D]．北京：中国农业大学博士学位论文，2016.

⑥ 孙奇．基于能值分析的乡镇耕地生态经济系统评价[D]．开封：河南大学硕士学位论文，2010.

数①(4.94×10^3 J/kg)×能值转换率

小麦秸秆能值(sej)= 种植面积(亩)×单位面积秸秆产量(kg/亩)×能量折算系数②(1.63×10^7 J/kg)×能值转换率

玉米秸秆能值(sej)= 种植面积(亩)×单位面积秸秆产量(kg/亩)×能量折算系数③(1.63×10^7 J/kg)×能值转换率，根据样本农户秸秆全部还田和主要种植结构(冬小麦-夏玉米)，考虑到近两年种植结构没有变化且没有遭受自然灾害，种植冬小麦时秸秆还田可根据2019年的夏玉米产量进行估算，种植夏玉米时的秸秆还田来自于2019年冬小麦收割后的秸秆。秸秆产量分别基于作物籽粒产量按照其收获指数(小麦为0.46，玉米为0.49)计算④

5. 农业产出能值（*Y*）

粮食作物产出能值(sej)= 种植面积(亩)×单位面积粮食作物产量(kg/亩)×能量折算系数⑤(1.63×10^7 J/kg)×能值转换率

经济作物产出能值(sej)= 种植面积(亩)×单位面积经济作物产量(kg/亩)×能量折算系数⑥(花生 2.30×10^7 J/kg，蔬菜⑦ 2.50×10^7 J/kg，瓜果⑧ 1.10×10^7 J/kg)×能值转换率

6. 废弃流失能值（*W*）

地膜残留能值(sej)= 地膜能值(sej)×地膜残留系数(%)，华北地区农田地膜残留系数为0.097⑨

化肥流失能值(sej)= 化肥能值(sej)×(1-有效利用率)，2019年我国小麦和玉米的化肥的有效利用率为39.2%

---

① 朱冰莹，董佳，沈明星，等．基于能值分析的秸秆-羊-田循环系统生产效率与可持续性评估[J]．农业工程学报，2019，35(6)：235-243.

② 王小龙．基于生命周期评价与能值分析的循环农业评价理论、方法与实证研究[D]．北京：中国农业大学博士学位论文，2016.

③ 同②。

④ 同②。

⑤ Odum H T. Environment Accounting：Energy and Environment Decision-Making[M]. New York：John Wileyand Sans Inc，1996.

⑥ 同⑤。

⑦ 林晓霞．基于能值分析的鄱阳湖区耕地生态安全评价[D]．南昌：江西农业大学硕士学位论文，2018.

⑧ 同⑦。

⑨ 张丹，胡万里，刘宏斌，等．华北地区地膜残留及典型覆膜作物残膜系数[J]．农业工程学报，2016，32(3)：1-5.

农药流失能值(sej)＝农药能值(sej)×(1－有效利用率)，2019 年我国小麦和玉米农药的有效利用率为 39.8%

柴油燃烧能值(sej)＝废气(kg)×能量折算系数①(2.40×10^3 J/kg)×能值转换率，冬小麦约为 4.6kg/亩，夏玉米约为 54.7kg/亩②；农用柴油燃烧排放 CO_2 折合为标准煤 CO_2 排放系数，计算公式：柴油消耗量×化石燃料有效氧化系数(0.982)×单位燃料中的含碳量(0.85)，CO、SO_2、NO_x 等按污染系数 9.02kg/t、10.53kg/t、1.89kg/t 进行计算③。

---

① 鲁的苗．基于能值分析的无锡市生态系统健康评价研究[D]．南京：南京大学硕士学位论文，2017.

② 朱利叶．河北平原不同种植制度及全田地膜覆盖小麦、玉米周年产量与资源利用研究[D]．保定：河北农业大学硕士学位论文，2020.

③ 牛善栋，吕晓，史洋洋．山东省农地利用可持续集约化的时空格局[J]．应用生态学报，2018，29(2)：607-616.

后　记

耕地利用集约化是一个相对较为传统的话题，笔者在2007年读研期间就曾尝试做了一些工作，且近年来也一直没有间断对它的探索。而对可持续集约化的关注，则源自2014年查阅国际文献时的“偶然发现”。此后，笔者尝试将可持续集约化的思想“移植”到我国耕地集约利用的相关研究中。承蒙同行专家们的不吝指导与帮助，笔者领导课题组以“耕地利用可持续集约化”为题申报的科研项目、撰写的诸多论文陆续得以立项与发表，极大地增强了进一步深入探索的勇气与信心。尽管目前的研究还不够系统，也难说具有较好深度，但为了认真总结前一阶段的已有思考，为后续研究提供一个“垫脚石”，笔者还是萌发了将已有成果中较为成体系的部分凝练成书的想法。

本书是在笔者主持的国家自然科学基金面上项目“粮食主产区耕地利用可持续集约化的多尺度评价、影响机制与调控研究”（42071226）、“多元经营主体格局下耕地利用集约化与规模化耦合机理研究：以山东省典型村庄和农户调查为例”（41671176），辽宁省“兴辽英才计划”青年拔尖人才项目“农业绿色发展背景下辽宁省耕地利用可持续集约化研究”（XLYC1807060），辽宁省经济社会发展研究课题“可持续集约化背景下东北黑土地保护的长效机制研究”（2022lslybkt-026）等项目研究基础上，借鉴参考了大量国内外相关文献，经深入探索与系统总结而成。在此，首先要对相关文献的作者们表示衷心的感谢，是他们卓越的研究为笔者的探索奠定了扎实基础并指明了方向。感谢课题组全体成员的积极支持，无论是在曲阜师范大学，还是在东北大学指导的各位研究生同学，都为本书的完成付出了极大的辛劳，尤其是在农户调查、数据资料整理分析、图件编绘、书稿校对等方面，没有他们的辛苦付出，凭笔者个人之力难以完成这一重任。感谢东北大学文法学院、曲阜师范大学地理与旅游学院各位领导、老师一直以来对笔者的关心和帮助，是他们为本书的研究工作提供了良好的科研环境，尤其是文法学院“阳光人才培养计划”更是为本书的出版提供了切实的经费资助。

本书是课题组集体研究的结晶，由吕晓提出整体研究框架及提纲，由彭文龙、牛善栋、孙晓雯、刘源、屈毅、辛宗斐、李丽等硕博士研究生共同协助完成书稿的撰写。全书共7章，第1章由吕晓、彭文龙、辛宗斐、屈毅执笔，第2章由吕晓、彭文龙执笔，第 3 章由吕晓、牛善栋、彭文龙执笔，第 4 章由吕晓、牛善栋、辛宗斐、刘源执笔，第 5 章由吕晓、孙晓雯执笔，第 6 章由吕晓、彭文龙、牛善栋、李丽执笔，第 7 章由吕晓、牛善栋、彭文龙、屈毅执笔。

本书历时八年研究、二年成书，虽然进行了较为缜密的理论思考、实证分析与系统总结，但对于错综复杂的耕地利用形势而言，还是不充分、不完整的，关于耕地利用可持续集约化的一些理论观点、测度方法等也还不够成熟，可能存在诸多疏漏和不足，敬请广大读者批评指正。

吕　晓

2022 年 5 月 15 日